DIARIO
DE
ANA FRANK

Grupo Editorial Tomo, S.A. de C.V.,
Nicolás San Juan 1043,
03100, México, D.F.

11a. edición, julio 2009.
12a. edición, mayo 2012.
13a. edición, enero 2013.
14a. edición, agosto 2014.
15a. edición, enero 2016.

© *Diario de Ana Frank*
  Traducción: Patricia González Villanueva

© 2014, Grupo Editorial Tomo, S. A. de C. V.
  Nicolás San Juan 1043, Col. Del Valle
  03100 México, D. F.
  Tels. 5575-6615, 5575-8701 y 5575-0186
  Fax. 5575-6695
  www.grupotomo.com.mx
  ISBN: 970-666-009-7
  Miembro de la Cámara Nacional
  de la Industria Editorial No. 2961

Diseño de portada: Trilce Romero
Supervisor de producción: Leonardo Figueroa

Impreso en México - *Printed in Mexico*

Prólogo

Terminé de leer la última página de este libro, y estoy muy emocionada. ¿A qué habría llegado la admirable niña que, sin saberlo, ha escrito esta clase de obra maestra?

Ahora, en 1951, debe tener veintidós años... No se piensa, sin angustia, en todo cuanto esta sensibilidad y esta inteligencia tan bien encontradas hubieran podido dar si la horrible máquina de numerosas máscaras que está a punto de moler nuestra civilización entera no la hubiera, hace seis años, destruido y devorado. Es imposible recordar sin pena este fino rostro entregado a las sombras...

Era una niña judía de trece años, hija de comerciantes alemanes, que, cuando las primeras persecuciones nazis, pensaron hallar en Holanda la salvación definitiva. Pero el monstruo tiene muchos torniquetes en su bolsa: ¿quién puede estar seguro de librársele? La invasión de los Países Bajos los puso sin más ni más a su dádiva. En julio de 1942, los Frank tuvieron que elegir entre dos alternativas: someterse al llamamiento de la Gestapo o esconderse sin importar las consecuencias; de las dos alternativas prefirieron la segunda, olvidando cuál es el poderío de Leviatán y su paciencia caníbal. En un pabellón situado detrás de un patio, tal como existen en tantas casas de Amsterdam, se instalaron como ratas en un agujero. Había que tomar mil precauciones; como no dejarse ver o no hacer ruido. Es de imaginar qué contratiempos de toda clase se les presentaban a estos prisioneros voluntarios: los menores no eran, sin duda alguna, aquellos cuyos términos renovaría diariamente la intolerable cohabitación de ocho seres.

Fue allí, en el ambiente inverosímil, donde Ana descubrió a la vez su propia existencia y la de los otros. A la hora en que una criatura empieza a enfrentarse con el mundo exterior y saca de los muchos contactos un enriquecimiento infinito, esta adolescente no tuvo ante ella sino el espectáculo del abrigo húmedo, del patio y de los siete locatarios —parientes, amigos, relaciones— con quienes tenía que compartir su suerte.

Lo sorprendente es que su sensibilidad no se haya, en poco tiempo, esfumado, pues en todo momento supo conservar su libertad, su fantasía y esa alegría que, hasta en los peores peligros, emerge y tintinea, a lo largo de su Diario, con el son mismo de la tierna infancia.

Pero, ¿cómo es posible que una niña de apenas trece años escriba su Diario? Se puede pensar tal vez que es precocidad o frivolidad infantil, ni lo uno ni lo otro. Las notas diarias de Ana Frank son tan sencillas, tan verdaderas, que no se considera la idea de que haya podido escribirlas con una intención de "literatura" y mucho menos que alguna "persona mayor" haya podido retocarlas. De principio a fin, la impresión de la obra es de una autenticidad indiscutible.

Ana Frank tenía trece años. Sabía que era bonita pero esto no era realmente importante para ella. Nos la imaginamos como una chica judía inteligente y vivaz, cualidades que muchas chicas "arias" a su edad no poseen. Era resuelta y sensible; aunque mujer en muchos aspectos, aún seguía siendo una niña. Esa mezcla de madurez y frescura, es lo que da a este libro su atractivo único. En cada página nos sorprende con una observación exactamente psicológica; e inmediatamente después, una palabra dulce, un detalle basta para que recordemos que la adolescente que escribe aún no conocía gran cosa de la vida y, en todo caso, aún no había sido para nada alcanzada en el corazón por sus tristezas y sus fealdades.

En este pequeño mundo constituido por la comunidad de ocho reclusos, ¿qué podía hacer ella? Leer, al azar, todos los libros que le fueran posibles (aunque desgraciadamente no existían muchos en aquel refugio) con la ansiedad de los seres jóvenes. Pero su consagración la consiguió observando, sí, observando todo sin ningún propósito deliberado verdaderamente, sino porque ello le era propuesto por las circunstancias y porque tenía un sentido agudo de la observación.

¿Y qué era lo que observaba? Antes que nada a sí misma. Y es, en mi opinión, el elemento más original de todo el Diario: el análisis de su propio ser descrito por una niña. Ana Frank no tenía todavía la suficiente edad para escribir un Diario, ya que un adulto (sobre todo si es hombre de letras) escoge posturas frente a un espejo y piensa en la posteridad. ¡A ella no le importaba la posteridad! Escribía para ella, nada más que para ella, sin tratar de complacer a nadie, sin ninguna preocupación por mejorar el retrato ni tampoco por asombrar. El resultado es un diseño tan puro y tan exacto, de la conciencia de una muchacha muy joven, que ante algunas de sus observaciones, siente ganas de detenerse y de decirse a sí misma: "¡Qué verdad debe ser esa!" Esta mezcla, como diría ella, de "mortal tristeza y alegría celestial" que es precisamente la dominante de la juventud, rara vez logra mostrarla de manera tan justa, tan libre de énfasis. En la relación de la niña-mujer, con los grandes problemas de la femineidad y del amor, la misma transparencia tranquila, la misma justeza de tono. Estas palabras tan ciertas no despiertan en ningún momento el menor pensamiento equívoco, y no podemos dejar de admirar, de amar tal pureza.

Cabe señalar que esta formación, tan fácil de señalar en el transcurso de los dos años que duró el Diario, tomó elementos de los seres humanos que Ana podía observar. De todos ellos habla con la misma claridad tranquila. Poco penetrable a los sentimientos dedicados (inclusive a los sentimientos familiares) sabiendo descubrir las actitudes ajenas, conserva sin embargo una confianza en los seres que confirma en ella eso que nosotros llamábamos anteriormente la virtud de la infancia. Ella no había llegado todavía a la edad en que sólo se siente demasiada tendencia a adivinar en el otro la huella del estigma universal. No habla de los alemanes ni de los nazis en un tono que demuestre que hubiera perdido toda esperanza en los hombres. "Amoralismo", se ha escrito de ella. Ninguna palabra se me ocurre más inexacta. Yo aquí, más bien, veo un corazón intacto.

Una de las cosas más interesantes de este testimonio se encuentra en el lugar a la vez singularmente reducido y con todo especial que ocupa el sentimiento religioso. Es más que seguro que los padres de Ana Frank pertenecían a esos centros judíos en que la antigua fidelidad perfecta se reducía a ociosas prácticas tradicionales, a simples fórmulas. En el extremo peligro en que esta niña se encuentra, sólo muy rara vez ella se vuelve hacia el Dios de sus padres y nunca para pedirle una inmediata protección. A lo largo del Diario se le ve leer la Biblia, pero seguramente, sin ilusión extrema y con mucha lentitud. Jamás los mandamientos de Dios, los de las tablas del Sinaí, vienen a asegurar o imponer un juicio moral. Con toda seguridad, Ana Frank no era lo que se llama un alma creyente.

Pero sin embargo, a veces habla de Dios. Y cuando esto ocurre, lo hace de una manera verdaderamente sorprendente. Cuando ella escribe, por ejemplo: "Para quien tiene miedo, quien se siente solo o desdichado, el mejor alivio es salir al aire libre, encontrar un lugar solitario donde estará en comunión con el cielo, la naturaleza y Dios. Solamente así se siente que todo está bien, y que Dios quiere ver a los hombres dichosos en la naturaleza, sencilla pero bella..."; cuando esta chiquilla escribe tales frases, sería tonto no encontrar en ella sino el sonido de un vago panteísmo, y encontramos la manifestación de un sentimiento tan puro que no podemos impedirnos pensar que Dios le habrá respondido. Por lo demás, poco tiempo antes del drama con que el Diario debía cerrarse, ella todavía escribía al día siguiente, y después de una severa crisis de conciencia que la había atormentado: "Dios no me ha abandonado, y nunca me abandonará..." Y aunque sólo estas palabras se hubieran encontrado en todo este libro, bastarían para atrapar el mensaje. No fue el Dios de Israel el que exclamó un día: "¡Dejad que los niños se acerquen a mí!", sino su Hijo, encarnado sobre la tierra para asumir la condición de los hombres, los sufrimientos de los hombres y para dar un camino nuevo a su esperanza. Pero la ingenuidad del alma de Ana Frank era de las que siempre han respondido a la frase del Hijo del hombre. Dios no la ha abandonado.

Y es así, en ese lugar de Bergen-Belsen, donde en marzo de 1945 Ana Frank moría de desesperación y ausencia tras ocho meses de encierro, ¿puede dudarse de que a pesar de las cosas horribles, a pesar de la crueldad de las fuerzas desfavorables con las que luchó toda su vida, ese Dios que ella definía tan poco pero que con imagen perfecta llevaba en el corazón, no la habrá abandonado nunca?

Patricia González V.

> "Espero contártelo todo como hasta ahora no he podido hacerlo con nadie; espero también, en que serás para mí un gran sostén".

Ana Frank.
12 de junio de 1942.

Domingo 14 de junio de 1942

El viernes 12 de junio me desperté antes de las seis, cosa comprensible ya que era mi cumpleaños. Ahora bien, no me permiten ser tan madrugadora. Tuve, pues, que contener mi curiosidad durante una hora todavía. Al cabo de cuarenta y cinco minutos ya no podía más. Fui al comedor, donde Mauret, el gato, me saludó frotando su cabeza contra mí y haciéndome mil gracias.

A las siete, fui a ver a mis padres, y por fin pude abrir mis regalos en la sala. La primera sorpresa fuiste *tú*, probablemente uno de mis más hermosos regalos. Un ramo de rosas, una planta pequeña, dos ramas de peonias; así vi esa mañana la mesa ornada de hijas de Flora, seguidas de muchas otras durante el día.

Mis padres me han regalado generosamente, sin contar a nuestros numerosos amigos y allegados, que también me han agasajado mucho. Recibí, entre muchos obsequios, un juego de mesa, muchos bombones, chocolates, un rompecabezas, un cepillo, *Mitos y leyendas néerlandesas* de Joseph Cohen, *Cámara oscura* de Hildebrand, *Daiy's Bergvacantie*, un maravilloso libro, y un poco de dinero con el cual compraré *Los mitos griegos y romanos*. ¡Excelente!

Más tarde, Lies vino a buscarme para ir a la escuela. En el recreo, regalé galletas a los profesores y alumnos, regresando después a la tarea.

Termino por hoy. ¡Salve, *Diario!* ¡Te encuentro maravilloso!

Lunes 15 de junio de 1942

Ayer durante la tarde, tuve mi primer fiesta de cumpleaños. Una película llamada *El guardián del faro* con Rin tin tin, gustó mucho a mis amigos, que eran bastantes. A mamá le gustaría saber quién será mi esposo en un futuro, espero quitarle de la cabeza a Peter Wessel. Por muchos años, he llevado una gran amistad con Lies Goosens y Sanne Houtman. De igual manera, con Jopie de Wall, a la cual conocí en el liceo judío, siempre estamos juntas, y se ha convertido en mi mejor amiga. Lies, aunque todavía la veo seguido, ha hecho amistad con otra niña, mientras que Sanne, la cual cambió de colegio, ha empezado a convivir con otras muchachas.

Sábado 20 de junio de 1942

Tengo varios días sin escribir. Necesitaba reflexionar sobre lo que significa un Diario. Es una sensación singular el saber expresar mis pensamientos, no sólo porque nunca había escrito, sino porque creo que más tarde, ni yo ni nadie se interesaría por las confidencias de una niña de 13 años. Pero en fin, eso no tiene la menor importancia. Tengo ganas de escribir, y aun buscar en mi corazón toda clase de cosas.

"El papel es más paciente que los hombres". Este dicho llegó a mí un día que me encontraba melancólica y muy aburrida, con la cabeza entre mis manos, muy enojada. Es cierto, el papel es paciente, y como creo que nadie se preocupará por este "Diario", no pienso jamás dejar que alguien lo lea, a menos que encuentre un verdadero *amigo* o *amiga* al cual enseñárselo. Aquí estoy, en el punto de partida para comenzar un Diario, yo no tengo amiga.

Para ser más clara, nadie creerá que una muchachita de 13 años esté sola en el mundo. Claro que esto no es exactamente real, ya que tengo a mis padres y a una hermana de 16 años; tengo, en total, más de 30 conocidos, entre ellos las llamadas "amigas". Tengo admiradores en abundancia que me siguen con su mirada, mientras que en la clase, los que no me ven de frente, se ayudan con un pequeño espejo de bolsillo. Tengo una buena familia, con tíos y tías. No, no me falta nada aparentemente, salvo la amiga. Con mis camaradas sólo me divierto. Nunca puedo hablar con ellos de nada serio. Ni siquiera con mis amigas puedo llegar a intimar, he ahí la dificultad. Esta falta de confianza es quizá mi verdadero defecto. De cualquier manera, me encuentro frente a una realidad, y es bastante doloroso no poder ignorarlo.

Esta es la razón de este Diario. A fin de evocar mejor la imagen que me forjo de una amiga muy esperada, no quiero limitarme a simples hechos, como muchos lo hacen, sino deseo que este Diario se convierta en la amiga. Y esta amiga llevará por nombre Kitty.

Kitty no sabe nada de mí. Necesito, pues, de manera breve, contarle la historia de mi vida. Mi padre tenía 36 años cuando desposó a mi madre, que tenía 25. Mi hermana Margot nació en 1926, en Francfort del Meno. Yo, el 12 de junio de 1929. Siendo judíos, llegamos a Holanda en 1933, donde mi padre fue nombrado director de la Travies N.V., firma asociada con Kole y Cía. de Amsterdam. El mismo edificio era utilizado por las compañías, de las cuales mi padre era accionista.

Desde luego, la vida no estaba exenta de emociones para nosotros, pues lo que restaba de nuestra familia se encontraba todavía defendiéndose de las medidas adoptadas por Hitler en contra de los judíos. A raíz de las persecuciones de 1938, los dos hermanos de mi madre huyeron hacia los Estados Unidos, llegando sanos y a salvo. Mi abuela, con 73 años entonces, se nos unió. Después de 1940, nuestra buena racha iba a terminar: primero que nada la guerra, la capitulación y la invasión alemana, lograron llevarnos a la miseria. Disposición tras disposición en contra de los judíos. Los judíos obligados a llevar la estrella, a ceder sus bicicletas. Prohibición a los judíos para transportarse en tranvía o conducir un auto. Obligación de comprar sus cosas únicamente en "los negocios judíos", y de 3 a 5 de la tarde únicamente. Prohibición para los judíos de salir después de las 8 de la noche, o de permanecer en casa de sus amigos. Prohibido practicar cualquier deporte: no nadar, no jugar tenis o hockey, ni otras cosas de entretenimiento. Prohibido frecuentar a los cristianos. Obligación de asistir exclusivamente a escuelas judías, y muchas otras restricciones semejantes.

De esta manera vivimos, sin hacer esto o aquello. Jopie me dice siempre: "no me atrevo a hacer nada, pues me da miedo que esté prohibido". Nuestra libertad está muy restringida. Sin embargo, la vida es aún llevadera.

Mi abuela murió en enero de 1942. Nadie sabe cómo pienso en ella y cómo la quiero aún.

Estaba en la escuela Montessori desde el jardín de niños, es decir, desde 1934. En sexto grado, tuve como maestra a la directora, la Sra. K. Al finalizar el año, fueron despedidas desgarradoras, ambas lloramos. En 1941, mi hermana y yo ingresamos al liceo judío.

Hasta el día de hoy, nuestra pequeña familia de cuatro miembros se encuentra bien, y así llego a este día.

Sábado 20 de junio de 1942

Querida Kitty:

Me encuentro bien, hay buen tiempo y reina la calma en casa, mis padres han salido y Margot fue a jugar ping-pong a casa de una amiga.

Yo también lo juego mucho últimamente. Todos los que practicamos este deporte amamos también los helados, y al finalizar un partido visitamos la dulcería más cercana permitida a los judíos, Delphes o el Oasis. El dinero no es problema, pues siempre encontramos a un caballero o un admirador de nuestro gran círculo de amigos que nos invitan una gran cantidad de helados, más de los que podríamos comer en una semana.

Debe sorprenderte escucharme hablar a mi edad de admiradores. Pero es un mal inevitable en nuestra escuela. Cuando alguien me acompaña a casa en bicicleta, entablamos una conversación, y nueve de cada diez veces, el muchacho termina perdidamente enamorado de mí, y ya no puede dejar de mirarme. Pasado un momento, el arrebato disminuye ya que no pongo demasiada atención a sus ardientes miradas y a que sigo pedaleando a toda velocidad. Si, casualmente, empieza a hablar de "pedir permiso a papá", cambio enseguida la conversación.

Este ejemplo es de los más inocentes. Naturalmente, hay quienes me envían besos o tratan de tomarme del brazo, pero esos equivocan el camino. Bajo de mi bicicleta diciéndoles que puedo pasearme sin su compañía o bien me doy por ofendida, pidiéndoles claramente que no regresen.

Ya que conoces esto, nuestra amistad queda establecida. Buenas noches.

Tuya.   Ana.

Domingo 21 de junio de 1942

Querida Kitty:

Todos mis compañeros de quinto grado, incluyéndome a mí tenemos mucho miedo, pues habrá un consejo de profesores. Algunos hacemos apuestas diciendo los nombres de los o las que pasarán de año. Wim y Jaime han apostado el uno al otro, y se han gastado todo su capital de las vacaciones en esta apuesta, y Miep, Jong y yo morimos de risa. Desde la mañana hasta la noche se les oye decir: "Tú pasarás". "No". "Sí". Ni mis enojos ni las malas miradas de Miep, han logrado callar a esos dos mocosos.

Pienso que la cuarta parte de mis compañeros debería repetir el año, pues en verdad existe un gran número de "burros" en el salón de clase, desafortunadamente los profesores son las personas más inconstantes del mundo; quizá por una vez, se comporten como personas sensatas.

En lo que se refiere a mí y a mis amigas, no nos preocupamos mucho, pues estamos seguras de nosotras. Aunque siento que en matemáticas no estoy del todo bien. Pero no me queda otro remedio que esperar y apoyarnos todas mutuamente.

Tengo nueve profesores, siete son hombres y dos mujeres, y afortunadamente me entiendo bastante bien con ellos. El señor Kepler, profesor de matemáticas ha estado enojado conmigo durante un buen tiempo, ya que me gusta platicar demasiado durante su clase; me llamó la atención varias veces hasta que, un buen día me castigó. Tuve que escribir una monografía con el tema de: *La charlatana*. ¡Charlatana! ¿Qué se podía escribir sobre eso? Había tiempo para pensarlo, sólo lo anoté en el cuaderno y me quedé tranquila.

Por la tarde, ya en casa, cuando terminé todos mis quehaceres, mi pensamiento volvió a la famosa monografía. Lo pensé mucho mordiendo la punta de mi estilográfica. Claro está, que yo podía escribir todas las ideas posibles dentro de las páginas fijadas con letra grande, separando las palabras lo más posible, el problema era encontrar la última frase, exactamente la última frase que expresara el porqué esa necesidad de hablar. De pronto: ¡Todo se iluminó! Y las palabras fluyeron sin mucho esfuerzo. Trama: A todas las mujeres nos encanta hablar, y aunque esto es un defecto muy femenino, yo trataría de corregirlo poco a poco, aunque estaba segura que no me liberaría de él del todo, ya que también era una herencia de familia, pues creo que mi madre hablaba más que yo, por esta razón poco fue lo que pude hacer por remediarlo.

Mi escrito hizo reír mucho al señor Kepler; pero al día siguiente cuando creí haber solucionado el problema y comencé con mi acostumbrada plática, me ordenó hacer otra monografía. El tema en esta ocasión fue: *Una charlatana incorregible*. Afortunadamente, y creo que por la experiencia anterior, no tuve mayor problema. Entregué al señor Kepler mi escrito y en dos lecciones no hubo una sola queja de mí. Pero volví a caer en mi propia trampa, y la tercera fue la vencida, pues creo que me pase de lista.

—Ana otro castigo por platicar. El tema será: *Cuá, cuá, cuá, dice la señora Decuá*.

Todo mundo echó a reír, y yo no pude evitar hacer lo mismo, aunque me intranquilizó la idea de no tener mucho que decir del tema. Necesitaba hacer algo especial, muy especial. Pero vino a mi mente una gran idea. Sanne, mi amigo, ofreció hacerme la monografía de principio a fin a manera de verso, no tuve que pensarlo mucho, ya que él es muy buen poeta. Y si el señor Kepler pensaba hacerme quedar en ridículo, creo que esta vez el que haría el ridículo sería él.

Entregué mi trabajo y resultó maravilloso. Hablaba sobre una mamá-pata y un papá-cisne, con sus tres patitos; éstos fueron mordidos a muerte por su papá por haber hecho tanto cuá-cuá. Por fortuna la historia gustó al señor Kepler y leyó mi trabajo en nuestra clase y en otras, con comentarios positivos.

Después de lo sucedido, no he sido castigada por platicar en clase. Ahora el señor Kepler tiene siempre una buena broma relacionada con el tema.

Tuya.   Ana.

Miércoles 24 de junio de 1942

Querida Kitty:

¡Hace un calor insoportable! Todo el mundo está al borde de la desesperación por este tremendo calor. Por esta razón a todos los lugares a donde voy, lo hago a pie. Hasta este momento me he dado cuenta de lo necesario que es un tranvía; pero para nosotros los judíos esta maravilla no está permitida. Tenemos que usar nuestras piernas como único medio de transporte. Ayer por la tarde, tuve que visitar al dentista que vive en Jan Luykenstraat, cerca de la escuela. Pero al regresar, me dormí en clase. Por suerte, en estos días de calor, siempre hay alguien que nos ofrece agua para beber; la asistente del dentista es verdaderamente amable ya que tuvo este detalle.

Todavía podemos pasar por el canal. En el muelle de Joseph Israëls, hay una barca que da este servicio. Y pasamos sin ningún contratiempo gracias al barquero. Estoy segura que si los judíos sufrimos tanto no es por culpa de los holandeses.

Por desgracia, durante las Pascuas me robaron mi bicicleta, y la de mamá fue entregada a los cristianos, por esta razón preferiría no ir a la escuela. Por fortuna, en una semana saldré de vacaciones escolares, ya no más sufrimientos pues pronto la olvidaré.

La mañana de ayer tuve una sorpresa verdaderamente agradable. Alguien me llamaba al pasar por un depósito de bicicletas. Al voltear, descubrí que era un muchacho cautivador que había conocido en la casa de mi amiga Eva. Se acercó tímidamente, y me saludó: "Hola soy Harry Goldman. ¿Me recuerdas?". Me dejó un poco sorprendida su actitud, pues no sabía exactamente por qué o para qué se había acercado a mí. Después de un segundo obtuve la respuesta: Harry deseaba acompañarme a la escuela.

—Si lleva usted el mismo camino —respondí, y juntos emprendimos la marcha.

Harry tiene casi dieciséis años y su plática es muy agradable. Esta mañana estaba de nueva cuenta en su trabajo. Pero realmente, considero que esto no cambia en nada nuestra amistad.

Tuya.   Ana.

Martes 30 de junio de 1942

Querida Kitty:

Perdona, que no haya tenido tiempo de escribirte hasta hoy. El jueves por la tarde estuve en casa de unos amigos. El viernes, tuvimos visitas, y así hasta el día de hoy. Harry y yo so:.. s cada día mejores amigos. Siento que me tiene confianza, pues me ha contado una buena parte de su vida: llegó a Holanda sin sus padres, vive en casa de sus abuelos. Sus padres se quedaron en Bélgica.

Harry tenía un amor secreto, se llamá Fanny, la conozco, es modelo. Pero resulta que desde que somos amigos Harry se ha dado cuenta que el estar cerca de Fanny le causa aburrimiento. En cambio yo, lo despierto e intereso con mi plática. Nunca se sabe en qué puede servir uno en la vida.

La noche del sábado, Jopie se quedó a dormir en mi casa, y el domingo al mediodía se reunió con Lies, esto me causó un gran aburrimiento. Harry vendría a verme al anochecer, pero como a las seis de la tarde sonó el teléfono, era él para decirme:

—Habla Harry Goldman. ¿Podría hablar con Ana, por favor?

—Hola Harry, soy yo.

—Qué tal Ana. ¿Cómo estás?

—Bien, gracias.

—Necesito verte para decirte algo. No se si habría algún problema si estoy por tu casa en diez minutos.

—No Harry, no hay ningún problema. Te espero.

—Gracias Ana. Hasta pronto.

Colgué.

Me cambié el vestido y me cepillé un poco el pelo. Me asomé a la ventana, estaba nerviosa. De pronto, lo vi acercarse a mi casa. Por fortuna, no me caí de la emoción. Traté de tranquilizarme, hasta que sonó el timbre. Corrí a abrir la puerta, y sin más rodeos empezó a hablar.

—Escúchame Ana, por favor. Mi abuela piensa que eres demasiado joven para ser mi amiga. Me ha pedido que regrese con Fanny Leurs. ¡Pero como sabes, yo no quiero nada con Fanny!

—No Harry, no sabía eso. ¿Se enojaron?

—No, no fue eso precisamente. Resulta que yo le dije a Fanny que, cómo ya no nos entendíamos muy bien, era inútil vernos a cada momento; que podía seguir visitándonos cuando quisiera y que yo haría lo mismo, sólo como amigos. Yo pensaba que ella se veía con otro muchacho; por eso hablé del asunto de esa manera. Pero resulta que no es cierto. Mi tío me dijo que debo disculparme con Fanny, pero yo no lo considero necesario, y por eso he terminado. Mi abuela me insiste en que debo de salir con Fanny y no contigo, pero yo pienso lo contrario. Desafortunadamente los viejos tienen sus ideas. Yo necesito de mis abuelos, pero sé que ellos también necesitan de mí. Tendré libre las tardes de los miércoles, ya que mis abuelos suponen que tomo mi clase de escultura en madera; la verdad es que asisto a un club del movimiento sionista. Ellos no lo permitirían, ya que están en contra del sionismo. No soy fanático de esto, pero sé que significa algo y me interesa. Desafortunadamente a últimas fechas, existe tal movimiento en ese club, que he pensado en dejarlo. Iré por última vez el próximo miércoles. Así es que, como podrás darte cuenta, tendría la oportunidad de verte los miércoles por la tarde, los sábados por la tarde y por la noche, los domingos por la tarde, y tal vez con más frecuencia que ahora.

—Pero si tus abuelos se oponen a esto, ¿irás en su contra?

—Al amor no se le ordena. ¿No es así?

Caminamos por un momento juntos. Al llegar a la librería de la esquina, vi a Peter Wessel hablando con dos amigos. Hacía mucho, mucho tiempo, que él no me saludaba de nuevo. Eso me causó una gran satisfacción.

Harry y yo continuamos caminando por las calles. Y al final, nos pusimos de acuerdo para vernos de nuevo, yo debía estar en la puerta de su casa al día siguiente por la tarde, al cinco para las siete.

Tuya.   Ana.

Viernes 3 de julio de 1942

Querida Kitty:

El día de ayer vino a casa Harry para conocer a mis padres. Por ese motivo compré bizcochos, bombones y una torta para tomar el té. Había un poco de todo. Harry y yo no pudimos quedarnos por mucho tiempo uno al lado del otro, y decidimos salir a pasear. A las ocho y diez volvimos a casa, y esto le molestó un poco a papá. Me regañó argumentando que era peligroso que los judíos transitáramos por las calles después de las ocho. Me disculpé con él, prometiéndole que regresaría a casa siempre al diez para las ocho.

Harry me invitó a su casa para el día de mañana. Estoy desconfiando un poco de Jopie, pues siempre me dice cosas negativas sobre Harry. La verdad, yo no estoy enamorada de él, pero creo que sí tengo el derecho de elegir a mis amigos. No es de causar asombro que tenga compañeros, o bien, como diría mamá, un caballero.

Mi amiga Eva me contó que el otro día fue Harry a su casa, y ella por curiosidad le preguntó:

—¿Y quién es tu preferida, Fanny o Ana?

—Creo que eso es cosa que no debe importarte —respondió él.

Desafortunadamente, el resto de la noche ya no pudieron hablar más sobre el asunto, porque no estuvieron más solos, pero al irse, él le dijo:

—Responderé a la pregunta que me hiciste hace un momento, mi preferida es Ana. Pero no lo comentes con nadie.

Y se marchó.

Creo por muchas razones que Harry está enamorado de mí. Ha cambiado mi vida, y lo encuentro agradable. Mi amiga Margot comentaría de él: "Harry, es un buen muchacho". Creo que es verdad, y creo también que podría decir algo más de él. Afortunadamente los comentarios que mamá hace de él son muy positivos: "Buen muchacho, educado, agradable..." Me agrada mucho que todos en casa piensen así. A él también le agrada mi familia. Considera demasiado niñas a mis amigas, y no se equivoca.

Tuya.   Ana.

Domingo por la mañana, 5 de julio de 1942

Querida Kitty:

El anuncio que se hizo el último viernes en el Teatro judío resultó exitoso. Mis calificaciones, no son tan malas: Tengo un insuficiente, un 5 en álgebra, un 6 en dos materias y para las demás varios 7 y dos 8. Esto les gustó en casa, pues a decir de puntos, mis padres no son como los demás. Se puede decir, que no les importa mucho que mis calificaciones sean buenas o malas. Lo que ellos realmente desean es que yo esté sana y que no sea grosera, aunque tenga todo el derecho a divertirme; por lo demás, no hay ningún problema que no pueda resolverse. Pero yo deseo lo contrario; después de que se me admitió provisionalmente en el Liceo, después de saltarme un año en la escuela Montessori, no quiero ser mala alumna. A título de prueba, el director del Liceo aceptó recibirme a mí y a mi amiga Lies después que todos los niños judíos fuimos incorporados en escuelas judías. Y lo que menos deseo es defraudar la confianza del Director. Las calificaciones de Margot son brillantes como siempre. Si en el liceo existiera "las más grande distinción", seguramente ella la tendría. ¡Qué horror!

A últimas fechas, papá se queda todo el tiempo en casa. Oficialmente papá se ha retirado de los negocios. ¡Qué sensación tan molesta debe sentir al verse inútil! El señor Kraler retomó la firma Kolen & Cía y el señor Koophuis la Casa Travies. Hace unos días, paseando con papá por la plaza, comentaba de un escondite. Decía que sería muy difícil para nosotros vivir aislados del mundo exterior.

—¿Por qué hablas de eso? —pregunté yo.

—Escucha, Ana —me dijo—, tú bien sabes que, desde hace poco más de un año, nosotros trasladábamos ropa, muebles y utensilios a casa de otras personas. Lo que menos queremos es que nuestros bienes pasen a manos de los alemanes, y mucho menos queremos caer nosotros mismos. Podrían venir a buscarnos, es por eso que no los esperaremos para irnos.

—Pero, ¿para cuándo será eso, papá?

La seriedad y las palabras de mi padre, me preocuparon.

—No te asustes. Diviértete y aprovecha tu tiempo mientras aún puedas hacerlo; nosotros nos ocuparemos de todo.

Eso fue todo. ¡Pero sinceramente deseo que esos proyectos no se realicen todavía...!

Tuya.   Ana.

Miércoles 8 de julio de 1942

Querida Kitty:

Siento que han pasado años entre el domingo por la mañana y hoy. ¡Qué de sucesos! Como si el mundo entero hubiera cambiado de pronto. Pero como puedes ver, Kitty, aún vivo y es lo principal como dice papá.

En verdad vivo, pero no sé cómo ni dónde. No entiendes nada de nada todavía ¿verdad? Por eso creo que es necesario contarte lo que pasó desde el domingo por la tarde.

A eso de las tres (Harry se había marchado para volver más tarde) tocaron a la puerta. Yo estaba leyendo en la terraza sentada en una mecedora al sol, y no escuché. De repente, Margot llegó a la puerta de la cocina, se le veía un poco confundida.

—Papá recibió un citatorio de la SS —dijo en voz baja.

Mamá había salido en busca del señor Van Daan.

(El señor Van Daan, es un amigo nuestro y colega de papá.)

Todo el mundo sabe qué es un citatorio, yo estaba verdaderamente aterrada, imaginé las celdas solitarias y los campos de concentración. ¿Dejaríamos que papá fuera a ese lugar?

—Obviamente no se presentará —dijo Margot mientras esperábamos que mamá volviera.

—Mamá fue a casa del señor Van Daan para saber si desde mañana podremos habitar nuestro escondite, pues su familia se ocultará también con nosotros, seremos siete en total.

Pensando en papá no pudimos hablar nada más. Había ido a visitar a unos ancianos al hospicio judío; la larga espera, la tensión, el calor, todo eso nos hizo callar.

De pronto, tocaron a la puerta.

—Debe ser Harry —repuse.

—Por favor, no abras —dijo Margot deteniéndome.

No era necesario. Se escuchó la voz de mamá y el señor Van Daan hablar con Harry antes de entrar, posteriormente se cerró la puerta. Cada vez que sonaba el timbre de la puerta, bajábamos Margot o yo muy silenciosamente para ver si era papá. Nadie más debía entrar.

Van Daan quería hablar con mamá a solas, por ese motivo Margot y yo salimos de la habitación. En nuestro cuarto, Margot me confesó que la citación no era para papá, sino para ella misma. Asustada nuevamente, empecé a llorar. Margot tiene dieciséis años. ¡Quieren dejar ir solas a muchachas de su edad! Por fortuna, mamá ha dicho que no irá. Ahora comprendo el comentario de papá al hablar de nuestro escondite.

Ocultarse... ¿Adónde iríamos a ocultarnos? ¿En el campo, en la ciudad, en una casa, en una choza, cómo, cuándo, dónde...? Yo no podía preguntar esto ahora. Margot y yo nos pusimos a empacar lo más necesario en nuestras maletas. Lo primero que metí fue este cuaderno, posteriormente, mis pañuelos, mis libros de clase, mis rizadoras, viejas cartas, mis peines. Mi idea fija era el escondite, y empaqué las cosas más extrañas. No me arrepiento, pues me interesaban más los recuerdos que los vestidos.

Al fin, a las cinco regresó mi padre. Hablamos por teléfono al señor Koophuis para ver si le era posible ir a casa esa misma noche. Van

Daan fue a buscar a Miep, quien trabaja en las oficinas de mi padre desde 1933, y es una buena amiga de la familia, al igual que Henk, su esposo. Miep se llevó una maleta llena de zapatos y ropa, prometiendo regresar en la noche. La calma regresó al hogar. Nadie tenía ganas de comer, hacía calor y todo se veía muy extraño. La sala del primer piso había sido alquilada a un señor de apellido Goudsmit, el cual era divorciado, de más de treinta años y, al parecer, no tenía nada que hacer esa noche, pues no logramos deshacernos de él antes de las diez. Miep y Henk Van Santen arribaron a las once y se fueron a la medianoche con libros, ropa y zapatos. Yo estaba cansada y, aun dándome cuenta de que iba a ser la última noche en mi cama, caí dormida inmediatamente. Al día siguiente, alrededor de las cinco, mi madre me despertó. Afortunadamente el día era más fresco que el domingo, debido a una lluvia que iba a durar todo el día. Todos estábamos vestidos como si fuéramos al Polo Norte debido a la cantidad de ropa que llevábamos. Ningún judío, en esos momentos, hubiera salido con una valija llena de cosas. Yo llevaba puestas dos camisas, tres calzones, un vestido, encima una falda, una chaqueta, un abrigo de verano, dos pares de medias, zapatos cerrados, una boina roja, una bufanda y otras cosas mías. El calor me sofocaba, pero a nadie le preocupaba eso.

Margot, que llevaba su cartera llena de libros de la clase, sacó su bicicleta del depósito para seguir a Miep hacia nuestro desconocido destino. A las siete y media salimos de la casa. Del único que me despedí fue de Mauret, mi gato, que iba a quedarse en manos de nuestros vecinos.

Dejamos una libra de carne para el gato en la cocina, junto a su vajilla; quitamos sábanas y frazadas de las camas para dar la impresión de una partida precipitada. Pero ¿qué importaban las impresiones? Teníamos que irnos rápidamente, y se trataba de llegar a un lugar seguro. Todo lo demás no tenía la menor importancia para nosotros.

La continuación mañana.

Tuya.   Ana.

Jueves 9 de julio de 1942

Querida Kitty:

Emprendimos el camino bajo una fuerte lluvia; mis padres llevaban unas bolsas con provisiones, y yo, mi cartera completamente llena.

Durante el camino, mi padre me iba diciendo, poco a poco, la historia de nuestro escondite. Desde hace algunos meses había llevado, pieza por pieza, una parte de nuestros muebles y ropa; la fecha prevista para nuestra desaparición fue el 16 de julio. Sin embargo, y debido al citatorio, adelantamos diez días nuestra partida. El escondite se encontraba en una de las oficinas de mi padre. Es difícil entender cuando no se conocen las circunstancias; así pues, tengo que dar explicaciones. No era mucho el personal de mi padre: los señores Kraler y Koophuis, luego Miep, y por último Elli Vossen, una secretaria de 23 años; los cuales sabían de nuestra llegada. El señor Vossen como padre de Elli y los dos hombres que la acompañaban en el depósito no sabían nuestro secreto.

El edificio se componía de la siguiente manera: en el entresuelo había un enorme almacén que servía también de depósito. Al lado está la puerta de entrada de la casa, y detrás de ella, otra que da acceso a una pequeña escalera. Subiendo ésta se encuentra una puerta de vidrio traslucido en la que se podía leer "oficina". La oficina principal es muy grande y luminosa; y es ahí donde trabajan de día Elli, Miep y Koophuis. Cruzando un vestidor, donde hay un baúl y un armario, que contiene las reservas de papeles, lápices, sobres, etc., se llega a la oficina del señor Kraler y el señor Van Daan. Al otro lado de esta oficina, se encuentra un corredor estrecho, y subiendo cuatro escalones llegamos a una puerta en la que se lee: "privado". En ese lugar hay muebles imponentes y oscuros. El piso está cubierto con algunas alfombras, una bella lámpara, un radio, todo muy bonito. En seguida de este cuarto, hay una gran cocina, con una estufa de gas de dos hornillas y una caldera para baño. Al lado de la cocina se encuentra el baño. Éste es el primer piso.

Por el corredor de la planta baja se puede subir una escalera de madera blanca, al final se encuentra otro corredor, en el cual se ven puertas de ambos lados. La del lado izquierdo lleva al frente de la casa; algunas de estas habitaciones son depósitos o almacenes. También se llega a las habitaciones delanteras por la segunda puerta de entrada, subiendo una escalera muy pequeña.

La puerta de la derecha lleva al Anexo que da a los jardines. Nadie sospecharía que esa puerta gris tiene detrás de ella tantas habitaciones. También así, se entra en el Anexo.

Enfrente de la puerta de entrada se halla una escalera empinada, y a la izquierda hay un corredor que lleva a una habitación, en donde se encuentra el hogar de la familia, así como el cuarto del señor y la señora Frank; junto, hay un cuarto más pequeño, el cual está convertido en estudio y alcoba de la señorita Frank. A la derecha de la escalera existe un cuarto sin ventana con una mesa de tocador; existe también un pequeño reducto donde se ha instalado el baño; al igual que una puerta con entrada al dormitorio que comparto con Margot.

Uno se sorprende al encontrar habitaciones tan amplias y tan llenas de luz en una casa tan vieja, pues estas casas que bordean los canales de Amsterdam, son las más viejas de la ciudad. Este cuarto equipado con una estufa de gas y un fregadero, que hasta el día de hoy sirven de laboratorio, se han destinado para ser el dormitorio de los esposos Van Daan, así como la cocina, comedor, sala, taller o estudio.

El cuartito que se encuentra pegado al comedor servirá para Peter Van Daan. Tiene un granero y un desván, igual al de la casa de enfrente. ¡Eso es todo! Ahora ya conoces nuestro hermoso Anexo.

Tuya.   Ana.

Viernes 10 de julio de 1942

Querida Kitty:

Quizá ya te he aburrido con la larga y cansada descripción de nuestro nuevo hogar, pero es muy importante que conozcas el lugar a donde he caído.

Pues bien, tan pronto llegamos a la casa ubicada sobre Prinsengracht, Miep nos llevó al anexo. Margot había llegado antes que nosotros, pues había tomado su bicicleta. Todas las habitaciones estaban en completo desorden; había cajas por el suelo y sobre las camas. Había un pequeño cuarto en el cual se encontraban frazadas y pijamas, pero estaban apiladas hasta el techo. Si nuestro deseo era dormir lo más cómodamente posible, era necesario ponerse a arreglar cuanto antes todo este desorden. Ni mamá ni Margot estaban dispuestas a mover un solo dedo; lo único que hicieron fue echarse en unos colchones y quejarse. Papá y yo, los únicos ordenados en esta familia, pensábamos que teníamos que arreglar todo cuanto antes.

Todo el día estuvimos vaciando cajas, acomodando ropa, armarios y ordenando todo lo mejor posible. Al terminar, caímos muertos, pero en camas bien hechas y, sobre todo, limpias. Durante toda la jornada no habíamos comido nada, pero poco nos importaba; mamá y Margot estaban tan cansadas y preocupadas, que tampoco probaron alimento.

La mañana del martes continuamos con nuestras labores. Elli y Miep eran las encargadas de conseguir nuestras provisiones. Papá se dedicó a perfeccionar el "camuflaje" de las luces para la defensa pasiva. Lavamos los pisos de la cocina y, hasta el miércoles, no tuve un solo minuto de descanso, y sólo pensaba cómo estaba cambiando mi vida. Finalmente, tengo un poco de tiempo para contarte toda esta aventura y para pensar en lo que me ha pasado, y en lo que me pasará durante los próximos días.

Tuya.   Ana.

Sábado 11 de julio de 1942

Querida Kitty:

Ni mis padres ni Margot pueden acostumbrarse al reloj de la Westertoren, que suena cada quince minutos. Yo lo encuentro precioso, sobre todo en la noche, pues da un sonido familiar de aliento. ¿Te interesaría saber si me gusta mi escondite? Puedo decirte que ni yo misma lo sé. Creo fielmente que nunca podré considerar hogar a esta casa, pero esto no significa que me sienta desgraciada, me hago a la idea de que estoy pasando un periodo de vacaciones en un lugar muy extraño. Tal opinión puede parecerte rara al tratarse de un escondite, pero yo no lo veo de otra manera. Nuestro Anexo es ideal como refugio. Aunque un poco húmedo y raro, me parece un lugar bastante confortable y único en su género, que creo jamás se podría encontrar en el resto de Amsterdam, y tal vez, de toda Holanda.

El cuarto que compartimos mi hermana y yo, con sus paredes lisas, parecía desnudo; pero gracias a papá, que con anticipación había traído todas mis fotos de artistas de cine y mis postales, transformé el cuarto en una amplia ilustración. Quedó mucho más alegre, y cuando lleguen los Van Daan, nos pondremos a trabajar con la madera del granero. Tal vez se puedan convertir en unos bonitos anaqueles o algunas otras lindas chucherías.

Mamá y Margot se han tranquilizado ya un poco más. El día de ayer, mamá nos cocinó una rica sopa de porotos, pero entre plática y plática se olvidó del guisado, a tal grado que fue imposible arrancar de la cacerola los porotos hechos carbón.

El señor Koophuis me regaló un libro titulado: *Boek Voor de Juegd.* Anoche, nos reunimos en la oficina privada para escuchar la radio de Londres. Yo estaba tan angustiada de que alguien pudiera escucharla, que supliqué a mi padre que volviéramos arriba. Entendiendo mi angustia, mamá subió conmigo. También por otras razones tenemos miedo de ser oídos o vistos por los vecinos. Al primer día de nuestra llegada hicimos las cortinas. En realidad no son cortinas, pues están compuestas de pedazos de tela que no tienen nada que ver entre sí. Papá y yo cosimos esos retazos como mejor pudimos. Esas "cortinas" están sujetas con chinches a las ventanas, y creo que ahí se quedarán hasta que decidamos irnos.

El edificio de la izquierda está habitado por una fábrica de muebles, y el de la derecha, por una gran casa mayorista. ¿Nos escucharán? Nadie se queda en esos edificios después de las horas de trabajo, pero no deseo confiarme. Hemos prohibido a Margot que tosa de noche, aunque desafortunadamente tiene resfriado.

Me entusiasma mucho la llegada de los Van Daan que esperamos para el próximo martes. Seremos más personas en este lugar y no habrá tanto silencio, pues es, sobre todo el silencio, lo que me pone nerviosa en la noche y en el día. Daría la mitad de mi vida porque alguno de nuestros protectores viniera a dormir aquí con nosotros.

Me siento acorralada por el hecho de nunca poder salir sola, pues tengo miedo de ser descubierta y fusilada. He aquí una razón menos feliz de mi estancia.

Durante el día caminamos lo suficientemente despacio, igual lo hacemos al hablar para que no nos escuchen en el almacén. Me llaman.

Tuya.   Ana.

Viernes 14 de agosto de 1942

Querida Kitty:

Hace un mes que no te escribo, pero no había mucho de que hablar. La familia Van Daan llegó el 13 de julio. Los esperábamos el 14, pero los alemanes empezaron a inquietar una cantidad de gente entre el 13 y el 16, es por esta razón que prefirieron llegar un día antes para su mayor seguridad. El primero en llegar fue Peter. Eran las nueve y media de la mañana cuando todavía desayunábamos. Trajo consigo a su gato. Este niño de 16 años es bastante fastidioso y tímido. No espero nada de él como compañero. Los señores Van Daan llegaron media hora más tarde. La señora provocó nuestras carcajadas al sacar de su sombrero una bacinica.

—Sin bacinica, en ningún lugar me siento como en mi propia casa —repuso.

Fue el primer objeto que encontró su sitio fijo, debajo de la cama. El señor Van Daan trajo consigo una mesa plegadiza para el té.

Los tres primeros días comimos juntos de una manera muy cordial. Después, nos percatamos que nos habíamos convertido en una sola familia. Era claro que a su llegada, los Van Daan tenían mucho que contarnos del mundo exterior. Lo más importante era saber qué había sucedido con nuestra casa y con el señor Goudsmit.

El señor Van Daan nos relató:

—El lunes, por la mañana, el señor Goudsmit me llamó por teléfono para saber si podía pasar por su casa, a lo cual respondí afirmativamente. Estaba muy nervioso. Me enseñó una carta dejada por los Frank, y me preguntó si había que llevar el gato a casa de los vecinos. Le respondí que sí. El señor Goudsmit tenía miedo de ser investigado, y por esta razón examinamos todas las habitaciones de la casa, poniendo en ellas orden.

"De repente, miré que sobre el escritorio de la señora Frank se encontraba un anotador, el cual contenía la dirección de Maestricht. Sabiendo que la había dejado en ese lugar con toda intención, simulé susto y sorpresa, pidiendo al señor Goudsmit que destruyera aquél papel de inmediato.

"Durante todo el tiempo le hice creer que ignoraba lo de su desaparición, y después de haber visto aquel papel, se me ocurrió una cosa.

"Señor Goudsmit —le dije—, creo que recordé algo con relación a la dirección que encontramos en este papel, recuerdo que un día en la oficina se presentó un oficial de alto rango, hace como unos seis meses de esto. Aquel hombre estaba adscrito a la región de Maestricht, y me pareció que era amigo del señor Frank desde la niñez.

"Le dije que al parecer él había prometido ayuda y protección al señor Frank, y que tal vez había decidido mantener su palabra, y había facilitado, de alguna manera, el paso de su familia a Suiza por Bélgica. Le pedí que comentara esto con los amigos de los Frank para tener noticias de ellos, aunque sin hablar necesariamente de Maestricht.

"En seguida me fui. He sabido, por diversos amigos, que sus conocidos han sido informados de esto.

Nosotros creemos que esta historia es muy divertida, y nos reímos de la gran imaginación de la gente, de la que nos daban prueba algunos otros relatos del señor Van Daan. Hubo quien nos vio al amanecer, a mis padres, a mi hermana y a mí en bicicleta. Otros, aseguran que nos subieron a un auto militar en plena noche.

Tuya.   Ana.

Viernes 21 de agosto de 1942

Querida Kitty:

Nuestro escondite era, desde ahora, eso, un escondite. El señor Kraler tenía la idea de poner una estantería detrás de la puerta de acceso a la casa, ya que los alemanes registran las casas en busca de bicicletas escondidas. El señor Vossen se ha esforzado por barnizar y arreglar este estante. Se le dijo de las siete personas que nos encontrábamos ocultas en este lugar, y ahora se muestra demasiado servicial. Para poder llegar a las oficinas, hay que encogerse primero y después saltar, ya que los escalones han desaparecido. Debido a esto, poco a poco nuestras frentes lucían tremendos chichones por culpa de la puerta baja. Por eso, se ha puesto una bolsita rellena de virutas como protección en el borde de la puerta. ¡Ojalá esto resulte!

He decidido estar de vacaciones hasta septiembre, y me he olvidado de los estudios. Papá me ha prometido que será mi profesor, pues temo haber olvidado todo lo que aprendí en la escuela.

No hay muchos cambios en nuestra vida. No me llevo muy bien con el señor Van Daan, sin embargo, ha simpatizado mucho con Margot. Mamá me trata a veces como a una niña, cosa que no soporto. Fuera de esto, nos va bien. Peter es un holgazán que está tirado todo el día en la cama; a veces juega a que trabaja, pretende ser carpintero, y luego vuelve a su rutina. ¡Qué imbécil!

Hace calor afuera, y a pesar de todo, aprovechamos ese sol que nos entra a chorros a través de la ventana abierta.

Tuya.   Ana.

Miércoles 2 de septiembre de 1942

Querida Kitty:

Los esposos Van Daan tuvieron una gran pelea. Nunca había presenciado una cosa igual, pues a papá y mamá jamás se les ocurriría gritarse de esa manera. El motivo: no vale la pena ni mencionarlo, pues fue una verdadera insignificancia. En fin. Cada quien su vida.

Creo que para Peter resultará este tipo de cosas muy desagradable, pues se trata de sus padres, pero ya nadie lo toma en cuenta por ser tan quisquilloso y vago. Ayer estaba bastante preocupado, pues tenía la lengua azul en vez de roja, pero esto desapareció pronto. Hoy se pasea con una bufanda roja atada al cuello y padece de tortícolis; el señor Van Daan se queja también de lumbago. Sufre de dolores en el corazón, los riñones y los pulmones. ¡Es un verdadero hipocondriaco! (Creo que esa es la definición correcta ¿o me equivoco?)

Mi mamá y la señora Van Daan no simpatizan del todo, pues existen muchas desigualdades entre ellas; por ejemplo: la señora Van Daan sacó del ropero común todas sus sábanas, dejando sólo tres. Pero si piensa que todos usarán la ropa de mamá, se llevará una gran sorpresa al descubrir que ha seguido su mismo ejemplo.

Además —por más que la señora se moleste— usamos sus trastes de mesa para todos y no los nuestros. Siempre trata de averiguar en dónde quedaron nuestros trastes, y no imagina siquiera que están más cerca de lo que ella cree, pues se encuentran en el granero guardados en cajas de cartón detrás de un montón de papel publicitario. Y mientras estemos en este lugar, jamás podrá usarlos. Desafortunadamente a mí me suceden siempre accidentes, por ejemplo: el día de ayer rompí en mil pedazos un plato sopero de la señora.

—¡Ay! —exclamó furiosa—. Te pido que pongas más atención en lo que haces, pues esto es lo único que nos queda.

El señor Van Daan en estos últimos días ha tenido muchas amabilidades conmigo. Si eso lo hace sentirse bien... Hoy por la mañana mamá volvió a fastidiar con sus regaños; eso me pone de malas. Nuestras opiniones son totalmente contrarias. Papá es muy accesible, aunque en ocasiones también se molesta conmigo, pero sólo es cuestión de cinco minutos.

Nuestra monótona vida fue interrumpida la semana pasada por un pequeño incidente: tenía que ver con un libro sobre mujeres y Peter. A Margot y a Peter se les permite leer casi todos los libros que nos presta el señor Koophuis, pero este libro contenía un tema muy delicado que sólo los adultos podían entender y tratar. Esto bastó para despertar la curiosidad de Peter: ¿qué asunto prohibido contenía aquel libro? A escondidas, lo sacó de donde lo guardaba su madre mientras ella platicaba con nosotros y escapó al desván. Todo estuvo bien durante tres días; la señora Van Daan sabía perfectamente lo que estaba pasando, pero no decía nada, hasta que su marido se enteró. Le quitó éste el libro a Peter y pensó que el asunto había terminado. Sin embargo, no contaba con la gran curiosidad de su hijo, y éste no se dejó intimidar en lo más mínimo por la enérgica actuación de su padre.

Peter buscó todas las maneras posibles de leer hasta el final aquel libro tan interesante. Mientras tanto, su madre, había venido a pedir un consejo a mamá. A mamá le parecía que no era un libro muy recomendable para Margot, pero los otros no tenían nada de malo, según ella.

—Existe una gran diferencia entre Margot y Peter, señora Van Daan —dijo mamá—. En primer lugar, Margot es una chica y las mujeres siempre son más maduras que los varones; en segundo lugar, Margot ha leído algunos libros para adultos y no anda en busca de temas prohibidos; y por último, Margot ha asistido cuatro años al liceo, esto la hace más seria y mucho más adelantada.

La señora Van Daan estuvo de acuerdo, pero de todas formas consideró que era inadecuado dar a leer a los jóvenes libros para adultos.

Pero Peter siguió insistiendo y buscó el momento más apropiado para apoderarse del libro sin que nadie lo viera; a las siete y media de la tarde, cuando toda la familia se reunía en el despacho de papá para escuchar la radio, él se encerraba en el desván. Debía haber bajado a las ocho y media, pero como la lectura era tan interesante para él, jamás se dio cuenta de la hora y se encontró frente a frente con su padre justamente cuando éste bajaba por la escalera del desván. De repente, se escucharon algunos golpes, un tirón, una cachetada y el libro cayó sobre la mesa y Peter en el desván. Así estaban las cosas a la hora de cenar. Peter había sido castigado, nadie se preocupaba por él, se iría a la cama sin comer. La cena continuó de manera muy armoniosa, se reía, se charlaba. De pronto, un sonido agudo nos dejó mudos. Todos dejamos los cubiertos sobre los platos y nos miramos. En seguida, escuchamos la voz de Peter por la chimenea gritando:

—Si piensan que voy a bajar, están muy equivocados.

El señor Van Daan se levantó de su silla, tiro la servilleta al suelo, y muy ruborizado dijo:

—¡Basta! ¿Me escuchaste?

Papá lo tomó del brazo, temiendo que una desgracia pudiera ocurrir y lo siguió al desván; tras muchas pataletas y protestas, Peter volvió a su cuarto, se escuchó un portazo, y los señores regresaron a la mesa. La señora Van Daan quiso guardarle un bocado a su pequeño Peter, pero su marido, que era terminante en sus decisiones, se lo impidió.

—Si no se disculpa de inmediato, tendrá que dormir en el desván.

Se levantaron las protestas, pues mandarlo a la cama ya sin cenar era suficiente castigo; además, si se resfriaba, ¿adónde buscaríamos a un médico?

Peter no se disculpó, volvió al desván y el señor Van Daan resolvió no hablar más del asunto. Sin embargo, al día siguiente comprobó que su hijo había dormido en su cuarto. Peter había subido al desván a las siete, pero papá con palabras amistosas lo convenció para que bajara. A los tres días, tras miradas de enojo y silencios obstinados, todo volvió a la normalidad.

Tuya.   Ana.

Lunes 21 de septiembre de 1942

Querida Kitty:

Hoy sólo me limito a comunicarte las noticias del Anexo. Ya no soporto a la señora Van Daan; me regaña continuamente porque no puedo parar de hablar, pero no puedo evitarlo y prefiero no hacerle caso. Ahora también se molesta porque lavamos las cacerolas; las sobras de comida que encuentra las deja dentro en lugar de ponerlas sobre un plato de vidrio, como nosotros lo hacemos, y todo esto nos crispa los nervios. Y cuando a Margot le toca lavar la vajilla, la señora le dice despreocupadamente:

—Margot, Margot, ¡cómo trabajas!

Con papá estamos haciendo un árbol genealógico de su familia, y sobre cada uno de sus miembros me va contando cosas y esto me parece muy interesante.

El señor Koophuis me trae cada quince días algunos libros para niñas. Me gusta mucho la serie *Joop ter Heul*, y los de Cissy van Marxveldt. He leído *Een Zomerzotheid* ya cuatro veces, pero me siguen divirtiendo mucho las situaciones tan cómicas que describe.

He comenzado de nuevo a estudiar. Trato de dar lo mejor de mí para aprender rápido el francés, y me aprendo cinco verbos irregulares diariamente. Peter ha comenzado a aprender el inglés, aunque con muchos suspiros. Algunos libros acaban de llegar. Yo había traído algunos cuadernos, lápices, gomas y etiquetas. Papá quiere que le demos clases de holandés. El príncipe Bernardo acaba de hablar de que tendrá otro hijo para enero. Así escucho a la Holanda de ultramar. Aquí se sorprenden de que yo sea tan monárquica.

Hace algunos días estuvimos hablando de que todavía soy bastante ignorante. Esto me llevó a tomar la decisión de ponerme a estudiar con más ganas que nunca. No deseo encontrarme con los mismos compañeros a los catorce o quince años.

Posteriormente se habló de libros, pero casi todos están prohibidos para mí. Mamá lee en este momento *Heeren, Vrouwen en Knechten*, que Margot sí puede leer, pero yo no; primero porque debo tener más cultura, como la inteligente de mi hermana. Luego hablamos de mi ignorancia en temas como filosofía, psicología y fisiología; (son palabras tan complicadas que he tenido que buscarlas en el diccionario). Pero tal vez sea menos ignorante para el año próximo.

He descubierto que no tengo más que un vestido de manga larga y tres chalecos para el invierno. Papá me ha dado permiso para hacerme un jersey de lana blanca. La lana no es muy bonita que digamos, pero el calor que me dé es lo único que me importa. Tenemos algo de ropa en casa de otras personas; por desgracia no podemos ir a buscarla hasta que termine la guerra, espero que todavía esté en ese lugar.

Hace poco, justamente cuando estaba terminando de escribir algo sobre la señora Van Daan, apareció y ¡zaz!, tuve que cerrar el Diario de golpe.

—¡Hola Ana!; ¿por qué no me enseñas algo de lo que escribes?

—No señora, lo siento.

—¿Ni siquiera la última página?

—No señora, ni siquiera.

Gran susto el que me llevé, pues lo que decía de ella en ésta última página no era muy agradable que digamos.

Tuya.   Ana.

Viernes 25 de septiembre de 1942

Querida Kitty:

Ayer estuve "de visita" en casa de los Van Daan para platicar un poco; de vez en cuando, eso me ocurre. En ocasiones se pasa allí un momento agradable. Entonces se comen galletas, bizcochos y tomamos limonada.

Hablamos sobre Peter. Les comenté que seguido él me acariciaba la mejilla, y que eso a mí me parecía insoportable y no me agradaban esas demostraciones.

De una manera muy paterna ellos me preguntaron si en verdad yo no podía encariñarme con Peter; pues según ellos, él en verdad me quiere mucho; y me dije: ¡Oh, no!

Les dije que encontraba a Peter un poco tímido y torpe. Y traté de justificar este sentimiento diciendo también que tal vez era porque a esa edad los chicos no están acostumbrados a tratar con chicas.

Debo decir que el comité de nuestros protectores, hablo de los señores, es muy inventivo. Fíjate lo que han ideado para hacerle llegar al señor Van Dijck noticias nuestras; es nuestro apoderado y amigo, y además responsable de las mercancías clandestinas. Nuestros protectores escriben una carta a máquina a un farmacéutico cliente de la casa, que vive en la Zelandia Meridional; el señor encuentra una nota escrita por mi padre en su carta, y envía por el mismo sobre la respuesta. Al recibir la respuesta, nuestros protectores cambian la carta del farmacéutico con una frase hecha por papá, diciendo que estamos bien; la frase de papá, que muestran al señor Van Dijck, se supone pasó de contrabando a Bélgica en dirección a Zelandia; éste la lee sin sospechar la jugada. Se eligió Zelandia porque es el límite con Bélgica, donde es común el contrabando y, además, sin un permiso especial, no se puede ir a ese lugar.

Tuya.   Ana.

Domingo 27 de septiembre de 1942

Querida Kitty:

Mamá y yo no nos entendemos muy bien; últimamente tenemos muchos problemas, creo que la ha tomado de nuevo en mi contra. Debo aclarar que entre nosotros no hay gritos, como con los vecinos de arriba; aunque esto no significa que mi situación sea agradable. La manera de ser de Margot y de mamá se me hace muy extraña. Y considero que es una lástima que comprenda mejor a mis amigas que a mi propia madre.

Una vez más, la señora Van Daan está de mal humor, es muy autoritaria, y todo lo que es suyo lo guarda estrictamente bajo llave. Desafortunadamente mamá no responde a cada una de sus escondidas "vandaanianas" con una "frankiana". Así entendería.

Existen personas que no sólo se encargan de la educación de sus hijos, sino que también quieren educar a los ajenos. A ese tipo de gente pertenecen los Van Daan. Piensan que a Margot no hace falta educarla, pues es toda dulzura, delicadeza e inteligencia en persona; en cambio, a mí, me ha tocado la mala suerte de ser maleducada por partida doble. Es por eso que las recriminaciones y consejos siempre están dirigidos a mí; y es la hora de la comida la que justifica siempre estas acciones.

Papá y mamá siempre me defienden, y si no fuera por ellos no podría enfrentar esta lucha con temor a descuidarme. Aunque mis padres me dicen una y otra vez que debo hablar menos y no meterme en lo que no me importa, mis esfuerzos son en vano. Si papá no se portase tan paciente conmigo, creo que habría perdido toda esperanza de poder satisfacer las exigencias de mis padres, que no son tan estrictas.

Cuando me siento a la mesa y me sirvo poco de alguna verdura que no me gusta para nada, los señores Van Daan se molestan y dicen siempre que estoy demasiado consentida.

—Vamos, Ana, sírvete un poco más de verdura.

—No señora, gracias —respondo—; con esto quedaré satisfecha.

—La verdura es muy sana, así opina también tu madre. Anda sírvete... —insiste, hasta que interviene papá y confirma mi negativa.

Entonces, la señora entra en acción:

—¡Tendrían que haber visto cómo se educaba en mi casa! ¡Por lo menos creo que allí sí se sabía educar a los niños! Es una niña terriblemente malcriada... si Ana fuera mi hija...

—¡Por fortuna no lo soy, señora Van Daan!

Volviendo al tema de la educación, se produjo un silencio al final de las palabras de la señora. Entonces papá contestó:

—A mí me parece que Ana es una niña muy bien educada, por lo menos ha aprendido a no contestar a sus largos sermones. En lo referente a las verduras, no puedo más que decirle que sus comentarios están fuera de lugar.

La señora se sintió derrotada, el "fuera de lugar" de papá, estaba dirigido especialmente a ella, refiriéndose a la porción tan pequeña de verduras que se sirve. La señora considera que debe cuidarse un poco, pues sufre del estómago, y piensa que se sentiría molesta si come demasiadas verduras antes de acostarse. De todas formas, a mí que me deje en paz. Es simpático verla ponerse furiosa por cualquier cosa. Por suerte a mí no me sucede lo mismo, y claro, eso a ella le molesta sobremanera.

Tuya.   Ana.

Lunes 28 de septiembre de 1942

Querida Kitty:

Cuando todavía me faltaba mucho para terminar mi carta de ayer, tuve que parar de escribir. No puedo aguantarme las ganas de comentarte sobre otra discusión, pero antes debo comentarte otra cosa:

Considero muy extraño que las personas mayores peleen por cualquier cosa; yo pensaba que eso de pelear era sólo cosa de niños, que con los años se pasaba. Claro que pueden producirse verdaderas peleas por cosas serias, pero las palabras ofensivas que se escuchan aquí no tienen razón de ser, y están ahora a la orden del día; creo que tendré que acostumbrarme a ellas. Pero no se trata de eso, pues creo que no tiene sentido que me acostumbre a esas discusiones mientras sigan hablando de mí en casi todas ellas. Nada de lo que yo hago es correcto: mi comportamiento, mi apariencia, mis modales, mi carácter; todo esto es motivo de habladurías y críticas, y las malas palabras que me dicen, tengo que aguantarlas y estoy obligada, aún así, a poner buena cara. ¡Esto es más fuerte que yo! No creo soportar por mucho tiempo. Me niego. Les enseñaré que Ana Frank no es ninguna tonta; y cuando empiece a decirles que es mejor que cuiden su propia educación y se despreocupen por la mía, se quedarán tan sorprendidos de mi reacción, que preferirán cerrar el pico de una vez por todas. ¡Qué se han creído! ¡Son unos cretinos! Hasta ahora me ha dejado desconcertada tanta grosería y, sobre todo, tanta estupidez (de parte de la señora Van Daan); pero tan pronto como me recupere —y no he de tardar en hacerlo— les responderé de la misma forma. ¡Y no volverán a meterse conmigo!

¿Realmente seré tan mal educada? ¿Tan terca, tan caprichosa, tan insolente, tan perezosa, tan tonta, etc., como ellos dicen? Ya sé que tengo muchos defectos, pero creo que exageran. ¡Si supieras, Kitty, cómo a veces me hierve la sangre cuando todos me insultan y gritan! Pero te aseguro que no será por mucho tiempo, pues mi rabia está a punto de estallar.

Pero basta ya de hablar de este asunto. Ya te he aburrido bastante con mis disputas. Sin embargo, hubo una plática muy interesante a la hora de la comida, y quiero contártela.

No recuerdo cómo, pero llegamos al tema sobre la modestia legendaria de Pim (Pim es el apodo de papá). Las personas más tontas no podrían discutir sobre este hecho. De repente, la señora Van Daan, que siempre debe opinar en todas las conversaciones dijo:

—Yo también soy modesta, mucho más modesta que mi marido.

¡Qué descaro! ¡Sólo con decirlo demuestra su modestia! El señor Van Daan que consideró prudente aclarar eso de "mucho más que mi marido", replicó muy tranquilamente:

—Yo no quiero ser modesto. Toda mi vida he podido ver que las personas que no son modestas llegan más lejos en la vida que las que lo son.

Y dirigiéndose a mí, dijo:

—Nunca seas modesta Ana. No te llevará a ninguna parte ser modesta.

Mamá aprobó este punto de vista. Pero la señora Van Daan, como de costumbre, tuvo que dar su punto de vista sobre este tema tan importante como lo es la educación. Pero esta vez, se dirigió directamente a mis padres:

—¡Qué manera tan curiosa de pensar sobre la vida, tienen ustedes señores Frank! En mis tiempos no era así. Estoy segura de que en estos tiempos esa diferencia existe todavía, salvo en las familias modernas como la de ustedes.

Estas últimas palabras se referían al método educativo moderno, tantas veces defendido por mamá. La señora Van Daan estaba sonrojada del coraje que estaba haciendo; mamá en cambio estaba lo suficientemente tranquila. La persona que enfurece corre el riesgo de perder la partida más pronto. Mamá, con las mejillas pálidas, quiso decidir esta situación lo más rápido posible, y apenas recapacitó tan sólo un momento antes de responder:

—Señora Van Daan, yo opino también que en la vida es mucho mejor no ser tan modesta. Mi marido, Margot y Peter son tremendamente modestos. Su marido, Ana, usted y yo, no nos falta modestia, pero tampoco permitimos que se nos deje atropellar.

Señora: —No la comprendo, querida señora. Yo soy la modestia personificada, verdaderamente. ¿Qué es lo que le hace a usted dudarlo?

Mamá: —Es verdad que no le hace falta modestia, pero creo que nadie la considera verdaderamente modesta.

Señora: —¡Me gustaría saber, en que sentido soy tan poco modesta! Si aquí yo no me ocupara de mí misma, me moriría de hambre. Pero esto no es razón suficiente para dudar que soy tan modesta como su marido.

Lo único que pudo hacer mamá ante esta autodefensa tan ridícula fue reír. Esta reacción irritó de sobremanera a la señora Van Daan, que comenzó su maravilloso sermón en un magnífico alemán-holandés y holandés-alemán que, finalmente perdida en sus propias palabras, decidió abandonar la habitación, pero entonces sus ojos se clavaron en mí. ¡Deberías haberlo visto! Desafortunadamente, en cuanto nos dio la espalda, yo meneé la cabeza, casi inconscientemente, pero de una manera burlona, con una expresión de lástima mezclada con ironía por estar siguiendo la conversación con tanta atención. La señora se molestó y comenzó a lanzar una serie de injurias en alemán, pero eso sí, de una manera muy vulgar. Daba gusto verla, si supiera dibujar, lo habría hecho, pues a tal punto resultaba cómica, demasiado cómica, la pobre estúpida mujer.

Después de esa escena, estoy segura de una cosa: a la gente no se le conoce bien hasta que no se ha tenido una verdadera pelea con ella. ¡Sólo entonces se puede juzgar el carácter que tiene!

Tuya.   Ana.

Martes 29 de septiembre de 1942

Querida Kitty:

Las personas que se ocultan adquieren curiosas experiencias. Imagina que no tenemos bañera, y que nos lavamos en una tina. Al haber agua caliente en la oficina (es decir, todo el piso inferior), todos nos turnamos para lavarnos.

Pero al ser tan diferentes —unos son más pudorosos—, cada uno ha escogido su rincón personal para bañarse. Peter lo hace en la cocina sin importarle la puerta de vidrio. Cuando va a asearse, anuncia que durante treinta minutos nadie vaya a pasar por enfrente de la cocina. El señor Van Daan lo hace en la alcoba, ahorrándose el viaje para subir el agua al segundo nivel. Mi padre ha escogido la oficina privada como cuarto de baño y mi madre la cocina, detrás de la pantalla de la estufa. Margot y yo hemos reservado la oficina del frente. Bajamos las cortinas todas las tardes de los sábados, y la que espera funge como vigilante.

A partir de la última semana, el cuarto de baño que escogimos dejó de gustarme y empecé a buscar un nuevo lugar más cómodo. Peter me sugirió el w.c. de la oficina, ya que allí puedo sentarme, encender la luz, cerrar la puerta con llave y estar segura de las miradas de otros. Mi primer baño fue el domingo y lo disfruté mucho.

La semana pasada unos plomeros trabajaron en el piso de abajo en la conexión de agua que debía ser llevada del w.c. de las oficinas al corredor. Esta medida es una precaución para el invierno, ya que se congelan las tuberías. Lamentablemente, mientras estuvieron trabajando estos señores no pudimos hacer uso de las llaves del agua ni de los w.c.

Desde que usamos nuestro Anexo, papá y yo estábamos provistos de un orinal improvisado a falta de uno. Sacrificamos dos recipientes de vidrio del laboratorio. Para hacerlos, pusimos los recipientes en el cuarto, donde no pudimos hacer otra cosa más que guardarlos. Eso se me hacía menos feo que verme en la necesidad de permanecer encerrada en una habitación, quieta en una silla, sin poder hablar durante todo el día. No imaginas el sufrimiento de la señorita cuá-cuá. Durante las horas de trabajo no hacemos más que platicar; pero no moverse ni hablar es cien veces más terrible. Tres días después de esta rutina, me sentí entumida hasta del trasero. Por fortuna, los ejercicios físicos por la noche me aliviaron.

Tuya.   Ana.

Jueves 1 de octubre de 1942

Querida Kitty:

Ayer me espanté mucho. Alguien tocó el timbre demasiado fuerte a las ocho. Pensé que serían ya sabes quiénes. Pero cuando todos dijeron que eran unos vagos o el cartero, me tranquilicé.

Los días transcurrieron en silencio. Lewin, un joven químico y farmacéutico judío, trabaja en la cocina de las oficinas para el señor Kraler. Conoce muy bien el edificio en el que estamos, y por eso tenemos miedo que se le ocurra ir a ver el antiguo laboratorio. Nos mantenemos en silencio, como ratones asustados. ¿Quién diría hace tres meses, que Ana-azogue podría ser capaz de quedarse tranquila en una silla sin moverse durante horas?

El día 29 fue cumpleaños de la señora Van Daan, y aunque no pudo festejarlo en grande, se le festejó con flores, con platos deliciosos y algunos regalos. Al parecer los claveles rojos que le dio su marido son una tradición familiar. Hablando de ella, te puedo decir que su coqueteo con papá me pone de mal humor. Ella le acaricia los cabellos y la mejilla, se levanta la falda por sobre la rodilla, se hace la graciosa... y todo esto para tratar de atraer la atención de Pim. Por suerte a Pim no le gusta ella, ni siquiera la encuentra simpática, de tal modo que no hace caso de sus coqueteos. Como podrás darte cuenta, por naturaleza soy bastante celosa, así que todo esto me sabe muy mal. Mamá no busca nunca el coqueteo con el señor Van Daan, y yo no me he detenido en decírselo a la señora.

¡Quién lo hubiera creído! Peter es capaz de hacer reír de vez en cuando. A los dos nos gustan los disfraces; y esto fue causa, el otro día, de grandes risas.

Él apareció con un vestido de cola que pertenecía a su mamá, y yo vestía con un traje de él; él con un sombrero de dama, y yo con una gorra. Todos reían hasta rodárseles las lágrimas. Nos divertimos mucho. Elli compró en la tienda "de Bijenkorf" faldas para Margot, mismas que compartió conmigo. Son de muy mala clase, parecen como de yute, como aquella tela de los sacos para meter papas. Costaron, respectivamente, 24 y 7.50 florines, ¡que diferencia con las de antes!

Te comento otra cosa que es nuestra más reciente diversión. Elli se las ha arreglado para enviarnos por correspondencia unas clases de taquigrafía, para Margot, Peter y para mí, ya verás que estupendos taquígrafos nos haremos el año que viene. A mí, al menos, me parece muy interesante aprender a dominar una escritura tan secreta. De cualquier manera, yo me siento muy importante sabiendo que estoy aprendiendo seriamente esa especie de código secreto.

Tuya.   Ana.

Sábado 3 de octubre de 1942

Querida Kitty:

El día de ayer hubo otra pelea. Mamá se atrevió a contar a papá todos mis pecados. Ella comenzó a llorar, yo también, y por esa razón me dio un dolor de cabeza terrible. Desafortunadamente con todo esto, le confesé a papá lo que sentía, y le dije que yo lo quería a él mucho más que a mamá; él me contestó que esto pasaría, pero creo que le costará buen trabajo hacérmelo creer. Necesito esforzarme por estar tranquila con mamá. A papá le gustaría verme atenta cuando mamá tiene dolor de cabeza o no se siente bien. Por ejemplo, debería de llevarle algún analgésico sin que nadie me lo dijera. Pero esto no lo hago nunca.

Estudio mucho el francés y estoy leyendo *La Belle Nivernaise*.

Tuya.   Ana.

Viernes 9 de octubre de 1942

Querida Kitty:

Hoy no tengo más que noticias deprimentes. Poco a poco muchos de nuestros amigos judíos son embarcados por la Gestapo que no se anda con rodeos; son transportados en furgones de ganado a Westerbork, en Drente, que es el gran campo para judíos. Este lugar debe ser una pesadilla; muchos de ellos están obligados a lavarse en un solo cuarto, y casi no existen los w.c. Duermen amontonados unos sobre otros en cualquier lugar. Duermen juntos hombres, mujeres y niños. Desafortunadamente no hablaremos de las costumbres: muchas mujeres y muchachas están embarazadas.

No hay escapatoria. La gran mayoría está marcada en el cráneo, que se encuentra afeitado, y otros, además, por su tipo de judío.

Si esto sucede ya en Holanda, ¿qué sucederá en las regiones lejanas de las que Westerbork no es mas que la puerta de entrada? Sabemos que esas pobres gentes habrán de morir. La radio inglesa habla de cámara de gas. Creo que esa es una de las mejores maneras de morir sin sufrir tanto. Esto me enferma. Miep cuenta de manera impresionante todos esos horrores, y ella misma se siente horrorizada. Recientemente, Miep encontró frente a su puerta a una mujer judía vieja paralítica, esperando a la Gestapo, que había ido en busca de un auto para llevarla. La pobre mujer temblaba de miedo por los bombardeos de los aviones ingleses y por ver sobre el cielo, como flechas, los haces luminosos. Miep no tuvo el valor de hacerla entrar en su propio hogar. Creo que nadie hubiera podido hacerlo. Los alemanes imponen los castigos.

Elli ha recibido también su castigo; su novio tiene que partir para Alemania. Ella teme que los aviadores que vuelan sobre nosotros dejen caer sus bombas. Le hacen bromas de todo tipo, como: "una sola bomba basta", esto me parece muy cruel. Es verdad que su novio no es el único que se va, todos los días salen trenes llenos de muchachos de ambos sexos que van a trabajar obligadamente en Alemania. Algunos tratan de escapar cuando el tren se detiene en algún cruce, algunas veces resulta, pero no siempre.

Todavía no he terminado con mis lamentaciones. ¿Has escuchado hablar alguna vez de rehenes? Es el último método para castigar a los saboteadores. Es lo más horrible que te puedas imaginar. Detienen a ciudadanos inocentes y respetables, y anuncian que los ejecutarán en caso de que alguien realice un sabotaje. Cuando hay algún sabotaje y no se encuentran a los responsables, la Gestapo, sencillamente, escoge a cuatro o cinco de estos rehenes y los pone contra el paredón. Muy seguido los periódicos publican esquelas con el nombre de esas personas, calificando sus muertes de "accidente fatal". ¡Bonito pueblo el alemán, qué desgracia que yo también pertenezca a él! Pero no hace mucho tiempo que Hitler nos ha convertido en apátridas. De todas formas, no hay enemistad más grande en el mundo que entre los alemanes y los judíos.

Tuya.   Ana.

Viernes 16 de octubre de 1942

Querida Kitty:

Estoy muy atareada. Ayer traduje un capítulo de *La Belle Nivernaise*, apuntando todas las palabras que no sé. También resolví un problema de matemáticas muy complicado, y traduje tres páginas de gramática francesa. Como todos los días, problemas; esto no cambia. Papá también los detesta; yo trato de arreglármelas mejor que él, pero la verdad, ninguno de los dos nos sentimos muy fuertes, de tal modo que necesitamos recurrir a Margot. Yo soy la más adelantada de los tres en taquigrafía.

He leído ya *De Stormers*. Me encantó, pero no tiene ni punto de comparación con *Joop ter Heul*. Por otra parte, casi siempre aparecen las mismas palabras. Considero a Cissy Van Marxveldt un autor excelente, y mi mayor ilusión es leer todos sus libros a mis hijos.

Mamá, Margot y yo hemos vuelto a ser grandes amigas, y en realidad creo que es mucho mejor así. Anoche estábamos acostadas en mi cama Margot y yo. Había un espacio muy pequeño, pero eso era lo más divertido. Me pidió que le dejara leer mi Diario. Le dije que sí, para ciertos pasajes; pero le pedí también que me dejara leer el suyo, y no se negó. Entre una cosa y otra, hablamos del futuro. Le pregunté cuáles eran sus aspiraciones, pero me pidió que no habláramos de eso, pues trata de mantenerlo como un gran secreto. Hablamos sin poner gran atención en la enseñanza; no sé si ella hará algo en ese sentido, pero creo que sí. En el fondo creo que no debo de ser tan curiosa.

Esta mañana me tiré en la cama de Peter después de correrlo de ahí, estaba muy enojado, pero realmente eso me importa poco. Ya va siendo hora de que se muestre más amable conmigo, porque sin ir más lejos, anoche le regalé una manzana.

Le pregunté a Margot si yo le parecía muy fea. Ella me ha dicho que tengo bonitos ojos y una expresión atractiva. Una respuesta un tanto vaga, ¿no crees?

¡Hasta la próxima!

Tuya.   Ana.

Martes 20 de octubre de 1942

Querida Kitty:

Todavía me tiembla la mano, y hace casi dos horas del tremendo susto que nos dimos. Resulta que en el edificio que habitamos existen dos aparatos Minimax contra incendios. Nadie nos comunicó que vendría el carpintero o como se llame, a reemplazar estos aparatos, pues era necesario hacerlo.

Como todos los días en este lugar, tratábamos de mantener el mayor silencio posible. De pronto, escuché golpes de martillo frente a nuestra puerta-armario. En seguida pensé que sería el carpintero, y avisé a Elli, que comía con nosotros, que no bajase a la oficina. Papá y yo nos quedamos junto a la puerta para escuchar cuando el hombre se fuera. Después de haber trabajado cerca de un cuarto de hora, dejó su martillo y sus otras herramientas sobre nuestro armario (por lo menos eso creímos) y golpeó a nuestra puerta. Nos pusimos pálidos. ¿Habría escuchado algún ruido extraño y estaría tratando de averiguar qué era? Jurábamos que eso era, pues los golpes, tirones y empujones, no cesaban. Aterrada, casi me desmayé pensando que aquel hombre, que era un perfecto desconocido para nosotros, lograba entrar a nuestro perfecto escondite. Y justamente cuando pensaba que ese sería nuestro final, escuché la voz del señor Koophuis, que decía:

—¡Ábranme, por favor. Soy yo!

Le abrimos de inmediato la puerta. El pestillo que sujeta la puerta del armario se le había trabado, razón por la cual, nadie había podido avisarnos que vendría el carpintero. El hombre se había ido ya, y el señor Koophuis, al venir a buscar a Elli, no lograba abrir la puerta del armario.

No imaginas el alivio que sentí. Aquel tipo que yo creía dispuesto a entrar a nuestro refugio, en mi imaginación empezó a tomar proporciones gigantescas, pasando a ser un fascista fanático como ninguno.

Por suerte, todo esto acabó de la mejor manera y el miedo se ha terminado.

El lunes nos divertimos mucho. Miep y Henk Van Santen pasaron la noche con nosotros. Margot y yo nos fuimos a dormir con papá y mamá para que los jóvenes esposos pudieran ocupar nuestro lugar. La cena servida en su honor estuvo deliciosa. El festín fue interrumpido por un corto circuito causado por una lámpara y nos dejó a oscuras. ¿Qué hacer? Había tapones nuevos en la casa pero el tablero eléctrico se encuentra en el almacén del fondo, y dar con él de noche y a oscuras no era una tarea muy agradable. Los hombres de la casa se arriesgaron, y después de diez minutos la iluminación de las velas se pudo apagar.

Esta mañana me levanté muy temprano. Henk tenía que marcharse a las ocho y media. Miep bajó a la oficina de papá después de un delicioso desayuno en familia. Llovía fuertemente, y se alegró de no tener que ir en bicicleta al trabajo bajo la lluvia.

Elli vendrá a pasar una noche con nosotros la próxima semana.

Tuya.   Ana.

Jueves 29 de octubre de 1942

Querida Kitty:

Papá se ha puesto enfermo y eso me tiene muy preocupada. Tiene mucha fiebre y le han salido granos; puede ser sarampión. ¡Ni siquiera podemos ir en busca del médico! Mamá le hace sudar, quizá con esto le baje la fiebre. Esta mañana Miep nos contó que el departamento de los Van Daan ha sido saqueado. Todavía no se lo hemos dicho a la señora, ya que es tan nerviosa, que no sabemos cómo vaya a reaccionar; no tenemos ganas de oír sus quejidos con respecto a su hermosa vajilla y a las lindas sillas que dejó allí. También nosotros tuvimos que abandonar casi todas nuestras cosas bonitas; no se logra nada con lamentarse.

Mi padre quiere que empiece a leer libros para adultos. Me he enfrascado en *Eva's Jeugd*, de Nico Van Suchtelen. No hay gran diferencia entre los libros para muchachas y éste; en ellos se habla de mujeres que piden mucho dinero por vender su cuerpo a hombres que no conocen en calles abandonadas. Esto a mí me daría vergüenza, además, he leído que Eva está indispuesta. ¡Qué ganas tengo de estarlo yo también! Esto debe de hacerlo a uno muy importante.

Papá ha sacado los dramas de Goethe y Schiller de la biblioteca grande y quiere leerme unos párrafos todas las noches. Ya hemos comenzado con *Don Carlos*.

Siguiendo el buen ejemplo de papá, mamá ha empezado a leer un libro de oraciones. Me parecen bonitos, pero no dicen nada. ¿Por qué me obligan a exteriorizar sentimientos religiosos?

Mañana encenderemos la estufa por primera vez. ¡Seguro que la casa se llenará de humo! ¡Hace tanto tiempo que no se limpia! ¡Ojalá que este aparato funcione!

Tuya.   Ana.

Sábado 7 de noviembre de 1942

Querida Kitty:

Últimamente mamá ha estado muy nerviosa, y eso para mí es muy peligroso. ¿Será verdaderamente casual que yo siempre sufra las consecuencias de ese nerviosismo y nunca Margot? Por ejemplo, ayer por la noche, Margot estaba leyendo un libro con ilustraciones muy bonitas. Se levantó y lo dejó a un lado con la intención de seguir leyéndolo más tarde, y como yo no tenía nada especial que hacer en ese momento, lo tomé y empecé a mirar las ilustraciones, cuando Margot volvió, y al ver el libro en mis manos, frunció el ceño y enfadada me pidió que se lo regresara, yo quería seguir mirando un poco más pero mamá intervino diciendo:

—Ese libro lo estaba leyendo Margot, así que dáselo.

En ese momento papá entró a la habitación ignorando lo que estaba pasando, y al ver el gesto de víctima de Margot, exclamó:

—Me gustaría ver lo que harías tú si Margot se pusiera a ojear uno de tus libros.

Yo, inmediatamente, cedí, solté el libro y salí de la habitación "ofendida", según ellos. Realmente no se trataba de sentirse humillada o enojada. Yo estaba apenada.

Papá no estuvo muy bien al juzgar sin conocer el objeto de la controversia. Yo misma hubiera devuelto el libro a Margot mucho antes, sin necesidad de que mis padres hubieran intervenido en el asunto para proteger a Margot, como si se tratara de la peor injusticia.

Que mamá defienda a Margot es normal, siempre lo hacen mutuamente. Yo ya estoy acostumbrada a ello. Creo que me he vuelto totalmente indiferente al humor irritable de Margot y a los reproches de mamá.

Las quiero sólo porque son mi madre y mi hermana, pero realmente, como personas, no me interesan mucho. En cuanto a papá, es otra cosa. Realmente me hace mucho daño cada vez que exterioriza su preferencia por Margot, cada vez que la colma de elogios y de caricias, cada vez que aprueba sus actos. Porque yo adoro a Pim. Él es mi gran ideal. No quiero a nadie en el mundo tanto como a mi padre. No es consciente de que a Margot la trata de otra manera que a mí. Y es que Margot es más lista, más buena, más bonita y la mejor. Pero, de todos modos, yo tengo un poco de derecho a ser tomada en serio, ¿o no? Siempre he sido la payasa y la traviesa de la familia; siempre he sido tratada de insoportable; siempre la que espía y la que paga dos veces lo que hace; y por otro lado, la desesperación dentro de mí misma. Las amabilidades pasajeras ya no pueden agradarme, ni tampoco las conversaciones presuntamente serias. Yo espero de papá algo que no es capaz de darme. Realmente no estoy celosa de mi hermana, ni nunca lo estaré. No le envidio ni su inteligencia ni su belleza. Lo que realmente anhelo, es el cariño de mi papá, su afecto verdadero, no solamente a su hija, sino a Ana, tal como es.

Intento aferrarme a papá porque cada día desprecio más a mamá, y porque él es el único que todavía hace que conserve mis últimos sentimientos de familia. Papá no entiende que a veces necesito desahogarme, de hablarle de mamá; pero se niega a escucharme, evita todo lo que se relaciona con sus defectos.

Y sin embargo, es mi madre, con todos sus defectos, la carga más pesada sobre mi corazón; no sé que actitud tomar; no puedo decirle abiertamente que es dura, sarcástica y desordenada... Y sin embargo, no puedo soportar el ser siempre acusada por ella.

Soy exactamente opuesta a ella en todo y chocamos fatalmente. Yo no juzgo el carácter de mamá, porque no me corresponde a mí juzgar, sólo la observo como madre. Para mí, mamá no es *la* madre. Yo misma tengo que ser mi madre. Me he separado de ellos, ahora estoy sola y no se a dónde voy a parar. Todo eso porque tengo en el espíritu un ejemplo ideal; el ideal de la mujer que es madre. Yo misma tengo que ser madre algún día; y no hallo nada en aquella a la que estoy obligada a llamar mamá.

Me he propuesto no mirar los malos ejemplos que ella me da; tan sólo quiero ver su lado bueno, y lo que no encuentre en ella, buscarlo en mí misma. Mas no lo he conseguido, y lo desesperante es que ni mamá ni papá sospechan que me hacen mucha falta en la vida, y que yo por esa razón los repruebo. ¿Habrá padres capaces de dar entera satisfacción a sus hijos?

A veces creo que Dios me quiere poner a prueba, no sólo ahora, sino también más tarde. Debo ser buena sola, sin ejemplos y sin hablar, sólo así me haré más fuerte.

¿Quién sino yo, leerá luego todas estas cartas? ¿Quién sino yo misma me consolará?, porque seguido necesito consuelo; muchas veces no me he sentido lo suficientemente fuerte y no realizo nada. Lo sé, trato de corregirme, y todos los días tengo que empezar de nuevo.

Siempre me tratan de la forma más inesperada. Un día Ana es una chica seria, inteligente, y al día siguiente es una tonta que no comprende nada de nada, y que todo lo ha aprendido de los libros. Ya no soy la bebé ni la niña mimada que causa gracias haciendo cualquier cosa. Tengo mis propios ideales, mis planes y metas, pero aún no sé expresarlos.

Cuando estoy sola me vienen tantas cosas a la cabeza, sobre todo en las noches; y a veces también durante el día, cuando tengo que soportar a todos los que ya me tienen harta, y siempre me interpretan mal. Al fin de cuentas siempre vuelvo a mi Diario, pues es como mi destino; es para mí el principio y el fin, porque Kitty siempre tiene paciencia conmigo. Yo le prometo que a pesar de todo me mantendré fiel, que me abriré mi propio camino y me tragaré mis lágrimas. Sólo que me gustaría poder ver los resultados, ser alentada, aunque sólo fuera una vez por alguien que me quisiera.

No me juzgues, sino considérame, simplemente, como alguien que a veces siente que la copa se le está derramando.

Tuya.   Ana.

Lunes 9 de noviembre de 1942

Querida Kitty:

Ayer festejamos el cumpleaños de Peter. Le obsequiaron regalos muy bonitos, como un juego de ruleta, un encendedor y un juego para afeitarse. Él realmente no fuma mucho, pero eso es elegante.

A la una de la tarde, la mayor sorpresa nos la dio el señor Van Daan, al anunciarnos que los ingleses habían desembarcado en Túnez, en Argel, en Casablanca y en Orán. La opinión generalizada fue: "es el principio del fin", pero el primer ministro inglés, Churchill, que sin lugar a dudas oyó la misma frase, dijo: "este desembarco es un acontecimiento, pero no hay que denominarlo el principio del fin. Yo mas bien diría, el fin del comienzo". ¿Entiendes la diferencia? Sin embargo, hay motivos para sentirse optimistas. Stalingrado, la ciudad rusa, desde hace más de tres meses sigue de pie y sin caer en manos de los alemanes.

Para hablar en el lenguaje del Anexo, voy a describirte la manera en que distribuimos las provisiones. El pan nos lo trae un amable panadero que el señor Koophuis conoce bien. No conseguimos tanto pan como en casa, pero nos alcanza. Los cupones de racionamiento también los compramos en forma clandestina, y sus precios no dejan de subir: de 27 a 33 florines en el momento actual, ¡por un trozo de papel impreso!

Nuestros vecinos del piso superior son muy glotones. Además de nuestras 150 latas de legumbres, hemos comprado 270 libras de legumbres secas, que no son sólo para nosotros, sino también hay que compartirlas con el personal de oficinas. Los sacos de legumbres estaban colgados con ganchos en el pasillo que hay detrás de la puerta-armario. Algunas costuras de los sacos se abrieron por el peso. Decidimos entonces que era mejor llevar las provisiones de invierno al desván, y encargamos la tarea a Peter. Cuando 5 de los 6 sacos ya estaban sanos y salvos arriba, y Peter estaba subiendo el último, la costura de debajo se soltó, y una granizada de frijoles voló por el aire y rodó por la escalera. En el saco había unos 25 kilos, de modo que el ruido fue ensordecedor. Abajo pensaron que el viejo edificio se les venía encima. Asustado durante un instante, Peter no dejo de reírse al verme al pie de la escalera, como una especie de isla en medio de un mar de frijoles que me llegaba hasta los tobillos. Nos pusimos a recogerlos, pero los frijoles son tan pequeños y tan lisos, que se meten en todos los rincones y grietas que hay. Cada vez que alguien sube la escalera, se agacha para recoger un puño, que en seguida entrega a la señora Van Daan.

Casi me olvido de decirte que papá se ha restablecido completamente de su enfermedad.

Tuya.   Ana.

P.D. Acabamos de escuchar por la radio, que ha caído Argel, Marruecos, Casablanca y Orán; ya hace algunos días están en manos de los ingleses. Ahora, esperamos el turno de Túnez.

Martes 10 de noviembre de 1942

Querida Kitty:

Una noticia formidable: ¡vamos a recibir a otra persona en nuestro escondite! Verdaderamente siempre habíamos pensado en poder alojar y alimentar a una persona más, pero temíamos abusar de la responsabilidad de Koophuis y Kraler. A raíz del creciente terror, papá decidió tantear el terreno. Nuestros dos protectores estuvieron de acuerdo.

—El peligro es tan grande para ocho, como lo es para siete, —dijeron muy acertadamente.

Cuando nos habíamos puesto de acuerdo, pasamos lista mentalmente a todos nuestros amigos y conocidos en busca de una persona soltera o sola que encajara bien en nuestra nueva gran familia. No fue difícil encontrar a alguien así; después de que papá rechazó ciertas propuestas de los Van Daan en favor de miembros de su familia, se pusieron de acuerdo sobre el elegido: un dentista, llamado Albert Dussel, cuya mujer estaba a resguardo en el extranjero. Nosotros sólo habíamos tenido un trato superficial con él, pero su reputación de idealista nos lo hacía simpático, al igual que los Van Daan. También Miep lo conoce, de modo que ella podrá organizar el plan de su llegada al escondite. Cuando venga Dussel tendrá que dormir en mi habitación, en la cama de Margot, y ella deberá de conformarse con el catre. También le pediremos que traiga algo para engañar el estómago.

Tuya.   Ana.

Jueves 12 de noviembre de 1942

Querida Kitty:

Sabemos por Miep que Dussel aceptó nuestra invitación de muy buena gana. Le ha propuesto que se prepare lo más pronto posible, de preferencia para el sábado. A él esto le pareció poco probable, ya que tenía que poner sus fichas en orden y la caja al día, y aún debía atender a dos clientes. Miep ha venido por la mañana para comentarnos sobre este retraso. No nos agradaba prolongar el plazo; estos preparativos por parte de Dussel exigen explicaciones a personas que nosotros no conocemos. Miep va a procurar convencer a Dussel para que llegue el sábado.

¡Pues bien! Dussel se ha negado rotundamente y dice que vendrá hasta el lunes. En verdad se me hace tonto que no acepte inmediatamente una propuesta tan sensata. Si lo llegaran a atrapar en la calle, ya no podría poner sus fichas en orden ni su caja al día, ni cuidar de sus pacientes. ¿Por qué aplazar el tiempo? Yo opino que papá cometió una tontería al consentir esto. Por el momento ninguna otra novedad.

Tuya.   Ana.

Martes 17 de noviembre de 1942

Querida Kitty:

Dussel ha llegado. Todo ha salido bien. Miep le había dicho que a las 11 de la mañana debían encontrarse en un determinado lugar, frente a la oficina de correos, y que allí un señor lo pasaría a buscar. A las 11 en punto, Dussel se encontraba en ese lugar. Se le acercó el señor Koophuis, a quien también conocía y que le rogó que pasara por la oficina para ver a Miep. Koophuis volvió a la oficina en tranvía y Dussel lo hizo andando. A las 11 con veinte minutos, Dussel tocó la puerta de la oficina de Miep. Ésta le ayudó a quitarse el abrigo, procurando que no se le viera la estrella, y lo llevó a la oficina privada de papá, donde Koophuis lo retuvo hasta que la sirvienta se fue. Anticipando como pretexto que se necesitaba la oficina privada, Miep subió a Dussel, abrió el armario giratorio y, para gran sorpresa de éste, entró en nuestra casa de atrás.

Nosotros estábamos con los Van Daan sentados alrededor de la mesa con coñac y café, esperando a nuestro futuro compañero de escondite. Miep lo hizo pasar primero al cuarto de estar, y en seguida reconoció nuestros muebles. Jamás imaginó que sólo nos separaba de él un techo... Cuando Miep se lo dijo, estuvo a punto de caer, pero ella no le dio tiempo y siguió mostrándole el camino.

Dussel se dejó caer en un sillón y nos miró sin decirnos nada, como si primero quisiera enterarse de lo ocurrido a través de nuestras caras. Luego, tartamudeó:

—Pero... díganme, ¿ustedes no están en Bélgica?, ¿no vino el militar en su auto por ustedes?, ¿la huida no se ha logrado?

Le explicamos cómo había sido todo, cómo habíamos difundido la historia del militar y el auto a propósito para despistar a la gente y a los alemanes que pudieran venir a buscarnos tarde o temprano. Dussel quedó maravillado ante tanto ingenio, y no pudo más que dar un primer recorrido por nuestra casa de atrás, asombrándose de lo práctico que era todo.

Después de terminar de comer con nosotros, se fue a dormir un momento y, luego de tomar una taza de té, se ocupó de poner en orden sus cosas —que Miep trajera antes de su llegada—, comenzando a sentirse un poco más en su casa, y sobre todo, cuando le entregaron los reglamentos del Anexo (obra de Van Daan):

Prospecto y Guía del Anexo.

Establecimiento especial para la permanencia de judíos y simpatizantes.

Abierto todo el año.

Sitio aislado en zona tranquila y boscosa en el corazón de Amsterdam. Sin vecinos particulares. Se puede llegar en las líneas 13 y 17 del tranvía municipal, o bien con un coche o una bicicleta. En los casos en que las autoridades alemanas no permitan el uso de estos últimos medios de transporte, se puede llegar a pie.

Alquiler: Gratuito.

Dieta: Sin grasa.

Cuarto de Baño: Con agua corriente (sin bañera, lamentablemente). Amplio espacio reservado a las mercancías de cualquier clase.

Central de radio propia: Con enlace directo desde Londres, Nueva York, Tel Aviv, y muchas otras capitales. Este aparato está a disposición de todos los inquilinos a partir de las 6 de la tarde, no existiendo emisoras prohibidas, con la salvedad de que las emisoras alemanas sólo podrán escucharse a modo de excepción, por ejemplo, la de la música selecta. Queda terminantemente prohibido escuchar y difundir noticias alemanas (indistintamente de donde provengan).

Las Horas de Descanso: De 22 horas a 8 horas de la mañana. El domingo, hasta las 10 y cuarto. Por las circunstancias, obsérvense también las horas de descanso diurno indicadas por la dirección. ¡Se ruega encarecidamente respetar estos horarios por cuestiones de seguridad!

Idiomas extranjeros: Sea el que fuere, se ruega hablar en voz baja y en una lengua civilizada; es decir, no el alemán.

Cultura Física: Todos los días.

Vacaciones: Prohibido estrictamente abandonar el lugar hasta nueva orden.

Lecciones: Una clase semanal de taquigrafía por correspondencia; el inglés, el francés, las matemáticas y la historia, a toda hora.

Departamento especial para animalitos: Cuidados asegurados (salvo para los piojos, respecto a los cuales hay que pedir una autorización especial).

Horas de comida: El desayuno, todos los días, excepto los festivos, a las 9 de la mañana. Domingo y feriado: hasta las 11 y media.

Almuerzo: Parcial o completo, de 13:15 a 13:45 horas.

Cena: Caliente o fría, sin hora fija, debido a las transmisiones radiales.

Obligaciones con el comité de reaprovisionamiento: Estar siempre dispuestos a asistir a todas las tareas de oficina.

Aseo personal: Los domingos a partir de las 9 de la mañana. Se puede tomar un baño en el w.c., en la cocina, en la oficina privada, en la oficina de adelante, según lo desee el inquilino.

Bebidas alcohólicas: Bajo prescripción médica únicamente.
Fin.

Tuya.   Ana.

Jueves 19 de noviembre de 1942

Querida Kitty:

Dussel es una persona muy correcta. Aceptó compartir conmigo el pequeño dormitorio; a decir verdad no me agrada la idea de que un extraño comparta conmigo su intimidad, pero cada quien sabe lo que debe hacer, y yo soportaré de buena gana este sacrificio. Como dice mi papá, "esas pequeñeces no tienen la menor importancia si podemos salvar a alguien".

Desde el primer día, Dussel me ha hecho toda clase de preguntas: ¿a qué hora vienen los sirvientes?, ¿cómo nos arreglábamos para el baño?, ¿a qué hora podíamos entrar al w.c.? No hay por qué burlarse, todo esto no es tan simple en un escondite. Durante el día no hacemos ruido para no llamar la atención de nadie, sobre todo si hay alguien de fuera en la oficina. He tratado de ser lo más clara posible, pero para mi sorpresa Dussel es un poco lento en la comprensión; repite cada pregunta dos veces y no retiene la respuesta. Espero que esto pase pronto. Quizá todavía no se encuentra habituado a un cambio tan brusco.

Dussel nos ha platicado del mundo exterior, del cual hace mucho tiempo ya no formamos parte. Sus relatos son tristes, ya que muchos amigos han desaparecido y su futuro nos hace temblar. No hay noche en que los alemanes no recorran la ciudad en busca de judíos; tocando de puerta en puerta hasta dar con ellos. A veces pagan con florines la cabeza de los judíos, ¡como si se tratará de una cacería de esclavos de las que se hacían antes! Por la noche veo a gente inocente caminando en la oscuridad, con niños en brazos llorando, obedeciendo las órdenes de estos individuos, los cuales no respetan a nadie: ancianos, niños, bebés, mujeres embarazadas, enfermos; todos marchando hacia su muerte.

¡Qué bueno que nosotros tenemos abrigo y calma aquí!

Podemos cerrar los ojos ante tanta miseria, pero siempre pensamos en nuestros amigos y las terribles cosas por las que están pasando sin nosotros poder ayudarlos.

Ln mi cama, bien tapada, me siento muy mal al pensar en mis queridas amigas, las cuales han sido arrancadas de sus hogares y lanzadas a este infierno. Me da horror el sólo pensar que aquellos tan cercanos a mí se encuentren en manos de aquellos verdugos... sólo por ser judíos.

Tuya.   Ana.

Viernes 20 de noviembre de 1942

Querida Kitty:

Nadie sabe qué actitud tomar. Hasta hoy, no nos habían llegado tantas noticias sobre la suerte de los judíos, y pensamos que lo mejor era conservar, en lo posible, el buen humor. Cuando Miep cuenta lo sucedido a algún conocido o amigo, mamá y la señora Van Daan lloran mucho, por lo que Miep decidió no contarles nada más. Sin embargo, Dussel contó historias tan terribles y bárbaras que jamás olvidaremos. No obstante, cuando ya no tengamos las noticias tan frescas en nuestras memorias, volveremos a contar chistes y a hacer bromas. No tiene sentido ser tan pesimistas como ahora; a los que están afuera no podemos ayudarlos. ¿Qué caso tiene hacer de la casa de atrás una "casa melancólica"?

A todas estas penas, se les ha sumado una más, pero de tipo personal, y que en nada se compara con las desgracias anteriores. Sin embargo, no puedo dejar de decirte que cada día me siento más sola. Antes, los juegos y los amigos no me dejaban tiempo para reflexionar a fondo, pero ahora tengo la cabeza llena de cosas tristes. Entre más pienso, más me doy cuenta de que, por mucho que lo quiera papá nunca reemplazará a mis amigos de antaño. Pero, ¿por qué molestarte con cosas tan pequeñas? Soy muy ingrata Kitty, lo sé, pero cuando me regañan sin parar, la cabeza me da vueltas y sólo recuerdo cosas muy tristes.

Tuya.   Ana.

Sábado 28 de noviembre de 1942

Querida Kitty:

Hemos gastado mucha electricidad, más de la permitida. Por tal razón, debemos economizar para evitar la posibilidad de que nos interrumpan el servicio durante quince días. ¡Sería maravilloso, no crees! Pero creo que no llegaremos a tanto. A las cuatro o cuatro y media de la tarde ya está demasiado oscuro para leer, y entonces matamos el tiempo haciendo toda clase de tonterías, como por ejemplo: adivinar acertijos, cultura física, matemáticas, hablar inglés o francés, reseñar libros... pero después de un rato, esto también nos aburre. Ayer por la noche descubrí algo nuevo: espío con los gemelos las habitaciones iluminadas de los vecinos. Durante el día no está permitido que abramos las cortinas ni siquiera un centímetro, pero por la noche no existe ya ningún riesgo.

Nunca antes me di cuenta de lo interesante que podían resultar los vecinos, por lo menos los nuestros. Descubrí a una familia a la hora de la comida, otros estaban mirando una película y el dentista de enfrente atendía a una señora mayor bastante miedosa.

El señor Dussel, del cual siempre se decía que quería mucho a los niños y los entendía maravillosamente, resultó ser un educador de lo más chapado a la antigua, y que además, sermonea todo el día.

Como tengo el "privilegio" de compartir mi cuarto, demasiado pequeño por cierto, con el pedagogo, y como me he ganado la fama de ser la más mal educada de los tres jóvenes de la casa, debo hacer todo lo posible para escapar de sus sermones y reprimendas, y termino por fingir sordera.

Si todo quedara en eso, sería la situación soportable. Pero no pasan ni cinco minutos de que la señora Van Daan habla con él, cuando ya se me está reprendiendo por una u otra cosa, y de pronto por todas partes estalla la tormenta.

Realmente no es fácil servir como símbolo de todos los defectos de una familia autoritaria. Por la noche, ya en mi cama, repaso los numerosos pecados y defectos que se me atribuyen; me pierdo de tal manera en ese montón de cosas que sonrío o lloro, según mi ánimo.

Y entonces me duermo, con la extraña sensación de querer ser otra cosa de lo que realmente soy, o hacer otra cosa de lo que realmente hago, o de ser otra cosa de lo que quiero. ¡Caray! No lo entiendo, ni tú tampoco; discúlpame por esta confusión, pero no me gusta corregir, y ahora la falta de papel nos prohibe romperlo. Sólo deseo pedirte que no releas la frase de arriba, y sobre todo, que no la analices, porque de cualquier manera no llegarás a comprenderla.

Tuya.   Ana.

Lunes 7 de diciembre de 1942

Querida Kitty:

Con un día de diferencia, nuestra Jánuca* y San Nicolás han caído en la misma fecha este año. Para la fiesta de la Jánuca no hemos preparado muchas cosas; solamente algunas golosinas, pequeños regalos y luego las velas. Sólo encendimos las velas diez minutos por la escasez de éstas; pero no olvidamos el cántico ritual y creo que eso es lo que

---

*   Jánuca: Fiesta de los macabeos, coincidente, más o menos con las fiestas de San Nicolás y de Navidad, y celebrada por los judíos.

cuenta. El señor Van Daan fabricó una lámpara de madera; así la ceremonia se llevó a cabo como es debido.

La noche de San Nicolás, el sábado, fue mucho más linda. Elli y Miep, despertaron nuestra curiosidad pues se pasaron largo rato secreteando con papá, y pensamos que algo estaban tramando.

Y así fue: a las ocho de la noche todos bajamos por la escalera de madera, pasando por el pasillo que estaba en tinieblas. (Yo estaba muy nerviosa, y deseaba estar sana y salva arriba, en el Anexo.) Allí, encendimos la luz, ya que este cuarto no tiene ventanas, tras lo cual papá abrió la puerta del gran armario. Y todos exclamamos: "¡Qué bonito!" En el rincón había una cesta adornada con papeles multicolores y, sobre ellos, una máscara de Pedro el Negro.

Rápidamente nos llevamos la cesta para arriba. Había un regalo para cada uno, acompañado de un poema alusivo, de acuerdo con la costumbre holandesa.

A mí me regalaron una muñeca, a papá unos sujeta-libros, etc. Lo principal es que todo era muy ingenioso y divertido, tanto más que nosotros. Hasta entonces, jamás habíamos celebrado así la fiesta de San Nicolás. Y la verdad, creo que para ser la primera vez, fue todo un éxito.

Tuya.   Ana.

Jueves 10 de diciembre de 1942

Querida Kitty:

El señor Van Daan fue un tiempo comerciante en el ramo de los embutidos, las carnes y las especias. En el negocio de papá se le contrató por su experiencia en los negocios.

Habíamos encargado mucha carne (en el mercado negro, desde luego), para hacer conservas, en vista de los tiempos difíciles. Era gracioso ver cómo iba pasando primero por la picadora los trozos de carne, dos o tres veces, y cómo iba introduciendo en la masa de carne todos los aditivos y llenando las tripas a través de un embudo. Las salchichas nos las comimos al mediodía, pero la longaniza era para conservar, por ello debía secarse bien y para esto la colgamos de un palo que pendía del techo con dos cuerdas. Todo el que entraba en el cuarto se echaba a reír al ver la exposición de embutidos; y es que era todo un espectáculo.

El cuarto resultaba irreconocible. El señor Van Daan preparaba la carne y lucía un hermoso delantal de su mujer, que lo hacía aún más voluminoso. Las manos ensangrentadas, la cara colorada y las manchas en el delantal le daban el aspecto de un carnicero de verdad. La señora se ocupaba de todo a la vez: aprender holandés de un librito, mover la sopa, mirar la carne, suspirar y gemir de dolor al acordarse de su costilla rota. ¡Así aprenderá a no hacer ejercicios de gimnasia tan ridículos para rebajar el trasero que tiene!

Sentado al lado de la estufa, el señor Dussel ponía compresas de manzanilla sobre su ojo inflamado. Pim estaba sentado en una silla justo donde le daba un rayo de sol que se filtraba por la ventana; se tropezaba con él de vez en cuando; seguramente de nuevo le molestaba la reuma, porque torcía bastante el cuerpo y miraba con gesto de fastidio todo lo que hacía el señor Van Daan. Peter jugaba en el suelo con el gato; mamá, Margot y yo pelábamos papas: en realidad nadie tenía la cabeza en lo que hacía, a tal punto que estábamos pendientes de lo que hacía Van Daan.

Dussel ha inaugurado su consultorio odontológico. Para que te diviertas, voy a contarte cómo ha sido el primer tratamiento. Mamá estaba planchando cuando la señora Van Daan se ofreció para ser la primera paciente, y se sentó en un sillón en medio de la habitación. Con gesto importante, Dussel abrió su estuche y sacó sus instrumentos, pidió agua de colonia para usar como desinfectante, y vaselina para usar como cera.

Le miró la boca a la señora, y le miró un diente y una muela, lo que hizo que se encogiera de dolor como si estuviera muriendo, en tanto que lanzaba sonidos increíbles. Tras un largo examen, (así dice la señora, aunque no duró más de diez minutos), Dussel empezó a escarbar una caries. Pero ella no se lo iba a permitir. Empezó a agitar frenéticamente los brazos y las piernas, de modo que en determinado momento Dussel soltó el escarbador... ¡y se le quedó clavado a la señora en un diente! ¡Entonces comenzó el lindo espectáculo! La señora lanzó los brazos en todas direcciones, llorando (en la medida que es posible con un instrumento en la boca), y tratando de arrancar el pequeño gancho, que se había hundido todavía más en el diente. Dussel observaba el espectáculo con toda la calma del mundo, con las manos en la cintura. Los demás espectadores nos moríamos de risa, lo que estaba muy mal, ya que yo hubiera chillado más fuerte que ella.

Después de mucho dar vueltas, golpes, gritos y llamadas, la señora terminó por arrancarse el gancho, y el señor Dussel, como si nada hubiera sucedido, continuó su trabajo.

Lo hizo tan rápido, que a la señora no le dio ni tiempo de reaccionar, y es que Dussel contaba con más ayuda de la que no habría tenido jamás: el señor Van Daan y yo éramos sus asistentes, y resultamos valiosos. Todo esto me llevó a pensar en un grabado medieval que lleva esta leyenda: "Charlatán trabajando".

Entretanto, la señora se mostraba muy impaciente; debía ir a cuidar *su* sopa y toda *su* comida.

Lo que es seguro es que la señora dejará pasar algún tiempo antes de pedir que le hagan otro tratamiento.

Tuya.   Ana.

Domingo 13 de diciembre de 1942

Querida Kitty:

Estoy cómodamente instalada en la oficina principal, mirando por la ventana a través de la rendija de las cortinas. Aún en la penumbra, todavía tengo bastante luz para escribirte.

Es curioso ver pasar a la gente, parece que todos tienen muchísima prisa y a cada instante chocan con sus propios pies.

En cuanto a los ciclistas, su velocidad no me permite ni siquiera distinguir sus fisonomías.

La gente de este barrio no tiene muy buen aspecto, y sobre todo los niños están tan sucios que da asco tocarlos. Verdaderos hijos de arrabal, mocosos, que cuando hablan, apenas se entiende lo que dicen.

Ayer por la tarde, Margot y yo estábamos bañándonos y le dije:

—¿Qué pasaría si pudiéramos atrapar a esos niños que pasan por aquí y los metiéramos en 'a tina, uno por uno, los laváramos y arregláramos, y después volvié ramos a soltarlos?

Margot me respondió.

—Los verías igual de sucios y con la ropa hecha harapos como ahora.

Pero yo me dejo llevar. También se ven otras cosas. Hay coches, barcos y la lluvia. Escucho pasar al tranvía y a los niños, y me divierto.

Nuestros pensamientos varían tan poco, como nosotros mismos. Pasan de los judíos a la comida y de la comida a la política, como un carrusel. Haciendo un paréntesis, y hablando de los judíos, el día de ayer viendo por entre las cortinas y como si se tratara de una de las maravillas del mundo, vi pasar a dos judíos. Fue una sensación tan extraña... como si los hubiera traicionado y estuviera espiando su desgracia. Justamente, frente a nosotros, hay un barco vivienda habitado por el patrón, su mujer y sus hijos. Tienen uno de esos perritos ladradores que nosotros sólo conocemos por sus ladridos y su colita, que es lo único que sobresale cuando recorre el barco.

Ahora que ha empezado a llover, la gente se oculta bajo su paraguas. Ya no veo más que gabardinas, y la parte de atrás de alguna cabeza cubierta por un gorro. No hace falta ver más. A las mujeres ya las conozco de memoria: hinchadas de tanto comer papas, con un abrigo verde o rojo, los tacones gastados, la bolsa del brazo. Algunas con un aire despreocupado, las otras, con un aspecto furioso; eso depende del humor de sus maridos.

Tuya.   Ana.

Martes 22 de diciembre de 1942

Querida Kitty:

Todos en el Anexo nos regocijamos de la novedad: recibiremos 125 gramos de manteca para Navidad. El periódico dice que un cuarto de kilo, pero eso es sólo para los privilegiados que obtienen sus tarjetas del Estado, y no para los judíos ocultos que compran cuatro tarjetas para ocho personas.

Cada uno de nosotros pensamos hacer algo de repostería con manteca. Yo esta mañana he preparado bizcochos y dos tortas. Hay mucho que hacer, así que he interrumpido mis lecciones y mi lectura y he obedecido a mi mamá, dedicándome solamente a las tareas domésticas.

La señora Van Daan guarda cama debido a su costilla lastimada; se queja todo el día y pide que se le cambien los vendajes a cada rato. No se conforma con nada. Daré gracias cuando pueda valerse por sí misma, pues debo reconocer una cosa: es extraordinariamente hacendo-sa y ordenada y también alegre, siempre y cuando esté en forma tanto física como anímicamente.

Porque se me dice: "¡chis, chis!" todo el día cuando hago demasia-da bulla, a mi compañero de habitación se le ha ocurrido también chistarme por las noches a cada rato. O sea que, según él, ya no puedo ni siquiera darme vuelta en la cama. Me niego a hacerle caso, y la próxima vez le contestaré con otro "¡chis!".

Todos los domingos me hace rabiar, pues enciende la luz por la mañana, muy temprano para hacer sus ejercicios de gimnasia por diez minutos. Pero a mí, que soy la víctima, me parece que son siglos, porque desplaza las sillas constantemente bajo mi cabeza, medio dor-mida aún. Cuando termina con sus ejercicios, agita violentamente los brazos, y el señor empieza a arreglarse. Los calzoncillos cuelgan de un gancho, de modo que primero va hasta allí para recogerlos, y luego regresa adonde estaba. Ida y vuelta. Lo mismo para su corbata olvida-da sobre la mesa chocando, como es natural, cada vez, contra las sillas.

Pero mejor no te molesto más hablándote sobre viejos latosos, ya que de todas formas no cambia en nada. En cuanto a mis medios de venganza como desatornillar la lámpara, cerrar la puerta con el pesti-llo o esconderle la ropa, debo suprimirlos, lamentablemente, para que reine la paz.

¡Qué sensata me estoy volviendo! Aquí se necesita buen sentido para todo: estudiar, obedecer, callarse, ayudar, ser buena, ceder y no sé cuántas cosas más. Temo que mi sensatez, que no es muy grande, se esté agotando demasiado rápido y que no me quede nada para después de la guerra.

Tuya.   Ana.

Miércoles 13 de enero de 1943

Querida Kitty:

Esta mañana me han molestado de nueva cuenta, por lo que no he podido acabar nada bien.

El terror reina en la ciudad. Día y noche transportan incesantemen-te a esas pobres personas, provistas tan sólo con un poco de dinero y una bolsa al hombro. El dinero les es quitado en el trayecto, según dicen. A las familias se les separa sin clemencia: hombres, mujeres y niños van a parar a lugares diferentes.

Al volver de la escuela, los niños ya no encuentran a sus padres. Las mujeres que salen a hacer sus compras, al volver a sus casas se encuentran con la puerta sellada y con que sus familias han desaparecido.

También les toca a los cristianos holandeses: sus hijos son enviados obligatoriamente a Alemania. Todo el mundo tiene miedo.

Cientos de aviones sobrevuelan Holanda para bombardear y dejar en ruinas las ciudades alemanas; y en Rusia y África caen cientos de miles de soldados cada hora. Nadie puede mantenerse al margen. Todo el planeta está en guerra, y aunque a los aliados les va mejor, todavía no se logra ver el final.

¿Y nosotros? A nosotros nos va bien, mejor que a millones de personas. Estamos en sitio seguro y tranquilo y todavía nos queda dinero para mantenernos. Somos tan egoístas que hablamos de lo que haremos "después de la guerra", de que nos compraremos ropa nueva y zapatos, mientras que deberíamos ahorrar hasta el último céntimo para poder ayudar a esa gente cuando acabe la guerra e intentar salvar lo que se pueda.

Se ve a los niños de aquí pasar con blusitas de verano, zuecos en los pies sin abrigo, ni gorra, ni medias, y no hay nadie que haga algo por ellos. No tienen nada en el estómago, y comiendo una zanahoria solamente, abandonan el departamento frío para salir por las calles aún más frías y llegan a las aulas igualmente frías. Holanda ya ha llegado al extremo de que en muchas de sus calles, los niños paran a los transeúntes para pedirles un pedazo de pan.

Podría seguir durante horas hablando de la miseria acarreada por la guerra, pero eso me desanima aún más. No nos queda otro remedio que aguantar, y esperar el término de esta desgracia. Tanto los judíos como los cristianos están esperando, todo el planeta está esperando, y muchos esperan la muerte.

Tuya.   Ana.

Sábado 30 de enero de 1943

Querida Kitty:

Estoy hirviendo de rabia, y tengo que ocultarlo. Quisiera gritar, patalear, llorar, sacudir a mamá, sacudirla con fuerza y no sé qué más por todas esas palabras desagradables, miradas burlonas, acusaciones que se lanzan todos los días como flechas lanzadas por un arco demasiado tenso, que se clavan en mi cuerpo y no puedo retirar.

A mamá, Margot, Dussel, Van Daan y también a papá me gustaría gritarles: "Déjenme en paz, déjenme dormir una sola noche sin mojar de lágrimas mi almohada, sin que me ardan los ojos y me duela la cabeza. ¡Déjenme que me vaya lejos, muy lejos, lejos del mundo si fuera posible!" Pero no puedo. No puedo demostrarles mi desesperación, no puedo dejarles ver las heridas que me causan. No soportaría su compasión o su burlona bondad. Creo que todo esto me haría gritar de nuevo.

Dicen que hablo de manera afectada, ni callar sin ser ridícula, soy tratada de insolente cuando contesto, de astuta cuando tengo una buena idea, de perezosa cuando estoy cansada, de egoísta cuando como un bocado de más, tonta, cobarde, calculadora, etc. Durante todo el día se la pasan diciendo que soy una chiquilla insoportable; y aunque me ría de ello y finja que no me importa, en verdad me afecta. Me gustaría pedirle a Dios que me diera otro carácter, uno que no hiciera que la gente descargara su furia contra mí.

Pero eso no es posible, mi carácter me fue dado tal cual es, y se bien que no soy tan mala como me hacen sentir. Hago cuanto puedo por satisfacer los deseos de todos; cuando estamos en casa de los vecinos, trato de reír de cualquier cosa para que no se den cuenta de mis penas.

Más de una vez, después de miles de reproches injustos, le he dicho a mamá:

—No me importa lo que digas. No te preocupes más por mí. Yo soy un caso perdido.

Naturalmente, en seguida me decía que era una chiquilla insolente, me ignoraba más o menos durante dos o tres días y luego, de pronto, olvidaba todo y me trataba como a cualquier otro.

Me cuesta mucho trabajo ser muy dulce un día, y al otro día dejar que me echen a la cara todo su odio. Prefiero mantenerme justo en medio, que de justo no tiene nada, y no digo nada de lo que pienso. Si vuelven a tratarme con desprecio yo actuaré de la misma manera, para probar.

¡Si fuese capaz de hacerlo!

Tuya.   Ana.

Viernes 5 de febrero de 1943

Querida Kitty:

Hace mucho que no te escribo nada sobre las peleas, pero eso no ha cambiado nada. El señor Dussel había tomado nuestras discusiones de genio más o menos a lo trágico, pero está empezando a acostumbrarse a ellas y ya no hace tanto esfuerzo para tratar de arreglar las cosas.

Margot y Peter son tan aburridos y fastidiosos que no se les debería de llamar jóvenes. Yo desentono mucho con ellos y siempre me andan diciendo:

—¡Margot y Peter no harían eso!

¡Estoy harta!, me sacan de quicio. No tengo ganas de ser como Margot, ella, para mi gusto, es demasiado indiferente y algo tonta. Siempre cede ante una conversación, y también está siempre de acuerdo con el que dice la última palabra. Yo soy más firme de espíritu, pero esas teorías me las guardo para mí. Se reirían mucho de mí si usara estos argumentos para defenderme.

En la mesa, el clima es muy tenso la mayoría de las veces. Afortunadamente, las peleas son interrumpidas ocasionalmente por los comedores de sopa, es decir, los que suben de la oficina a tomar un plato de sopa.

Esta tarde, el señor Van Daan volvió a hablar de lo poco que come Margot:

—Sin duda, para mantener la línea, —agregó en tono burlón.

Saliendo a la defensa de Margot, como de costumbre, mamá dijo en voz alta:

—Ya estoy cansada de oír las tonterías que dice.

La señora se puso colorada como un tomate; el señor miró al frente por un segundo y se calló. El uno o el otro nos hacen reír por un segundo, tarde o temprano.

Algunos días atrás, la señora Van Daan soltó un disparate muy cómico cuando estaba hablando del pasado, de lo bien que se entendía con su padre y de sus múltiples coqueteos:

—Y saben ustedes que cuando a un caballero se le va un poco la mano, según mi padre, había que decirle: "señor, soy una dama", y él sabría a qué atenerse —nosotros reímos como si se tratara de un buen chiste.

Tuya.   Ana.

Sábado 27 de febrero de 1943

Querida Kitty:

Según Pim, la invasión se producirá en cualquier momento. Churchill tuvo una pulmonía de la que se recuperó lentamente. Gandhi, el libertador de la India, hace una vez más huelga de hambre.

La señora Van Daan asegura que todo esto es fatalista. Pero, ¿quién es la más chillona durante los bombardeos?, nadie más que ella. Henk nos ha traído el sermón impreso por los obispos y distribuido entre los fieles de la iglesia. Es muy bonito, y está escrito en un estilo muy exhortativo: "holandeses, no os quedéis pasivos, combatid, todos y cada uno, con vuestras propias armas, por la libertad de la patria, del pueblo y de la religión. Dad, socorred sin titubeos". Esto lo exclaman, sin más ni más, en el púlpito. ¿Servirá de algo? Decididamente no servirá para salvar a nuestros correligionarios.

Imagínate lo que nos sucede. El dueño ha vendido este edificio sin avisar antes a Kraler y Koophuis. Una mañana se presentó el nuevo dueño con un arquitecto para ver la casa. El señor Koophuis se encontraba afortunadamente aquí para recibirlos. Les mostró toda la casa, salvo nuestro Anexo, supuestamente había olvidado la llave de la puerta en su casa. El nuevo casero no insistió. Esperemos que no vuelva para ver el Anexo, porque entonces sí nos veríamos en apuros.

Papá ha vaciado uno de los ficheros para que lo usemos Margot y yo, y los ha llenado de fichas todavía sin escribir. Este será nuestro fichero de libros, en el que anotaremos cuáles hemos leído, el nombre de los autores y la fecha. Yo tengo un cuaderno especial para las palabras extranjeras.

Las cosas entre mamá y yo han mejorado mucho desde hace unos días, pero creo que jamás llegaremos a ser confidentes. Margot está cada vez más lista para pelear, pero papá tiene siempre algo que la tranquiliza.

Tenemos un nuevo sistema para la distribución de la manteca y la margarina. Los Van Daan no tienen la noción del reparto equitativo, pero mis padres temen a las peleas cuando se les hace una observación. Pienso que a esa gente hay que pagarle con la misma moneda.

Tuya.   Ana.

Miércoles 10 de marzo de 1943

Querida Kitty:

Anoche se produjo un corto circuito, precisamente durante un bombardeo. No puedo ocultar el miedo que me producen los aviones y las bombas, y me refugio en la cama de papá para que me consuele. Te parecerá muy infantil, pero si tú tuvieras que pasar por esto... Los cañones nos vuelven sordos, al grado de no poder oír ni tus propias palabras. La señora Van Daan estaba a punto de llorar cuando dijo con débil voz:

—¡Qué desagradable es esto que tiran!

Lo cual quería decir: "Estoy muerta de miedo".

A la luz de las velas, todo era menos terrible que en la oscuridad. Yo temblaba como una hoja de papel y le pedía a papá que volviera a encender la vela. Pero él fue inflexible y no la encendió. De pronto, empezaron a disparar las ametralladoras, que son mil veces peor que los cañones. Mamá saltó de la cama y encendió la vela, a pesar del gran disgusto de Pim. Cuando Pim protestó, mamá le contestó firmemente:

—¡Ana no es soldado viejo!

Y asunto concluido.

¿Te he contado ya de los otros miedos de la señora Van Daan?, creo que no. Si no lo hago, no estarás completamente al tanto de las aventuras del Anexo. Una noche, la señora creyó que había ladrones en el desván. Creyó oír pasos fuertes, según ella, y sintió tanto miedo que despertó a su marido. Y justo en ese momento, los ladrones desaparecieron, y el único ruido que se escuchaba, fue el latido del corazón temeroso de la fatalista señora.

—¡Ay, Putti (apodo cariñoso del señor Van Daan), seguramente se han llevado los salchichones y todas nuestras legumbres! ¡Y Peter!, ¿estará todavía en su cama?

—A Peter, difícilmente se lo llevarían. No te alarmes y déjame dormir.

Pero fue imposible, la señora sentía tanto pavor que no pudo volver a dormirse. Algunos días más tarde por la noche, toda la familia del piso de arriba se despertó a causa de un ruido fantasmal. Peter subió al desván con una linterna y... ¡miró cómo un ejército de ratas se dio a la fuga!

Cuando nos enteramos de quiénes eran los ladrones, dejamos que Mouschi durmiera en el desván con los huéspedes, para que éstos ya no regresaran, al menos no por las noches.

Hace algunas noches, Peter subió al desván a buscar viejos periódicos. Al bajar la escalera, apoyó la mano sin mirar, y ¡oh sorpresa!, una enorme rata, casi se cae del susto. Le faltó poco para caerse del dolor, pues la rata le mordió el brazo. Al entrar en nuestro cuarto, estaba pálido como la cera y con su pijama manchada de sangre. Apenas y se mantenía en pie. No era para menos: acariciar una rata debe ser nada agradable, y recibir una mordedura, menos aún.

Tuya.   Ana.

Viernes 12 de marzo de 1943

Querida Kitty:

Permíteme que te presente a mamá Frank, defensora de los niños. Ella reclama más mantequilla para los jóvenes; se trata de los problemas de la adolescencia moderna, y tras una buena dosis de peleas, casi siempre se sale con la suya. Una lata de conservas se ha echado a perder. Cena de gala para Mouschi y Bochi.

Tú no conoces aún a Bochi que, ya se encontraba en el edificio antes de nuestro ingreso al Anexo. Es el gato del almacén y la oficina, que ahuyenta a las ratas en los depósitos de la mercancía. Su nombre político es fácil de explicar: Durante una época la empresa tenía dos gatos, uno para el almacén y otro para el desván. Cuando estos dos gatos se encontraban, se atacaban sin más ni más. El del almacén atacaba siempre primero, pero con el tiempo, el del desván salía siempre vencedor. Exactamente como en la política. Agresivo o alemán, al gato del almacén se le dio el nombre de Bochi, y al gato del desván, con su tipo inglés Tommy. Tommy ha desaparecido, y Bochi nos distrae cuando bajamos a la oficina.

Hemos comido tantas habas y frijoles que ya no deseo ni verlas. Con sólo pensar en ellas se me revuelve el estómago.

Debemos suprimir el suministro de pan por las noches.

Papá nos acaba de decir que está de mal humor. Otra vez tiene los ojos muy tristes.

Estoy totalmente atontada con el libro *De Klop Op De Deur*, de Ina Boudier-Bakker. La parte que describe la historia de la familia está muy bien, pero las partes sobre la guerra, los escritores, y la emancipación de la mujer, son menos buenas, y en realidad no me interesan demasiado.

Violentos bombardeos sobre Alemania. El señor Van Daan está de mal humor, y con razón, pues no tiene cigarrillos. La discusión sobre si debemos o no abrir las latas de conservas la hemos ganado nosotros.

Ningún zapato me entra ya, salvo los de esquiar, que son poco prácticos para estar dentro de la casa. Un par de sandalias cuesta 6.50 florines, sólo pude usarlas durante una semana, luego ya no me sirvieron. Ojalá Miep consiga algo en el mercado negro.

Aún tengo que cortarle el pelo a papá. Dice que lo hago tan bien, que cuando termine la guerra, jamás volverá a visitar una peluquería. Yo le creería si no fueran tantas las cortadas que tiene en la oreja.

Tuya.   Ana.

Jueves 18 de marzo de 1943

Querida Kitty:

Turquía va a entrar en la guerra. Hay una gran emoción. Escuchamos la radio con el corazón en un hilo.

Tuya.   Ana.

Viernes 19 de marzo de 1943

Querida Kitty:

Gran decepción una hora después de la alegría: Turquía aún no entra en la guerra; el discurso del ministro era un llamado a romper la neutralidad. Un periodiquero gritaba en el centro de la ciudad: "¡Turquía al lado de los ingleses!". Los periódicos volaron con la noticia, y así llegó a nuestras manos.

Los billetes de mil florines serán declarados sin valor a partir de las siguientes semanas. Ya no los podrán utilizar las personas escondidas o en el mercado negro, ya que no valdrán nada. Si uno los usa, tendrá que explicar de dónde vienen. Se pueden utilizar para pagar los impuestos, pero sólo por esta semana.

A Dussel le han traído un pequeño taladro. Supongo que en pocos días me tendré que hacer una revisión a fondo.

El Führer de los alemanes ha hablado de sus soldados heridos. Daba pena oírlo. Preguntas y respuestas poco más o menos de esta clase:

—Mi nombre es Heinrich Scheppel.

—¿En qué lugar fue herido?

—En el frente de Stalingrado.

—¿Qué tipos de heridas?

—Pérdida de los dos pies por congelamiento y fractura del brazo izquierdo.

Exactamente así nos transmitía la radio este horrible teatro de títeres. Los heridos parecían estar orgullosos de sus heridas. Cuantas más tenían, más orgullosos se sentían. Uno estaba tan emocionado de poder estrecharle la mano al Führer (si es que aún la tenía), que casi no podía pronunciar palabra.

Tuya.   Ana.

Jueves 25 de marzo de 1943

Querida Kitty:

Ayer cuando estábamos placenteramente reunidos papá, mamá, Margot y yo, Peter entró bruscamente y le dijo algo al oído a papá. Escuché algo así como "un barril volcado en el almacén", y "alguien que está tocando en la puerta", por lo que salieron en seguida. También Margot había entendido lo mismo, pero trataba de tranquilizarme, porque, naturalmente, me había puesto más blanca que el papel. Las tres nos quedamos esperando a ver qué pasaba mientras papá bajó con Peter. Apenas dos minutos más tarde, la señora Van Daan, prevenida por papá, vino a reunirse con nosotros. Después de otros cinco minutos, Peter y Pim aparecieron, blancos hasta la punta de las narices, y nos contaron sus desventuras. Se habían quedado a esperar al pie de la escalera, pero sin ningún resultado. De repente escucharon dos fuertes golpes, como si dentro de la casa se hubieran cerrado con violencia dos puertas. Pim había subido de un brinco, pero Peter había ido antes a avisar a Dussel, que haciendo muchos aspavientos llegó también arriba. Todos nos pusimos en marcha para subir a casa de los Van Daan, no sin antes quitarnos los zapatos. El señor Van Daan estaba en cama resfriado; nos agrupamos alrededor de su cabecera para intercambiar nuestras sospechas.

Cada vez que se ponía a toser fuerte, a su mujer y a mí nos daba miedo, esto sucedió algunas veces, pues alguien tuvo la brillante idea de darle codeína. La tos cesó en seguida.

Esperamos mucho tiempo, pero no se escuchó nada más. Los ladrones habían escuchado nuestros pasos y habían emprendido la fuga. Pero el problema era que la radio de abajo todavía estaba sintonizada en la emisora inglesa, con las sillas en hilera a su alrededor. Si la puerta hubiera sido forzada y alguien hubiese entrado, poniendo en advertencia a la policía, las consecuencias hubieran sido muy serias. El señor Van Daan se levantó, se puso los pantalones y la chaqueta, y siguió a papá escaleras abajo, tranquilamente, con Peter detrás de ellos, que para mayor seguridad iba armado con un gran martillo. Las señoras, Margot y yo, nos quedamos arriba esperando con gran ansiedad, hasta que a los cinco minutos, los hombres volvieron diciendo que en toda la casa reinaba la calma.

Quedó entendido que no dejaríamos correr el agua del w.c., pero como el revuelo nos había trastocado el estómago, te podrás imaginar el aroma que había en el retrete, cuando fuimos, uno tras otro, a depositar nuestras necesidades.

Cuando un incidente así sucede, siempre hay varias cosas que coinciden. Lo mismo que ahora: en primer lugar, las campanas de la iglesia no tocaban, lo que normalmente siempre me tranquiliza. En segundo lugar, nos preguntábamos si la puerta de la casa había sido bien cerrada la noche anterior, porque el señor Vossen había partido antes de la hora acostumbrada, e ignorábamos si Elli pensó en pedirle la llave antes de que se fuera.

Pero realmente los detalles no importaron. Lo cierto es que aún era de noche y no sabíamos en qué confiar, aunque por otro lado, ya estábamos más tranquilos, ya que desde las 7:45, hora en que entró el ladrón, hasta las 10:30, aproximadamente, no escuchamos más ruido. Nos acostamos por fin, aunque nadie tenía sueño. Papá, mamá y Dussel pasaron la noche en vela. Yo puedo decirte, sin exagerar, que apenas si dormí. Al amanecer, muy temprano, los señores bajaron hasta la puerta de entrada para observar la cerradura; todo estaba en orden y eso nos tranquilizó mucho.

Cuando contamos a nuestros protectores los acontecimientos sucedidos, empezaron a burlarse de nosotros; ya que pasó el trance es fácil reírse de estas cosas. Solamente Elli nos ha tomado en serio.

Tuya.   Ana.

Sábado 27 de marzo de 1943

Querida Kitty:

Por fin terminamos el curso de taquigrafía. Empezaremos a practicar la velocidad.

Tengo tantas cosas que contarte sobre mis estudios durante los días de silencio (así llamo yo a este periodo que nos obliga a vivir encerrados con la esperanza de que no será por mucho tiempo); me entusiasma la mitología, y sobre todo, los dioses griegos y romanos, "es una tontería pasajera", dicen los que me rodean, nunca han escuchado hablar a un estudiante que aprecia los dioses a ese punto. Pues bien, entonces seré yo la primera.

El señor Van Daan continúa acatarrado, o mejor dicho, tiene la garganta un poco irritada. A causa de esto, hace gárgaras con manzanilla; se unta el paladar con tintura de mirra, se pone bálsamo mentolado en el pecho, la nariz, los dientes y la lengua, y aún así, continúa de mal humor.

Rauter, uno de los grandes jerarcas nazis, ha dicho en un discurso que para el primero de julio todos los judíos deberán haber abandonado los países alemanes. Del primero de abril al primero de mayo será depurada la provincia de Utrecht (como si estuvieran hablando de cucarachas), y del primero de mayo al primero de junio, se hará lo mismo en las provincias de Holanda septentrional y meridional. Como si fueran ganado enfermo y abandonado se llevan a esa pobre gente a sus inmundos mataderos. Pero prefiero no hablar de eso, porque es como una pesadilla.

Una buena noticia es que ha habido un incendio en la bolsa de trabajo alemana por sabotaje. Unos días más tarde le tocó su turno al registro civil. Algunos hombres con uniformes de la policía alemana amordazaron a los guardias e hicieron desaparecer un montón de papeles importantes.

Tuya.   Ana.

Jueves 1 de abril de 1943

Querida Kitty:

No pienses que estoy para bromas el día de hoy. Por el contrario, hoy más bien podría citar ese refrán que dice: "las desgracias nunca vienen solas".

En primer lugar, el señor Koophuis, que siempre nos está alegrando la vida, sufrió ayer una fuerte hemorragia estomacal y tendrá que estar en cama por tres semanas. Estas hemorragias le vienen muy seguido, y al parecer no tienen cura. En segundo lugar, Elli está con gripe. En tercer lugar, el señor Vossen probablemente tiene una úlcera en el estómago y será intervenido la próxima semana. Y en cuarto lugar, iban a entablarse grandes conversaciones de negocios, y ya habían sido fijados los detalles entre papá y Koophuis. Lamentablemente, ahora no se podrá poner al tanto a Kraler, el único portavoz que nos quedaba.

Esta reunión de hombres de negocios tiene a papá muy ansioso en cuanto al resultado.

—¡Si yo pudiera estar allí! ¡Si yo pudiera estar presente!, —decía mi padre.

—¿Por qué no pegas el oído al suelo? —le aconsejaron.

—Como ellos están en la oficina privada, lo escucharás todo —concluyeron.

A papá se le iluminó la cara, y ayer a las 10:30 de la mañana, Margot y Pim tomaron sus posiciones en el suelo (dos oyen más que uno). A medio día la reunión no había terminado, pero papá no estaba ya en condiciones de continuar, estaba molido por la posición tan incómoda. A las 2:30 de la tarde, cuando escuchamos voces en el pasillo, yo ocupé su lugar. Margot continuó a mi lado. La conversación era tan tediosa y aburrida, que me quedé dormida en el suelo frío. Margot no se atrevía a tocarme por temor a ser escuchadas, y menos aún podía hablarme. Dormí por lo menos una buena media hora, me desperté un poco asustada y había olvidado todo lo referente a la importante conversación. Afortunadamente, Margot había prestado más atención.

Tuya.   Ana.

Viernes 2 de abril de 1943

Querida Kitty:

Se ha ampliado nuevamente mi extensa lista de pecados. Anoche que ya estaba acostada esperando a papá para que rezara conmigo y darme las buenas noches, entró mamá a mi cuarto, se sentó en mi cama y me preguntó muy discretamente:

—Ana, papá todavía no llega, ¿quieres que recemos juntas por hoy?

—No, mamá —le respondí.

Mamá se levanto, se quedó un momento junto a mi cama y después caminó lentamente hacia la puerta. De pronto se volvió, y con un gesto de aflicción me dijo:

—No deseo molestarme esta vez contigo. Desgraciadamente al amor no se le puede forzar.

Las lágrimas resbalaban por sus mejillas cuando cerró la puerta.

Me quedé inmóvil en mi cama y pensando lo odiosa que era por haberla rechazado de esa manera tan ruda, pero al mismo tiempo sabía que no podía contestarle de otra manera. No podía fingir y rezar con ella en contra de mi voluntad. Lo que ella me había pedido era simplemente imposible.

Sentí lástima por mamá. Por primera vez en mi vida me di cuenta de que mi actitud no le es totalmente indiferente. Pude ver la tristeza en su cara, sobre todo cuando dijo que al amor no se le puede forzar. La verdad es dura. Sin embargo, también es verdad cuando digo que mamá me ha rechazado, ella que siempre me ha hecho indiferente a cualquier amor de su parte, con sus comentarios tan faltos de tacto y sus bromas tan burdas sobre cosas que yo, difícilmente encuentro graciosas. Creo que ahora ella se ha estremecido como yo lo he hecho al comprobar que todo amor entre nosotras ha desaparecido.

Lloró casi toda la noche y ha pasado la noche despierta. Papá no quiere ni verme, y cuando lo hace sólo por un instante, puedo leer en ellos: "¿Cómo has podido ser tan mala, cómo te atreves a causarle tanta pena a tu madre?"

Todos esperan que le pida perdón, pero no lo haré, sencillamente porque he dicho una verdad que, tarde o temprano, mamá se verá obligada a reconocer. No necesito fingir, pues me he vuelto indiferente a las lágrimas de mamá y a las miradas de papá, porque es la primera vez que sienten algo de lo que yo me doy cuenta continuamente. Mamá sólo me inspira lástima, pues se ve obligada a guardar su compostura ante mí. Por mi parte, seguiré con mi actitud fría y silenciosa, y en el futuro no le tendré miedo a la verdad, pues cuanto más tarde en decirla, más costará oírla.

Tuya.   Ana.

Martes 27 de abril de 1943

Querida Kitty:

La casa entera retumba por las peleas. Mamá contra mí, los Van Daan contra papá, la señora contra mamá, todos están enojados con todos. Bonita cosa, ¿verdad? Y como siempre, todos los pecados de Ana, salieron a relucir.

El señor Vossen está en el hospital. El señor Koophuis se ha restablecido más pronto de lo que esperábamos, pues, su hemorragia del estómago, ha sido controlada. Nos ha contado que el Registro Civil ha sido dañado por los bomberos, pues en vez de limitarse a apagar el incendio, inundaron todo el edificio de agua. Eso me alegra.

El Hotel Carlton está en ruinas. Dos aviones ingleses que llevaban un gran cargamento de bombas incendiarias, han acertado con el *Offiziersheim*, destruyendo el edificio de la esquina. Los ataques aéreos de las ciudades alemanas son cada vez más intensos. Por las noches ya no dormimos; tengo unas ojeras enormes por falta de sueño. La comida es un desastre. En el desayuno, pan duro y sustituto de café. En la comida espinacas o ensalada, desde hace quince días. Las papas de veinte centímetros de largo, dulces y con sabor a podrido. ¡Quienes quieran adelgazar no tienen más que hacerse pensionistas del Anexo! Nuestros vecinos no dejan de quejarse, pero a nosotros no se nos hace tan trágico. Todos los hombres que pelearon contra los alemanes o que estuvieron movilizados en 1940, se han tenido que presentar en los campos prisioneros de guerra para trabajar obligadamente en Alemania. ¡Una medida más, sin duda, contra el desembarco!

Tuya.   Ana.

Sábado 1 de mayo de 1943

Querida Kitty:

A veces me pongo a pensar en la vida que llevamos aquí, y entonces por lo general llego a la misma conclusión: en comparación con otros judíos que no están escondidos, vivimos como en un paraíso. De todas formas, algún día, cuando todo haya vuelto a la normalidad, me extrañaré de cómo nosotros, que en casa éramos tan pulcros y ordenados, ahora nos hemos limitado.

Esto de "limitado" es en el buen sentido de la palabra, en lo que se refiere a nuestra manera de vivir. Por ejemplo, tenemos la mesa cubierta con un hule que, como lo usamos tanto, por lo regular no está demasiado limpio. A veces trato de limpiarlo un poco más, pero el trapo que tenemos está lleno de agujeros, y por mucho que frote, no consigo quitarle toda la suciedad. Durante todo el invierno los Van Daan han dormido sobre un trozo de franela que aquí no podemos lavar por la escasez de agua y jabón de polvo, y es que además es de pésima calidad. Papá lleva puesto un pantalón deshilachado y su corbata está toda desgastada. El corsé de mamá se ha roto ya de lo viejo que está, y no tiene remedio, mientras que Margot trae un sostén que es dos tallas más pequeño del que ella necesita.

Margot y mamá han compartido durante todo el invierno tres camisetas que usan alternadamente, y las mías son tan pequeñas que ya no me llegan ni al ombligo.

Ya se que esto no es de gran importancia, pero a veces me asusta pensar: si ahora usamos cosas gastadas, desde mis calzones hasta la brocha de afeitar de papá, ¿cómo tendremos que hacer para pertenecer a nuestra clase social de antes de la guerra?

Esta noche los aviones han bombardeado de tal manera, que he empacado en una maleta lo estrictamente necesario en caso de tener que huir. Mamá me ha preguntado, y con razón: ·

—¿A dónde quieres huir?

Toda Holanda está castigada por sus huelgas. Ha sido declarada estado de sitio, y su ración de pan reducida a 100 gramos por persona. ¡Eso les pasa a los niños que no han sido buenos!

Tuya.   Ana.

Martes 18 de mayo de 1943

Querida Kitty:

He sido testigo de una batalla monstruosa entre aviones ingleses y alemanes. Desgraciadamente, algunos aliados han tenido que saltar en paracaídas de sus aviones en llamas. Nuestro lechero, que vive cerca de la ciudad, ha visto a cuatro canadienses sentados a la orilla del camino; uno de ellos hablaba fluido el holandés, le pidió fuego para encender su cigarrillo y le contó que ellos formaban un equipo de seis hombres. El piloto se había quemado y el quinto hombre se había escondido en alguna parte. Los otros cuatro que estaban sanos y salvos, se los llevó la "feld-gendarmeria" alemana. ¿Cómo es posible que después de un salto tan espectacular en paracaídas, conserven tal presencia de espíritu?

A pesar del calor de la primavera, nos vemos obligados a encender la estufa todos los días para quemar los deshechos y la basura. No podemos usar los cubos, pues esto despertaría las sospechas del mozo del almacén. La menor imprudencia, nos delataría.

Todos los estudiantes que hayan terminado o piensan continuar sus estudios este año, han sido invitados a firmar una lista del Gobierno, la cual los compromete a simpatizar con los alemanes y con el nuevo orden. El ochenta por ciento se ha negado a traicionar su conciencia y a renegar de sus convicciones, pero las consecuencias no tardaron en hacerse sentir. Todos los estudiantes que no firmaron serán enviados a un campo de trabajo alemán. ¿Qué va a quedar de la juventud holandesa, si todos los jóvenes son condenados a trabajos forzados en tierra de nazis?

La otra noche mamá cerró la ventana por los fuertes estallidos. Yo estaba en la cama con papá. De pronto escuchamos que en el piso de arriba la señora saltó de la cama, a lo que inmediatamente siguió otro golpe; la detonación espantosa de una bomba. Grité: "Luz, luz", papá la encendió. No esperaba otra cosa, sino ver la habitación envuelta en llamas. No pasó nada. Todos corrimos por la escalera al piso de arriba, para ver lo que pasaba. Los Van Daan habían visto por la ventana abierta un resplandor de color de rosa. El señor había creído que había fuego cerca de nosotros, y la señora que las llamas se habían apoderado de nuestra casa. Cuando se oyó el golpe, la señora estaba temblando de pie. Pero como aquí no había sucedido nada, todos volvimos a nuestra cama.

Los disparos se reiniciaron un cuarto de hora más tarde. Inmediatamente, la señora Van Daan se levantó y bajó a la habitación del señor Dussel, buscando la calma que inútilmente procuraba encontrar en su marido. Dussel la recibió pronunciando estas palabras:

—¡Ven a mi cama, hijita!

Lo que hizo que todos echáramos a reír. El tronar de los cañones ya no nos preocupaba; nuestro temor había desaparecido.

Tuya.   Ana.

Domingo 13 de junio de 1943

Querida Kitty:

El poema de papá que me dedicó por ser mi cumpleaños es muy bonito, y quisiera compartirlo contigo.

Como papá escribe en alemán, Margot se encargó de la traducción. Juzga por ti misma lo bien que ha cumplido su cometido voluntario. Suprimo el comienzo, ya que es un resumen de los acontecimientos del año pasado:

Siendo la más pequeña, aunque ya no una niña,
tu vida no es fácil; todos quieren ser
un poco tu maestro, y esto no te causa placer.
¡Tenemos experiencia! ¡Yo sé lo que te digo!
Para nosotros no es la primera vez,
sabemos muy bien lo que hay que hacer.
Sí, sí, siempre es la misma historia
y todos tienen muy mala memoria.
Nadie se fija en sus propios defectos,
sólo miran los errores ajenos;

a todos les resulta muy fácil regañar
y lo hacen a menudo sin pestañear.
A tus padres nos resulta difícil ser justos,
tratando de que no haya mayores disgustos;
regañar a tus mayores es algo que está mal
por mucho que te moleste la gente de edad,
como una píldora has de tragar
sus regañinas para que haya paz.
Los meses aquí no pasan en vano
aprovéchalos bien con tu estudio sano,
que estudiando y leyendo libros por cientos
se ahuyenta el tedio y el aburrimiento.
La pregunta más difícil es sin duda:
¿Qué me pongo? No tengo ni una muda,
todo me va chico, pantalones no tengo,
mi camisa es un taparrabo, pero es lo de menos.
Luego están los zapatos: no puedo ya decir
los dolores inmensos que me hacen sufrir.
Cuando creces 10 cm no hay nada que hacer:
ya no tienes ni un trapo que te puedas poner.

Margot no logró traducir con rima la parte referida al tema de la comida, así que la he suprimido. Por lo demás es muy bonito, ¿verdad?

Me han dado regalos muy bonitos, entre otras cosas, un libro muy grande sobre mitología romana y griega, que es mi tema favorito. Y de las golosinas no puedo ni quejarme. Como la niña más pequeña de la familia, todos me han mimado mucho más de lo que merezco.

Tuya.   Ana.

Martes 15 de junio de 1943

Siempre tengo cosas que para mí resultan interesantes, pero a veces pienso que mis charlas te resultarán aburridas y te dará gusto no recibir tantas cartas. Por eso, será mejor que te haga un resumen breve de las noticias.

No han operado la úlcera del señor Vossen. Cuando estaba en la mesa de operaciones, el cirujano comprobó que había un cáncer demasiado avanzado para quitarlo. Entonces le cerraron nuevamente el estómago, le hicieron guardar cama durante tres semanas y comer bien, y luego lo mandaron a su casa. Le compadezco profundamente y, si pudiera salir, no habría dejado de ir a verle a diario para distraerlo. ¡Cómo extrañamos al señor Vossen, que nos informaba siempre de todo lo que sucedía en el almacén, dándonos ayuda y motivándonos! ¡Pobre amigo! ¡Qué desastre!

El mes que viene nos toca entregar a nosotros la radio. El señor Koophuis está obligado a entregar el suyo a las autoridades. Pero nuestro protector ha comprado en el mercado negro un aparato Baby, que reemplaza al gran aparato Philips. Es una verdadera lástima tener que entregar este mueble tan bonito a las autoridades, pero no se deben despertar las sospechas. Todo el mundo trata de entrar en posesión de un viejo receptor para sustituir el que las autoridades reclaman. Es verdad que a medida que las noticias de afuera van siendo peores, la radio con su maravillosa voz nos ayuda a que no perdamos las esperanzas y digamos cada vez: "¡Ánimo, arriba el corazón, volverán tiempos mejores!".

Tuya.   Ana.-

Domingo 11 de julio de 1943

Querida Kitty:

Volviendo una vez más al problema de la educación, debo decirte que me esfuerzo mucho por ser útil, simpática y buena y para hacer que el clima se calme y la lluvia de observaciones no me arrastren otra vez. Qué difícil es tratar de comportarse ejemplarmente ante personas con las cuales no congeniamos. Se me hace una actitud muy hipócrita, considero que tengo mucho más que ganar con mis opiniones sinceras, que nadie ha pedido ni estimado nunca.

A veces me salgo de mi papel y no puedo contener la ira ante una injusticia, y durante semanas el tema de conversación soy yo por este detalle. ¿No te parece que a veces deberías compadecerme? Afortunadamente no soy tan rezongona, pues terminaría agriándome y perdería mi buen sentido del humor.

He decidido abandonar un poco la taquigrafía, aunque lo he tenido que pensar bastante. En primer lugar, quisiera dedicar más tiempo a mis otras asignaturas y luego por mis ojos. Es lo que más me tiene preocupada. Me he vuelto bastante miope, y hace tiempo que debería usar lentes (¡uf, pareceré un búho!). Ayer en la casa no se habló de otra cosa que la vista de Ana, porque mamá sugirió que me acompañara al consultorio del oculista la señora Koophuis. Ante esta noticia, creí desmayarme. Salir... no es una tontería.

¿Puedes creerlo? ¡Salir a la calle! ¡Estar en la calle! Es increíble. Al principio me dio mucho miedo, pero luego me puse contenta. Sin embargo, la cosa no era tan fácil, porque no todos los que tienen que tomar la decisión se ponían de acuerdo tan fácilmente. Todas las dificultades, todos los riesgos han sido pesados y sopesados, aun cuando Miep se haya ofrecido inmediatamente para acompañarme.

Lo primero que hice fue sacar mi abrigo del ropero, que me quedaba tan chico que parecía de mi hermana la menor. Siento verdadera curiosidad por ver qué resulta de eso, pero en verdad no creo que el plan se lleve a cabo, porque mientras tanto los ingleses han desembarcado en Sicilia y papá tiene la mirada puesta en "un final próximo y rápido".

Elli nos da mucho trabajo de la oficina a Margot y a mí; eso le ayuda enormemente y nos da importancia. Se trata de clasificar la correspondencia y de inscribir las ventas; todo el mundo puede hacerlo, pero nosotras somos muy minuciosas.

Miep está siempre como un verdadero burro de carga. No hace otra cosa que transportar paquetes. Casi todos los días encuentra verdura en alguna parte y la trae en su bicicleta, en grandes bolsas colgadas del manubrio de la bicicleta. También nos trae cada sábado cinco libros de la biblioteca. Siempre esperamos con mucha ansiedad que llegue el sábado, como niñitos a quienes se ha prometido un juguete.

Y es que la gente común y corriente no imagina lo que es un libro para un escondido. Libros, más libros y la radio... Son nuestra única distracción.

Tuya.   Ana.

Martes 13 de julio de 1943

Querida Kitty:

Ayer por la tarde, con permiso de papá le pregunte a Dussel (de una manera muy educada), si por favor podría prestarme el uso de la mesa en el cuarto que compartimos, dos veces por semana de cuatro a cinco y media de la tarde. De dos y media a cuatro y mientras Dussel duerme su siesta, yo escribo ahí todos los días; a otras horas la mesa y la habitación están negadas para mí. Por las tardes hay demasiada gente en el cuarto de mis padres y me es imposible estudiar allí, y también a papá le gusta sentarse en la mesa grande a esa hora a escribir.

Yo considero haber pedido algo razonable y realmente lo hice por pura cortesía. Pero, ¿a que no imaginas lo que contestó el distinguido señor Dussel?

—No.

¡Dijo clara y llanamente que no! Yo estaba verdaderamente indignada. Le pregunte la razón de ese rotundo "no", y me llevé una gran sorpresa, pues me contestó lo siguiente:

—Yo también necesito el escritorio. Si no puedo disponer de él por la tarde no me queda nada de tiempo. He de terminar mi tesis, que aún ni comienzo. Y tú, no tienes nada serio que hacer. La mitología no es un trabajo; tejer y leer, tampoco. He tomado posesión de la mesita y me la quedo.

A lo que yo respondí:

—Señor Dussel, mis tareas también son serias. En la habitación de mis padres por las tardes es imposible concentrarse. ¡Le pido de la manera más atenta que tome en consideración mi petición!

Después de pronunciar estas palabras, muy ofendida, le di la espalda al doctor e hice como si no existiera. Estaba fuera de mí de la rabia. Dussel me pareció la persona más maleducada (lo que era una gran verdad) y me pareció que yo había sido muy amable.

Por la noche, después de limpiar la vajilla, me reuní con Dussel en mi cuarto; Pim estaba en la habitación de al lado y la puerta estaba abierta, la serenidad no me faltaba.

Empecé a decirle:

—Señor Dussel, creo que a usted no le ha parecido que valiera la pena hablar con más tranquilidad sobre el asunto; sin embargo, yo le ruego que reflexione.

Dussel, con la más amable de sus sonrisas, contestó:

—Sigo dispuesto en cualquier momento a hablar de ese asunto, aunque yo ya lo creo terminado.

Pero a pesar de la interrupción de Dussel, continúe hablando:

—Cuando usted llegó a vivir a nuestra casa, quedó bien claro que, esta habitación sería de los dos, de tal forma que compartiríamos también su uso. Usted aceptó ocuparla por la mañana, en tanto que yo lo haría por la tarde, ¡toda la tarde! Y por lo tanto me parece que dos tardes a la semana es de lo más razonable.

Dussel saltó como si un alfiler lo hubiera pinchado:

—¿De qué reparto equitativo me estás hablando? ¿A dónde quieres que me vaya yo? Tendré que pedirle al señor Van Daan que me construya una caseta en el desván para trabajar allí tranquilo; aquí en ninguna parte se está tranquilo. No se puede vivir contigo sin pelear. Si la que me lo pidiera fuera tu hermana Margot, estaría más justificado y ni se me ocurriría negárselo, pero a ti...

Y después siguió la misma historia sobre la mitología, el tejido, etc. Es decir, humillaciones para mí. Sin embargo, pareció no importarme y dejé que Dussel acabara:

—Pero ya está más que visto, que contigo no se puede hablar. Eres una chiquilla muy egoísta. Con tal de salirte con la tuya, los demás que se mueran. Nunca he visto una niña igual. Pero finalmente me veré obligado a darte gusto; de lo contrario, en algún momento me dirán que Ana Frank ha fracasado en sus exámenes porque el señor Dussel no le quería ceder la mesita de trabajo.

El hombre no paraba de hablar. Era tal la cantidad de palabras que pronunciaba, que a la larga me perdí. Había momentos en que pensaba: "¡Le voy a dar tal bofetada, que irá a parar con todas sus mentiras derecho a la pared!"; pero tratando de tranquilizarme me decía a mí misma: "Tranquilízate, este tipo no merece que te enfurezcas tanto por su culpa".

Hasta que por fin Dussel terminó de desahogarse, y con una cara en la que se leía el enojo y el triunfo al mismo tiempo, salió de la habitación con su abrigo lleno de alimentos.

Corrí a ver a papá y contarle toda la historia, aunque claro él ya lo había oído. Pim decidió hablar con Dussel esa misma noche, y así fue. Estuvieron más de media hora hablando. Primero, dijo que ya habían hablado sobre el tema, pero que en aquella ocasión le había dado supuestamente la razón a Dussel para no dársela a una niña frente a un adulto, pero que tampoco en ese momento a papá le había parecido razonable. Dussel respondió que no debía hablarle como si él fuera un intruso que tratara de apoderarse de todo, pero aquí papá le contradijo con firmeza, porque en ningún momento me había oído decir a mí eso. Así pasó un buen tiempo en el que discutieron: papá defendía mi egoísmo y mis estudios, y Dussel refunfuñando todo el tiempo.

Al final no le quedó más remedio que acceder, y se me concedieron dos tardes por semana para dedicarme a mis estudios sin ser molestada. Dussel puso cara de mártir, y no me dirigió la palabra durante dos días. A las cinco en punto viene a tomar posesión de su mesita —hasta las cinco y media— naturalmente, por pura niñería.

Una no puede pedirle a un mono de 54 años que cambie su manera de pensar, la naturaleza lo ha hecho así, y ya nunca se le quitará.

Tuya.   Ana.

Viernes 16 de julio de 1943

Querida Kitty:

Nuevamente nos visitaron los ladrones, pero esta vez ladrones de verdad. Esta mañana a las siete, como de costumbre, bajó Peter al almacén, notó que la puerta de entrada y la del almacén estaban abiertas de par en par. Se lo comunicó enseguida a Pim, que se apresuró a fijar la aguja de la radio alemana, y cerró la puerta con llave. Entonces subieron los dos.

La consigna para estos casos: no lavarse, guardar silencio, estar listos a las ocho y no usar el w.c.... Consigna que debía seguirse al pie de la letra. Todos nos alegrábamos de haber dormido bien durante toda la noche y de no haber oído nada. Pero alrededor de las once y media el señor Koophuis ha venido a contarnos toda la historia: los ladrones debían haber abierto la puerta de entrada con una ganzúa y forzado la puerta del almacén. Como allí no había gran cosa por robar, habían probado suerte en el primer piso.

Se han llevado dos cajitas que tenían 40 florines, tarjetas de traspaso de valores y, lo más importante, todos los bonos de azúcar, que representan una provisión de 150 kilos.

El señor Koophuis piensa que los ladrones pertenecen a la misma banda que estuvo aquí hace seis semanas y que intentó entrar por las tres puertas (la del almacén, y las dos que dan a la calle), pero que entonces no tuvieron éxito.

Este incidente nos ha puesto nerviosos otra vez, pero el Anexo no parece por éllo resentirse. Afortunadamente las máquinas de escribir y la gran caja están a salvo, pues las subimos a casa todas las noches, para colocarlas en nuestro armario.

Tuya.   Ana.

Lunes 19 de julio de 1943

Querida Kitty:

El domingo, el norte de Amsterdam fue severamente bombardeado. Una devastación espantosa. Calles enteras en ruinas, y tardarán mucho en rescatar a toda la gente sepultada bajo los escombros. Se han contado hasta ahora 200 muertos y numerosos heridos; los hospitales están llenos hasta el tope. Se dice que hay niños que buscan a sus padres bajo las cenizas aún calientes.

Cuando pienso en los estruendos que se escuchaban en la lejanía y en la destrucción que se avecinaba, me estremezco.

Tuya.   Ana.

Viernes 23 de julio de 1943

Querida Kitty:

Quiero contarte lo que cada uno de nosotros desea hacer al salir de aquí. El deseo más grande de Margot y el señor Van Daan es darse un baño de tina bien caliente, y quedarse allí por lo menos media hora. La señora Van Daan, antes de cualquier otra cosa, desea ir a comer golosinas. Dussel no hace otra cosa que pensar en Lotte, su mujer. Mamá, en su taza de café. Papá, en visitar al señor Vossen. Peter en ir al cine. Y yo de tanta gloria no sabría por dónde empezar.

Lo que más anhelo es una casa propia, poder moverme libremente, y que alguien me ayude en las tareas, o sea, ¡volver a la escuela!

Elli nos ha regalado frutas, ¡al precio que están!... Uvas, 5 florines el kilo. Grosellas, 0.70 la libra. Un durazno, medio florín. Melón, florín y medio el kilo. Y todas las noches puede leerse en los diarios: "¡El alza de los precios es una especulación!"

Tuya.   Ana.

Lunes 26 de julio de 1943

Querida Kitty:

Ayer fue un día lleno de alboroto y también de emociones. Sin duda, tú te preguntarás cuándo pasamos un día sin emociones.

Por la mañana, cuando estábamos desayunando, sonó la primera alarma, pero no le hicimos mucho caso, porque sólo significa que hay aviones sobrevolando la costa. Después de desayunar fui a acostarme un rato en la cama, pues me dolía mucho la cabeza. Me reuní con los demás a las dos de la tarde. A las dos y media, Margot había terminado de ordenar su trabajo de oficina, las sirenas empezaron a sonar; ella subió en seguida conmigo. Era hora, pues cinco minutos después, se produjeron tales sacudidas que nos refugiamos en el comedor. La casa temblaba y las bombas no estaban lejos.

Yo tenía mi bolsa para la huida bien apretada entre mis brazos, más para tener algo a qué aferrarme, que para realmente huir, porque de cualquier forma no nos podíamos escapar, ya que salir a la calle implica el mismo riesgo. Después de media hora, se oyeron menos aviones, pero dentro de la casa el movimiento continuaba. Peter había vuelto a bajar a su puesto de observación en el desván. Dussel se encontraba en el despacho. La señora Van Daan se creía a salvo en la oficina privada, y el señor había visto todo el espectáculo desde la ventana. Mis padres, Margot y yo, nos quedamos en el pequeño corredor. Subimos para ver las columnas de humo sobre el puerto, súbitamente nos invadió un olor a quemado, y el aire de afuera se transformó en una bruma espesa.

A pesar de que un incendio de esa magnitud no es un espectáculo agradable, para nosotros el peligro felizmente había pasado, y todos volvimos a nuestras antiguas ocupaciones.

Al final de la tarde, como a la hora de la comida: alarma aérea. La comida era deliciosa, pero al oír la primera sirena se me quitó el apetito. Sin embargo, no pasó nada, y a los 45 minutos ya no había peligro.

Cuando habíamos lavado la vajilla: nuevamente alarma aérea, muchísimos aviones. "Dos veces en un mismo día es mucho", pensábamos todos, pero nuevamente cayeron bombas a raudales, esta vez, al otro lado de la ciudad, en la zona del aeropuerto. Los aviones caían en picada, volvían a subir, había zumbidos en el aire, tiros... ¡era terrorífico! A cada momento yo pensaba: "¡Creo que ha llegado la hora!"

Puedo asegurarte que al acostarme, a las nueve de la noche, mis piernas aún temblaban. A media noche, exactamente: los aviones de nuevo. Dussel estaba desvistiéndose; despertada por los primeros cañonazos no hice caso de eso, y salté de mi cama para irme a refugiar a la de mis padres. Dos horas de vuelo y de tiros incesantes; después, el silencio. Me regresé a mi cama y me dormí hasta las dos y media de la mañana.

A las siete me desperté sobresaltada. Van Daan estaba con mi papá. Lo primero en que pensé fue en los ladrones. Escuché a Van Daan decir "todo", y pensé que lo habían robado todo. Pero no. Esta vez la noticia era maravillosa, la más maravillosa desde hacía varios meses, creo que desde que comenzó la guerra. "Mussolini ha presentado su renuncia al rey de Italia". Pegamos un grito de alegría. Tras los horrores de ayer, por fin algo bueno y... ¡nuevas esperanzas! Esperanzas de que todo termine, esperanzas de que haya paz.

Kraler ha venido a decirnos que Fokker había sido arrastrado. Esta noche, dos nuevas alarmas; estoy cansada por las alarmas y por la falta de sueño, y no tengo ningún deseo de estudiar. Es la sacudida de Italia lo que nos mantiene despiertos y la esperanza de ver al fin en paz todo esto, quizá este mismo año...

Tuya.   Ana.

Jueves 29 de julio de 1943

Querida Kitty:

La señora Van Daan, Dussel y yo estábamos lavando los platos, yo estaba muy callada, cosa poco común en mí y que seguramente les debería haber llamado la atención. A fin de evitar preguntas molestas, busqué un tema neutral de conversación, y pensé en el libro *Henry van den Overkant*. ¡Cómo me engañé! Cuando no me regaña la señora Van Daan, lo hace Dussel. Es él quien nos había recomendado el libro. Lo mismo que yo, Margot no lo encontró así. Sin dejar de secar los platos, reconocí que el autor estaba acertado en el retrato del muchacho, pero que, en cuanto a los demás, era preferible no hablar. Ahora Dussel y la señora arremetieron en contra mía.

—¿Cómo puedes comprender la psicología de un hombre? La de un niño, aún podría ser. Eres demasiado pequeña para un libro así; aun para un joven de 20 años es difícil.

Me pregunto el porqué de su recomendación con respecto a este libro. De nuevo Dussel y la señora prosiguieron sus observaciones:

—Sabes demasiado de cosas que no son adecuadas para ti. Te han educado de manera equivocada. Más tarde, cuando seas mayor, ya no sabrás disfrutar de nada. Dirás que lo has leído todo en los libros desde hace 20 años. Será mejor que te apresures en conseguir marido o enamorarte, porque seguro que nada te dejará satisfecha. En teoría ya lo sabes todo, sólo te falta la práctica.

No es difícil pensar cómo me sentí en aquel momento. Yo misma estaba sorprendida de que pudiera guardar la calma para responder: "Quizá ustedes piensen que he tenido una educación equivocada, pero afortunadamente no todos piensan como ustedes".

Acaso, ¿es de buena educación sembrar cizaña todo el tiempo entre mis padres y yo (porque eso es lo que hacen todo el tiempo), y hablarle de esas cosas a una chica de mi edad? Los resultados de una educación semejante están a la vista.

En ese momento, hubiera querido darles una cachetada a los dos por ponerme en ridículo. Estaba fuera de mí. Realmente me hubiera gustado contar los días que me faltaban para librarme de esa gente.

¡La señora Van Daan es un caso serio! Dice ser un modelo de conducta... ¡Pero qué conducta! A la señora Van Daan se le conoce por su falta de modestia, su egoísmo, su astucia, su actitud calculadora y porque nunca nada le satisface. A esto se aumenta su vanidad y coquetería. No hay vuelta de hoja. Es una persona desagradable como ninguna. Podría escribir sus memorias, y puede que alguna vez lo haga. Cualquiera puede aplicarse un bonito barniz exterior. Con los desconocidos, sobre todo con los hombres, la señora es amable, y así engaña de buenas a primeras.

Según mamá, es demasiado tonta y no vale la pena atormentarse por ella. Margot la considera insignificante. Pim la encuentra demasiado fea, física y moralmente. Y yo, que al principio no tenía ningún prejuicio, debo admitir que tienen razón los tres, y estoy lejos de ser demasiado severa. Tiene tantos defectos, que no hay por dónde tomarla.

Tuya.   Ana.

P.D. Te advierto que, al escribir lo anterior, estoy todavía bajo los efectos del enojo.

Miércoles 4 de agosto de 1943

Querida Kitty:

Hace más de un año que te cuento muchas cosas sobre la vida en el Anexo, y sin embargo, creo que jamás podré describírtelo a la perfección. Existen tantos detalles, que uno se pierde, y existe demasiada diferencia entre la vida que llevamos y la de las personas normales. Hoy te daré un resumen de nuestra vida diaria. Empezaré por el final de la jornada.

Alrededor de las nueve de la noche, todo el mundo comienza con sus preparativos para irse a la cama, y te aseguro que siempre es un verdadero alboroto.

Se apartan las sillas, se arman las camas, se extienden las mantas, y nada queda en el mismo estado que durante el día. Yo duermo en el pequeño diván que no llega a medir un metro y medio de largo, por lo que hay que colocarle unas sillas alrededor. De la cama de Dussel, donde están guardados durante el día, hay que sacar una colchoneta, sábanas, almohadas y mantas.

En la habitación de al lado, se escucha un chillido, es el catre tipo armónica de Margot. Nuevamente, hay que sacar mantas y sábanas del sofá; todo sea por hacer un poco más confortable la tablita de madera del catre. En el piso de arriba, parece que se hubiera desatado una tormenta, pero no es más que la cama de la señora Van Daan; y es que hay que arrimarla junto a la ventana, para que el aire pueda estimular los orificios nasales de "su alteza".

A las nueve de la noche, después de Peter, tomo posesión del tocador y me limpio mi cara perfectamente. Cuando hay mucho calor, veo nadar a una pulga en el agua del baño. Luego me lavo los dientes, me rizo el pelo, me pinto las uñas y empleo trozos de algodón empapados de agua oxigenada para teñirme el bigote de mi labio superior, y todo ello en poco más de media hora.

A las nueve y media de la noche, salgo corriendo del baño con todos mis utensilios para que el que sigue entre a asearse. Pero por lo general después me llaman para que quite la colección de pelos, elegantemente depositados en el lavabo, y que no son del agrado del usuario.

A las diez de la noche colgamos los paneles de oscurecimiento y... ¡buenas noches! En la casa aún se oyen, durante unos quince minutos, los crujidos de las camas, pero después reina el silencio; al menos cuando los de arriba no tienen una disputa en el lecho conyugal.

A las once y media la puerta del tocador rechina. Una delgada red de luz penetra en el dormitorio. Crujido de suelas, y luego la sombra de un gran gabán, que hace más grande al hombre que lo lleva puesto. Dussel ha terminado su trabajo en el escritorio de Kraler. Durante 10 minutos hay ruidos de pasos, frotes de papel y orden en todo y, en seguida, él se hace la cama. La silueta desaparece nuevamente; de vez en cuando, ruido sospechoso del w.c.

A las tres me levanto para hacer una pequeña necesidad en mi orinal, que está bajo mi cama, y sobre una alfombra que protege el piso. Cada vez que ello me ocurre, retengo la respiración, pues tengo la impresión de escuchar una verdadera caída de agua precipitándose desde lo alto de una montaña. Pongo el orinal en su sitio y la pequeña forma blanca, en camisón, vuelve a la cama, o sea yo.

Sigue por lo menos un cuarto de hora de insomnio, escuchando los ruidos nocturnos. ¿No entrarán ladrones en la casa? Además, se escuchan los ruidos de las camas de arriba, de al lado, de la misma habitación, que me informan sobre los que duermen y los que se agitan.

Si es Dussel quien no puede dormir, resulta muy fastidioso. Primero, escucho un ruidito como el de un pez que traga aire, repetido no menos de diez veces; posteriormente, se humedece los labios —creo— y hace chasquear la lengua, o bien da una y mil vueltas, hundido en las almohadas. Cinco minutos de inmovilidad completa. Pero estas maniobras pueden repetirse hasta tres veces antes de que el doctor Dussel empiece a descansar por fin.

Es probable que se nos sorprenda entre la una y las cuatro de la madrugada con las detonaciones y el ruido de los aviones ininterrumpidamente. Casi siempre yo he saltado de la cama antes de saber qué ocurre. A veces, sigo repasando mis verbos irregulares en francés, o peleando mentalmente con nuestros vecinos; en tal caso, yo misma me sorprendo de encontrarme todavía en mi cuarto cuando suena el final de la alarma. Pues, generalmente, me abrazo presurosa de una almohada y de un pañuelo, me pongo mi bata y corro hasta donde está papá, como lo ha dicho Margot en un verso de cumpleaños:

Por las noches, al primerísimo disparo
se oye una puerta crujir y aparecen
un pañuelo, un cojín y una chiquilla...

Llegando al lecho paterno, tengo menos miedo, salvo cuando las sacudidas son demasiado fuertes.

A las seis cuarenta y cinco, rrriinngg... es el pequeño despertador que puede elevar su vocecita a cada hora del día. La señora Van Daan lo ha hecho callar; se ha levantado su esposo. Pone agua a hervir, y se traslada rápidamente al cuarto de baño.

A las siete y quince, rechina la puerta. Le toca el turno a Dussel de prepararse y se levanta. Ya sola en la habitación, descorro las cortinas... y el nuevo día principia en el Anexo.

Tuya.   Ana.

Jueves 5 de agosto de 1943

Querida Kitty:

Te describo la hora neutra.

Son las 12:30 y todo mundo se encuentra activo. Los hombres del almacén han ido a desayunar. Escucho a la señora que pasa la aspiradora en su única alfombra. Margot junta sus libros y se prepara para la clase holandesa acerca de la educación de los niños retardados, categoría a la que podría muy bien pertenecer Dussel. Mamá se prepara para ayudar a la buena cocinera Van Daan, y yo voy al baño para ordenarlo un poco y para refrescarme.

A las 12:45 llegan uno tras otro; primero el señor Van Daan, luego Koophuis o Kraler, Elli, y a veces también Miep.

A la una, sentados alrededor del radio, todos escuchamos a la BBC Estos son los únicos momentos en que los miembros del Anexo no se interrumpen y escuchan hablar a la única persona que no puede ser refutada, ni siquiera por el señor Van Daan.

A la 1:15 se lleva a cabo la distribución de víveres. Cada uno de los invitados del escritorio recibe un plato de sopa, y cuando hay postre, lo repartimos con ellos. Satisfecho, el señor Van Daan se acomoda en el diván o se recarga en la mesa, con su plato, su periódico y el gato; cuando alguna de estas tres cosas falta, refunfuña muy molesto. Koophuis nos da las últimas noticias de la ciudad. La llegada de Kraler se distingue por su paso pesado en la escalera, y por el golpe violento que da al cerrar la puerta; tras lo cual, entra frotándose las manos, rápidamente y ocioso, taciturno o un poco loco, según esté de humor.

A la 1:45 el almuerzo de los oficinistas ha terminado. Se levantan y todos regresan a sus ocupaciones. Margot y mamá lavan la vajilla. Los Van Daan van a dormir la siesta a su cuarto. Peter sube al granero. Papá se recuesta en el diván. Dussel hace lo propio. Y yo me pongo a estudiar. Es la hora más pacífica; como todo el mundo duerme, no seré molestada. Dussel tiene sueños de glotón, eso se ve, pero no lo veo por mucho tiempo; el tiempo es oro, pues a las cuatro en punto el doctor se levanta, reloj en mano, para que yo despeje la mesita exactamente a esa hora.

Tuya.   Ana.

Lunes 9 de agosto de 1943

Querida Kitty:

Continuación del relato.

El señor Van Daan, a la hora de cenar es el primero en servirse de una manera excesivamente abundante de todo lo que le gusta. Esto no le impide dirigir resueltamente la conversación y dar su opinión, que hace ley. ¡Pobre de quien se atreviera a contradecirle!, pues sabe pelear como un gato boca arriba... ¿Qué quieres?, me gusta tanto callarme...

Cree estar absolutamente seguro de sus opiniones y persuadido de que es infalible. Hay muchas cosas que él realmente conoce, de acuerdo, pero eso no es razón para tanta suficiencia y presunción. Su fatuidad es verdaderamente insoportable.

Por lo que respecta a la señora Van Daan, hay días, cuando está enojada, que desearía muchísimo no verla. Mejor dicho, ella es la causa de todos los pleitos y no la razón. ¡Oh, no cabe duda! Cada quien evita, en lo posible, no caer en una pelea con su "majestad", sin embargo, podríamos llamarla la provocadora. Cuando puede provocar, está en su elemento; provoca el enojo entre mi madre y yo, entre Margot y papá, aunque esto, es mucho más difícil.

En la mesa es imposible que la señora se prive de algo, aunque ella siempre se imagine lo contrario. Las papas más chicas, los mejores trozos, lo mejor de todo; escoger lo mejor, es el lema de la señora; los otros seguirán su turno, cuando ella haya encontrado lo que busca y desea.

Y cuando habla, si la escuchan o no, interesa o no lo que diga, eso, aparentemente, la tiene sin ningún cuidado. Seguramente imagina: "Lo que la señora Van Daan tiene que decir interesa a todo el mundo..."

Su sonrisa "coqueta", esa pretensión de saber hablar de todo, esforzándose con todo el mundo y dando buenos consejos, puede causar buena impresión a quien no la conoce realmente, pero cuando se le llega a conocer realmente, todas estas apariencias se esfuman. En primer lugar hacendosa, luego alegre, después coqueta y a veces una cara bonita. Ésa es Petronella Van Daan.

El tercero de la dinastía Van Daan no se destaca. Junior es callado y no se hace notar la mayor parte del tiempo. En cuanto a su apetito, devora a lo Van Daan y nunca queda lleno. Después de una buena comida, dice sin ningún problema poder comer aún el doble.

Mi hermana Margot come como un pajarito y no habla casi nunca. Lo único que come son frutas y verduras. Es la "niña mimada" según los Van Daan. En nuestra opinión, su mal apetito proviene de la falta de aire y de movimiento.

Mamá, quinta invitada, es excelente conversadora y de buen apetito. Nunca se la tomaría por la dueña de la casa —a diferencia de la señora Van Dann—. ¿Por qué?, pues porque la señora se ocupa de la cocina, mientras mi madre limpia las cacerolas, lava, plancha, etc.

En sexto y séptimo lugar, estamos Pim y yo. No me extenderé en lo que se refiere a nosotros. Papá es el mas discreto de todos. Está al pendiente de que a nadie le falte nada. Él no lo necesita. Todo lo que es bueno se los da a los jóvenes. He ahí la bondad hecha persona... y, al lado suyo, el incurable manojo de nervios que yo soy.

El Dr. Dussel se sirve, no mira a su alrededor, come, no habla... Devora grandes cantidades, ya sea bueno o malo, nunca dice que no. Su pantalón le llega hasta el pecho; lleva una chamarra roja, zapatillas negras y gafas de carey. Con esta indumentaria se sienta a trabajar en la mesita con la única interrupción de su pequeña siesta durante la hora neutra, sus comidas, etc.; su lugar favorito es el w. c. Poco le importa que alguien se impaciente frente a la puerta del retrete apretando los puños y haciendo ruido con los pies. De las 7:15 a las 7:30, de 12:30 a 1, de 2 a 2:15, de 6 a 6:15 y de 11:30 a medianoche, son sus "sesiones" en el baño. Él las respeta estrictamente y no se preocupa por las súplicas del otro lado de la puerta que anuncian un desastre inminente.

La número 9 no pertenece a los miembros de la gran familia, pero se cuenta entre los invitados. Elli tiene muy buen apetito. No deja nada, no es quisquillosa. La menor cosa le agrada, con gran satisfacción la tenemos entre nosotros. Siempre se encuentra de buen humor, es servicial y muy buena.

Tuya.   Ana.

Martes 10 de agosto de 1943

Querida Kitty:

Mi último hallazgo es que, en la mesa, hablo conmigo misma en vez de hacerlo con los demás. Es un éxito desde dos aspectos. En primer lugar, ellos se alegran de no tener que dejarme ya la palabra por mucho tiempo; y en segundo, ya no tengo que enojarme por las opiniones ajenas. En cuanto a mi opinión personal, no la juzgo más tonta que la de los demás, y por eso me la guardo para mí. Por lo que se refiere a la comida, si tengo que comerme una cosa que detesto, tomo mi plato e imagino que hay algo delicioso en él y, mirándolo lo menos posible, lo trago lo más rápido posible. Para levantarme en las mañanas (un enorme esfuerzo), realizo maniobra: salto de la cama diciéndome: "Volverás a acostarte en seguida con toda comodidad", pero corro a la ventana, quito el disfraz de la defensa pasiva, inhalo el aire fresco por la rendija entreabierta, hasta que estoy completamente despabilada. Luego recojo las sábanas para no caer en la tentación de regresar a la cama. Mamá llama a eso "el arte de vivir". ¿No te parece divertido?

Desde hace una semana nadie sabe la hora exacta. El reloj de nuestro querido y fiel Westertoren fue quitado. Seguramente para la fundición de metales destinados al material de guerra. Ya no hay forma de conocer la hora, ni de día, ni de noche. Yo sigo esperando que el reloj sea reemplazado con un invento nuevo, un artefacto de hierro o de cobre, por ejemplo, que me recuerde el campanario del barrio.

En cualquier lugar que me encuentre, mis pies suscitan la admiración a mi alrededor. A pesar de las circunstancias, estoy perfectamente calzada. Todo esto se lo debo a Miep, quien ha descubierto un par de zapatos de ocasión, por 27 florines y medio; son de gamuza, con refuerzos de cuero, de color rojo y con tacones bastante altos. Me aumentan mucho la estatura. Parece que tengo unos zancos.

Dussel ha estado a punto de poner nuestras vidas en peligro. Se le ocurrió encargarle a Miep un libro prohibido, una sátira sobre Hitler y Mussolini. Al volver en bicicleta con el mencionado ejemplar, tuvo un choque con unos motociclistas de la S.S. Perdiendo la cabeza, ella les grito: "¡Canallas!", —y se dio a la fuga rápidamente. Prefiero no pensar en lo que habría pasado si la llevan a la comisaría.

Tuya.   Ana.

Miércoles 18 de agosto de 1943

Querida Kitty:

Podría titular lo que sigue: "La tarea diaria de la comunidad: pelar papas".

Uno va a buscar los periódicos; otro los cuchillos, escogiendo el mejor para sí mismo; un tercero, las papas; un cuarto, la cacerola llena de agua.

El que empieza a pelar es el señor Dussel; no lo hace muy bien, y siempre voltea a todos lados para ver quién lo hace como él. Pues no:

—Ana, mira como tengo yo el cuchillo y pelo de arriba hacia abajo. No, así no... Así.

Respondo tímidamente:

—Pero yo estoy acostumbrada a hacerlo de esta manera, señor Dussel, y lo hago con rapidez.

—Pero yo te enseño la manera más cómoda. Confía en mí. Pero, en fin, hazlo como mejor te plazca.

Seguimos pelando. Miro de reojo a mi vecino. Agacha la cabeza, perdido en sus pensamientos (¿pensará en mí?), pero no dice nada.

Aún no hemos terminado de pelar. Miro a papá, que está en el otro lado; pelar papas no es para él un fastidio, sino un trabajo minucioso.

Cuando lee, en su frente se nota una arruga profunda, pero cuando ayuda a preparar papas u otras verduras, parece fuera de este mundo, y adopta su expresión de pelar papas y nunca entrega una papa que no esté perfectamente pelada. Eso es imposible.

Mientras trabajo, no tengo mas que levantar los ojos para estar informada. La señora Van Daan trata de llamar la atención de Dussel. Primero con una mirada furtiva; él finge no haber notado nada. Después, ella guiña el ojo, pero él sigue trabajando. Luego, ella se ríe; pero Dussel no levanta la mirada. Entonces, mamá se ríe también; Dussel permanece impasible. La señora no ha conseguido ningún resultado y va a intentar otra cosa. Después de un corto silencio:

—Putti, ¿por qué no te pones un delantal? Mañana tendré que desmancharte el pantalón.

—¡No me ensucio! —Otro silencio breve.

—Putti, ¿por qué no te sientas?

—Estoy bien de pie. ¡Lo prefiero! —Intervalo.

—Putti, fíjate cómo estás salpicando.

—Sí, mami, tendré cuidado. —La señora busca otro tema de conversación.

—Putti, ¿por qué los ingleses no tiran bombas ahora?

—Porque hace mal tiempo, Kerli.

—Pero ayer hacía buen tiempo y no hubo aviones.

—Cambiemos el tema.

—¿Por qué?, si a mí me agrada saber lo que piensas de eso.

—No.

—¿Por qué no?

—Cállate, querida.

—El señor Frank contesta siempre a su esposa cuando ella le pregunta algo, ¿no es así?

Ha tocado el punto sensible del señor Van Daan. Él guarda silencio: es su defensa. Y ella prosigue:

—Nunca harán el desembarco, pues esa invasión no llegará nunca.

El señor palidece y la señora enrojece al ver lo que ha provocado, y luego persiste:

—Los ingleses no terminan nunca nada.

La bomba estalla:

—Bueno, ¡cierra la boca, maldita sea!

Mamá se muerde los labios para no soltar la carcajada. Yo me mantengo muy seria.

Esta es una pequeña muestra. Eso se repite casi todos los días, a menos que no hayan peleado antes; en tal caso, se callan los dos insistentemente.

Faltan papas; subo a buscarlas al desván. Veo a Peter que espulga al gato. Levanta la mirada, el gato aprovecha y ¡zas!, huye por la ventana.

Tuya.   Ana.

Viernes 20 de agosto de 1943

Querida Kitty:

A las cinco y media justamente los señores del almacén regresaron a sus hogares. Eso, para nosotros, es la libertad.

A esa hora llegó Elli, como mensajera de la libertad. Comenzamos a movernos. Subo con Elli a casa de los Van Daan para darle su parte de nuestro postre de la noche. Todavía no tomamos asiento y la señora ya está pidiendo favores:

—Querida Elli, me gustaría...

Elli me mira rápidamente, sabiendo que la señora no pierde la oportunidad de expresar sus deseos a todo el que se presenta, sea quien sea. Es por eso que todos se abstienen, en lo posible, de ir hasta su cuarto.

Elli sale a las cuatro. Bajo dos pisos, paso por la cocina para ir a la oficina privada, y luego al depósito del carbón; abro la pequeña puerta por la que Bochi acecha a los ratones. Mi gira de inspección me lleva al escritorio de Kraler. Van Daan abre cajones y clasificadores para encontrar la correspondencia del día. Peter se encarga de la llave del almacén y de Bochi. Pim sube a nuestra casa las máquinas de escribir, Margot busca un sitio tranquilo para terminar su trabajo de oficina, la señora pone el agua sobre el gas y mamá se acerca con las papas. Todo el mundo tiene su trabajo.

Peter vuelve rápido del almacén y pregunta por el pan. Generalmente está puesto en el armario de la cocina. Hoy no. ¿Se habrán olvidado del pan? Peter va al escritorio de delante para buscarlo. Antes de entrar en él, se pone a cuatro patas para no ser visto desde fuera, avanza hasta el armario de acero, ve el pan, se apodera de él y da media vuelta; pero antes de que pueda salir, Mouschi ha saltado por sobre su espalda, instalándose debajo del escritorio.

Peter intenta atrapar al gato, ya que no lo puede dejar allí. Por fin logra atraparlo por la cola. Mouschi resopla, Peter suspira. De pronto, se le escapa. Mouschi huye y se instala junto a la ventana para lamerse muy complacido, contento de haber escapado de su amo; como último recurso, éste le tiende un trozo de pan, Mouschi se deja seducir, y la puerta se cierra detrás de ellos.

He seguido esta aventura escondida tras la puerta. El trabajo sigue. Tac, tac, tac... Llaman tres veces. Es hora de ir a la mesa.

Tuya.   Ana.

Lunes, 23 de agosto de 1943

Querida Kitty:

Seguiré con el empleo del tiempo en el Anexo. Por la mañana, a las ocho y media en punto:

—Sshh... ¡Papá, silencio!

—¡Pim, sshh!... Son las ocho y media. Ven acá, no tires el agua, camina despacio.

Y otras exclamaciones semejantes para papá, que está en el baño. Debe volver a su cuarto a las ocho y media en punto. Todos los grifos se cierran, la descarga del w. c. está prohibida. Nada de ruido, es la consigna. Hasta que no llegue el personal de oficina, los hombres del almacén podrían escucharnos y descubrirnos.

A las ocho con veinte tres golpecitos en nuestro techo me anuncian que puedo ir a buscar mi sopa de avena a la cocina. Bien, ya está listo mi plato de perros. Subo a buscarlo. De regreso a mi cuarto, tengo que apurarme, peinarme, no hablar, y poner la cama en su lugar. Silencio, es la hora. La señora se pone sus zapatillas, el señor también; todos los ruidos son ahogados.

Ahora principia el apoteosis del cuadro de familia ideal. Yo me enfoco a mis lecciones o aparento hacerlo; Margot también; papá se instala con su Dickens, obviamente, y su diccionario al borde de la cama desfondada y gimiente, de colchones que no merecen ya ni ese nombre.

Metido en su lectura, no mira ya a nadie; se ríe de vez en cuando y, a veces, quiere obligar a mamá a escuchar una anécdota. Su respuesta es siempre: "No tengo tiempo".

Pim queda serio por espacio de un segundo y luego sigue leyendo; momentos después, impresionado por un divertido párrafo intenta de nuevo:

—Lee esto madre, no está largo.

Mamá está siempre sentada en el diván, leyendo, cosiendo, tejiendo o estudiando, eso depende. Cuando se acuerda bruscamente de algo, dice rápidamente:

—Ana, acuérdate Margot, ¿quieres anotar...?

Nuevo silencio. Margot cierra repentinamente su libro, papá frunce el ceño, su arruga de lectura reaparece y vuelve a sumirse en su libro; mamá comienza a platicar con Margot, y yo, por mi parte, escucho, pues soy curiosa. Y papá... ¿qué pensará? Son las nueve, ¡el desayuno!

Tuya.   Ana.

Viernes 10 de septiembre de 1943

Querida Kitty:

Cuando te anuncio un nuevo acontecimiento, se trata casi siempre de algo desagradable. Esta vez ocurre algo maravilloso. La noche del miércoles 8 de septiembre, la transmisión de las siete dio el siguiente anuncio: "He aquí la mejor noticia desde que se inició la guerra; Italia se ha retirado. ¡Italia ha capitulado sin condiciones!" A las ocho y cuarto fue la transmisión de la Holanda de Ultramar: "Holandeses, hace una hora acababa yo de terminar mi crónica diaria, cuando recibí la espléndida noticia de la capitulación de Italia. Puedo asegurarles que nunca he roto mis papelotes con tanto placer". Tocaron "God save the Queen", el himno inglés, y "La Internacional". Como siempre, la Holanda de Ultramar ha sido muy alentadora, aunque sin demostrarse demasiado optimista.

Sin embargo, no todo es miel sobre hojuelas entre nosotros. El señor Koophuis está enfermo. Ya te he dicho cuanto le queremos todos; nunca está del todo bien; sufre mucho, no puede comer demasiado, ni caminar demasiado, y a pesar de todo esto, siempre está de buen humor y demuestra un coraje admirable. Mamá tiene razón al decir: "El sol brilla cuando el señor Koophuis entra en nuestro hogar".

Bueno, acaban de llevarlo al hospital, donde tendrá que soportar una grave operación intestinal. Tendrá que quedarse allí por lo menos un mes. Si hubieras visto de que manera se despidió de nosotros..., como si saliera para dar un paseo. Es la sencillez hecha hombre.

Tuya.   Ana.

Jueves 16 de septiembre de 1943

Querida Kitty:

En el Anexo las cosas van peor cada día. En la mesa nadie quiere ya hablar (salvo para comer), porque la menor palabra corre el riesgo de ser mal interpretada o de molestar a alguien. Me dan todos los días valeriana para calmar los nervios, lo que no impide que al día siguiente me sienta más fastidiada. Conozco un remedio mucho mejor: reír, reír de buena gana; pero casi lo hemos olvidado. Si esto pasa por más tiempo, temo mucho verme con una cara seria, larga y de labios colgantes.

Definitivamente, las cosas no mejoran debido a la aprensión que nos provoca la llegada del invierno. Además, uno de los hombres del almacén, un tal V. M., sospecha sobre el Anexo. No nos debería de preocupar la opinión de V. M., pero es un hombre extremadamente curioso que no se deja engañar fácilmente y, por ende, no inspira ninguna confianza.

Una vez, Kraler, como medida de precaución, dio un enorme rodeo para reunirse con nosotros. Es decir: al diez para la una se ha puesto el abrigo y ha ido a la farmacia de la esquina; cinco minutos después, entró por la otra puerta de entrada para subir a nuestra casa, como si se tratara de un ladrón, por la escalera que da acceso a ella directamente. Quería irse a la una y cuarto, pero al ser interceptado por Elli, fue prevenido de que V. M. se encontraba en la oficina; dio media vuelta y se ha quedado con nosotros hasta la una y media. Entonces, se ha quitado los zapatos y, con ellos en la mano, ha vuelto a bajar por la misma escalera con tal prudencia, que a fuerza de evitar el crujido de los peldaños, ha tardado un cuarto de hora en volver a su escritorio, entrando por la calle.

Mientras tanto, liberada de V. M., Elli ha vuelto a buscar al señor Kraler, quien ya se había ido, realizando nuevamente sus ejercicios acrobáticos por la otra escalera. ¡Un director que baja descalzo y se ve obligado a ponerse los zapatos en la calle! ¿Qué pensaría la gente al verlo?

Tuya.   Ana.

Miércoles 29 de septiembre de 1943

Querida Kitty:

Es el cumpleaños de la señora Van Daan. Le hemos regalado un recipiente con dulces, aparte de tarjetas para queso, carne y pan. Su marido, Dussel y nuestros protectores, también le han dado cosas comestibles, ademas de las flores. En esta época, se hace lo que se puede.

Esta semana, Elli ha estado a punto de sufrir una crisis nerviosa, pues le habían hecho tantos encargos, insistido tan a menudo sobre las cosas urgentes y sobre lo que nos faltaba, además del trabajo acumulado en la oficina, que casi pierde la brújula. Elli reemplazaba a Miep, quien estaba agriada, y a Koophuis, enfermo; y si esto fuera poco, tiene un tobillo lastimado y se siente mal por una pena de amor y por un padre que la regaña por todo. Nosotros la hemos consolado acortando nuestra lista de encargos, si ella nos dijera que le faltaba tiempo.

Por otra parte, noto que hay rencillas entre papá y Van Daan. Por alguna razón Pim está furioso. ¡Nada más esto faltaba! Si por lo menos no estuviera yo tan directamente mezclada a estas escaramuzas. ¡Si tan sólo pudiera irme de aquí! Van a enloquecernos.

Tuya.   Ana.

Domingo 17 de octubre de 1943

Querida Kitty:

Gracias a Dios Koophuis ha regresado. Está todavía muy pálido, pero ya se ha puesto en marcha, lleno de ánimo, encargándose de vender ropas por cuenta de Van Daan. Los Van Daan andan mal económicamente; resulta desagradable, pero es así. La señora tiene abrigos, vestidos y zapatos para revender, pero no quiere deshacerse de nada, mientras que el señor no logra vender un solo traje, ya que pide un precio demasiado elevado. No se sabe en qué terminará todo esto. La señora no tendrá más remedio que decir adiós a su abrigo de pieles. El pleito entre marido y mujer sobre el asunto ha resultado muy violento; en este momento, presenciamos la fase de reconciliación: "querido Putti..." y "Kerli querida..."

La cabeza me da vueltas todavía sólo de pensar en las maldiciones lanzadas en nuestra honorable morada desde hace un mes. Papá no abre la boca. Cuando alguien se dirige a él, se muestra huraño, como si temiera tener que intervenir en un nuevo litigio. Los pómulos de mamá están rojos de emoción. Margot se queja de jaquecas. Dussel, de insomnio. La señora se lamenta todo el día, y yo... yo me vuelvo completamente idiota. Generalmente termino por olvidar con quién habíamos peleado y con quién hemos hecho las paces.

Sólo el estudio me hace olvidar y, debido a esto, me la paso estudiando.

Tuya.   Ana.

Viernes 29 de octubre de 1943

Querida Kitty:

Otro tormentoso pleito entre los señores Van Daan por problemas financieros. Los Van Daan se han comido su dinero, eso ya lo sabes. Hace algún tiempo el señor Koophuis habló de un amigo que trabaja en el comercio de pieles; el señor Van Daan, atando cabos, opinó que debía venderse un abrigo de pieles de su mujer, el cual ha estado con ella durante diecisiete años. Han obtenido por él 325 florines, lo que es un precio enorme. La señora hubiera querido guardarse para ella ese dinero para poder comprar nuevas ropas después de la guerra. Hubo que remover cielo y tierra para que su marido llegara a hacerle comprender que de esa suma había necesidad urgente para el hogar.

No puedes imaginar los alaridos y gritos que daba la señora. Era horrible. Nosotros fuimos al pie de la escalera, aguantando la respiración y preparados para subir a separar a las fieras. Todo eso repercute en el sistema nervioso, causando tal tensión, que durante la noche, cuando me acuesto, lloro y agradezco al cielo tener media hora para mí sola.

El señor Koophuis está de nuevo ausente. Sus males del estómago no lo dejan en paz. Ni siquiera sabe si la hemorragia ha sido bien contenida. Por primera vez le hemos visto deprimido al anunciarnos que se iba a su casa porque no se sentía bien.

Por lo que a mí respecta, la única novedad es que no tengo hambre. Constantemente me dicen: "¡Qué mala cara tiene!". Te confieso que hacen hasta lo imposible para que mi salud no flaquee; me dan dulce de uva, aceite de hígado de bacalao y tabletas de levadura y de calcio.

Mis nervios me juegan malas pasadas; estoy siempre de mal humor. La atmósfera de la casa es deprimente, soñolienta y aplastante, sobre todo los domingos. Afuera no se escucha ningún pájaro cantar, y dentro, un silencio mortal y sofocante planea sobre todos y todas las cosas, pesando sobre mí como si quisiera arrastrarme a un profundo precipicio.

En momentos así, me olvido de Pim, de mamá y Margot. Voy de una habitación a otra, subo y bajo las escaleras, y me da la sensación de ser un pájaro enjaulado, al cual le han arrancado las alas violentamente, y que en la más absoluta penumbra, choca contra los barrotes de su estrecha jaula al querer volar. Oigo una voz dentro de mí que me grita: "¡Quiero salir, quiero aire, quiero reír!". Ni siquiera contesto... Me tiro en uno de los divanes y duermo para cortar el tiempo, el silencio, y la espantosa angustia, ya que es imposible deshacerse de ellas.

Tuya.   Ana.

Miércoles 3 de noviembre de 1943

Querida Kitty:

Papá ha solicitado un programa del Instituto de Enseñanza de Leyden para proporcionarnos un poco de distracción y entretenimiento. Margot hojeó el libro como unas tres veces a pesar que era bastante voluminoso, sin encontrar nada interesante para ella ni para su presupuesto. Papá fue más rápido en decidirse y quiso recibir la instrucción para solicitar una clase de prueba de "Latín elemental". Y ésta no tardó en llegar. Margot se puso a estudiar con muchos ánimos. Para mí es demasiado difícil, aunque me encantaría aprender el latín.

Para que yo también haga algo nuevo, papá ha pedido al señor Koophuis que le consiga una Biblia para niños, a fin de ponerme al corriente del Nuevo Testamento.

—¿Es que quieres regalarle a Ana una Biblia para Jánuca? —preguntó Margot algo consternada.

—Sí..., y pienso que la fiesta de San Nicolás será además la mejor ocasión.

—Yo no veo muy bien a Jesús entre los macabeos.

Tuya.   Ana.

Lunes por la noche, 8 de noviembre de 1943

Querida Kitty:

Si pudieras leer mi pila de cartas una detrás de otra, seguramente te llamarían la atención los distintos estados de ánimo en que fueron escritas. No me gusta depender de mi estado de ánimo, eso me fastidia, pero en el Anexo no soy la única, pues todo el mundo está malhumorado. Cuando leo un libro que me impresiona, tengo que volver a ordenar bien toda mi cabeza antes de encontrarme con los demás si no podrían llegar a pensar que me ocurre algo extraño. De no ser así, ellos me juzgarían una especie de fenómeno. No vas a tardar en darte cuenta que paso en este momento por un periodo de depresión. No sé decirte por qué he caído en tal pesimismo, pero creo que es mi cobardía, con la cual ando siempre luchando.

Esta noche, cuando Elli estaba todavía en nuestra casa, tocaron a la puerta, largo rato y con insistencia. Inmediatamente me puse blanca y sentí cólicos y taquicardia, todo eso por la angustia únicamente.

Por las noches, una vez acostada, me veo en un calabozo, sola, sin mis padres. Voy a la aventura por una carretera, me imagino el Anexo preso de las llamas, ¡siento que vienen a buscarnos a todos durante la noche!

Miep nos dice a menudo que nos envidia por la tranquilidad de que gozamos aquí. Hay quizá en ello algo de verdad, pero Miep olvida nuestras angustias diarias. Ya no concibo siquiera que el mundo pueda volver a ser normal para nosotros. Cuando se me ocurre hablar de la "posguerra" es para mi algo así como un castillo en el aire, algo que nunca podrá ser realidad. Nuestra casa de antes, las amigas, las bromas en la escuela, pienso en todo eso como si yo jamás lo hubiera vivido y solamente fuera producto de mi fantasía.

Nos veo, a los ocho y al Anexo como si fuéramos un trozo de cielo azul rodeado por nubes sombrías y amenazantes. El circulito, este lugar que nos mantiene aún a salvo, se achica constantemente por la presión de las nubes que nos separan todavía del peligro, cada vez más cercano. Las tinieblas y el peligro se estrechan a nuestro alrededor; buscamos un escape y, por la desesperación, chocamos unos contra otros. Todos miramos hacia abajo, allá donde la gente lucha entre sí; todos miramos a lo alto, allí donde sólo reina la calma y la belleza, de las que, sin embargo, nosotros estamos impedidos por la masa de las tinieblas que nos cierran el paso, cual un muro impenetrable que está a punto de aplastarnos, pero que aún no lo logra. Con todas mis fuerzas suplico e imploro: "¡Círculo, círculo, ensánchate y ábrete para que podamos pasar!"

Tuya.   Ana.

Jueves 11 de noviembre de 1943

Querida Kitty:

Tengo el título exacto para este capítulo: "Oda a mi estilográfica. *In memoriam*". La estilográfica ha sido siempre para mí un preciado tesoro; la aprecié mucho, sobre todo por la punta tan gruesa que tiene. La vida de mi estilográfica fue larga y muy interesante; y te la contaré brevemente.

La recibí cuando tenía nueve años. Llegó envuelta en un paquetito postal con la leyenda: "muestra sin valor". Había recorrido su camino: venía de Aix-la-Chapelle, desde donde la mando mi abuela, pues allí reside. Yo estaba en cama con gripe, mientras el viento frío de febrero bramaba alrededor de la casa. La maravillosa estilográfica venía en un estuche de cuero rojo, era la admiración de todas mis amigas. Me sentía orgullosa de mí misma, pues ya poseía una.

A la edad de diez años me permitieron llevarla a la escuela, y la maestra me permitió utilizarla.

A los once años mi tesoro se quedó en casa, pues la maestra de sexto seguía rigurosamente el reglamento de los portaplumas y tinteros de escolar.

A los doce años, en el liceo judío, volví con mi estilográfica a la escuela y entró nuevamente en funciones con tanto más honor y autenticidad cuanto que estaba encerrada en un nuevo estuche con cierre relámpago, que contenía, también, un portaminas.

A los trece años la traje conmigo al Anexo, donde me acompañó a través de un sinnúmero de diarios y otros escritos. El año en que cumplí los catorce, fue el último año en el que mi estilográfica y yo estuvimos juntas.

Era una tarde del viernes, poco después de las cinco, salí de mi cuarto para continuar trabajando en la habitación de mis padres. Ya instalada en la mesa, fui empujada bruscamente por Margot y mi padre que iban a dedicarse a su latín. Dejando mi estilográfica sobre la mesa, utilice el rincón que me dejaban para escoger y limpiar los frijoles, es decir, para eliminar los húmedos y limpiar los buenos.

Al cuarto para las seis recogí todos los deshechos y los tiré en la estufa, envueltos en un periódico. Se produjo una tremenda llamarada, y me puse contenta, porque el fuego se había restablecido. Cuando los "latinistas" terminaron, me senté de nuevo a la mesa para volver a la escritura, pero por más que buscaba la estilográfica no aparecía. Busqué otra vez, Margot también buscó, y mamá, y también papá, y el señor Dussel. Pero la pluma había desaparecido sin dejar rastro.

—Quizá se haya caído en la estufa, con los frijoles —sugirió Margot.

—¡Cómo se te ocurre! —le contesté.

Por la noche, como todavía no encontrábamos mi estilográfica, empecé a creer como todo el mundo que había ardido. La prueba: aquella llama enorme que sólo podía ser provocada por la baquelita. Mi triste suposición se confirmó a la mañana siguiente, cuando papá quito de las cenizas el sujetador de la estilográfica. La punta de oro se había derretido misteriosamente.

—Debe de haberse fundido en una de las piedras refractarias —opinó papá.

Al menos me queda un consuelo, aunque sea pequeño: mi estilográfica ha sido incinerada, tal como quiero que hagan conmigo llegado el momento.

Tuya.   Ana.

Miércoles 17 de noviembre de 1943

Querida Kitty:

Están ocurriendo cosas terribles. Hay epidemia en la casa de Elli; ella está en cuarentena y no podrá venir a nuestra casa durante seis semanas. Es muy molesto, pues está a cargo de nuestro reaprovisionamiento y de nuestros encargos; además, ella nos levanta la moral y la extrañamos terriblemente. Koophuis sigue en cama, y desde hace tres semanas soporta una dieta severa, tomando sólo leche y papillas. Kraler se siente cansado.

Las lecciones de latín por correspondencia de Margot son corregidas por un profesor que parece muy amable y espiritual. No obstante, se siente encantado de tener una alumna tan capaz. Margot le manda sus lecciones firmadas con el nombre de Elli.

Dussel está muy confuso y nadie sabe cuál es la razón. No despega los labios cada vez que nos reunimos en casa de los Van Daan. Todos lo hemos notado, y al cabo de varios días de esta comedia, a mamá le ha parecido oportuno ponerlo en guardia con respecto al carácter de la señora Van Daan, que podría hacerle la vida imposible si él sigue callado.

Dussel dijo que el señor Van Daan había sido el primero en no dirigirle más la palabra; y que no le correspondía a él dar el primer paso.

Quizá no te acuerdes, pero ayer, 16 de noviembre, se cumplió exactamente un año de la entrada de Dussel en el Anexo. Es por esto que regaló a mamá un pequeño arreglo floral, olvidando dar algo a la señora Van Daan.

No obstante, mucho antes de que la fecha llegara, ella le insistió varias veces a Dussel que esperaba de él un pequeño recuerdo.

En lugar de expresar su agradecimiento por la acogida desinteresada que le hemos hecho, guardó un silencio absoluto. En la mañana del 16 le pregunté si debía felicitarlo o presentarle mis condolencias; él me contestó que aceptaba cualquiera de las dos. Mamá quiso atribuirse el hermoso papel de pacificadora sin resultado alguno, y ahora estamos en *statu quo*.

Der Mann hat einen gróssen Geist
Und ist so klein von Taten!

(El hombre es grande en su espíritu y pequeño en sus actos.)

Tuya.   Ana.

Sábado 27 de noviembre de 1943

Querida Kitty:

Anoche, antes de acostarme, tuve una visión: Lies. La frente cubierta de harapos, el rostro enflaquecido y hundido. Sus ojos me miraban fijamente, inmensos, muy tristes y llenos de reproches. Yo podía leer en ellos: "¡Oh Ana! ¿Por qué me has abandonado? ¡Ayúdame, ven a auxiliarme, hazme salir de este infierno, sálvame!".

No puedo ayudarla. Sólo puedo ser espectadora del sufrimiento y de la muerte de los otros, y rogar a Dios que traiga a mi amiga hacia nosotros. No vi más a Lies ni a nadie más, y comprendí que la había juzgado mal, yo era muy pequeña para comprender. Ella estaba encariñada con su nueva amiga, y era como si yo quisiera quitársela. ¡Por lo que ella ha debido pasar! Se lo que es eso, ya que yo misma lo he experimentado.

Antes, como un relámpago, llegaba a mi mente algún recuerdo de su vida, pero rápidamente volvía a caer, egoístamente, en mis propios placeres y vicios. Fui mala. Ella acababa de mirarme con sus ojos suplicantes y su pálido rostro. ¡Ah, qué desamparada está! ¡Si tan siquiera pudiera ayudarla!

¡Ay, Dios mío!, yo aquí lo tengo todo, todo cuanto puedo desear y ella es víctima de una suerte impredecible. Ella era tan piadosa como yo. Ella también quería siempre el bien. ¿Por qué la vida me ha elegido a mí y por qué la muerte la aguarda a ella? ¿Qué diferencia existe entre ella y yo? ¿Por qué estamos tan lejos una de la otra?

En verdad, yo la había olvidado desde hacía meses. Sí, desde hace casi un año. Quizá no completamente, pero nunca se me había aparecido así, en toda su miseria.

Lies, si vives hasta el final de la guerra y vuelves a nosotros, espero acogerte y compensarte un poco del mal que te he causado.

Pero ahora es cuando necesita de mi ayuda y no cuando yo me encuentre en la posibilidad de hacerlo. ¿Pensará todavía en mí? Si así fuera, ¿de qué manera?

¡Dios mío, ayúdala para que al menos no este sola! Oh, si pudieras decirle mi compasión y mi cariño, tal vez encontraría la fuerza para soportar.

Ojalá así sea. Porque no veo otra solución. Sus enormes ojos me persiguen aún, no me abandonan. ¿Habrá encontrado Lies la fe en sí misma, o le habrán enseñado a creer en Dios? No lo sé. Nunca me tomé el trabajo de preguntárselo.

Lies, Lies, si pudiera sacarte de allí; si por lo menos pudiera compartir contigo todo lo que disfruto. Es muy tarde; ya no puedo ayudarla, reparar los errores cometidos para con ella. Pero nunca la olvidaré y rezaré siempre por su suerte.

Tuya.   Ana.

Lunes 6 de diciembre de 1943

Querida Kitty:

Se acerca la fiesta de San Nicolás sin quererlo todos pensamos en la cesta del año pasado; por eso me pareció triste dejar pasar la fiesta este año. Pensé por largo tiempo en algo bonito para divertirnos.

Luego de consultar a Pim, decidimos escribir una composición.

El domingo por la noche, a las 8:15, subimos a la casa de los Van Daan cargando el cesto de la ropa decorado con siluetas y listones azules y rosas, recortados en papel de cera. La parte de arriba del cesto estaba cubierta con un papel color marrón que llevaba una nota pegada. Todos estaban un poco asombrados por el gran tamaño del paquete sorpresa.

Yo desprendí la cartita y leí en voz alta:

PRÓLOGO

De vuelta San Nicolás este año,
ni siquiera el Anexo lo ha olvidado.
¡Ay! Para nosotros no es tan agradable
ni tan divertido como el año pasado.
Entonces, ¡ah!, sí, éramos optimistas
y creíamos firmemente en la victoria.
Pensábamos celebrar este año
una alegre fiesta en toda libertad.
Pero puesto que de aquel día guardamos recuerdo,
y aunque los regalos brillen por su ausencia,
el pueblo entero

puede mirar
en su zapato
y allí encontrar...

Cuando papá levantó el papel del cesto, el contenido de la misma provocó risas interminables. Cada cuál pudo recobrar su zapato, en cuyo interior había un papelito escrito cuidadosamente que decía el nombre y la dirección del propietario.

Tuya.   Ana.

Miércoles 22 de diciembre de 1943

Querida Kitty:

Una fuerte gripa me ha hecho imposible volver a escribirte hasta hoy. Es terrible estar enferma y metida debajo de las sábanas. Cada vez que tenía que toser, me metía bajo las frazadas, tratando de imponer silencio a mi garganta con el resultado de que la irritaba más; había que venir a calmarme con leche y miel, azúcar y pastillas. Cuando pienso en todos los remedios que tuve que soportar, todavía me dan vértigos. Sudaciones, compresas húmedas, cataplasmas en el pecho, bebidas calientes, gargarismos, unturas, cocciones, limones exprimidos, el termómetro cada dos horas e inmovilidad completa.

Me pregunto cómo me he recuperado teniendo que pasar por todo eso. Lo más desagradable era tener sobre mi pecho desnudo la cabeza llena de brillantina de Dussel, dándoselas de médico y queriendo sacar conclusiones de los ruidos de mi pobre tórax. No sólo sus cabellos me cosquilleaban terriblemente, sino que me sentía muy incómoda, aparte del hecho de que hace ya unos treinta años que dejó de ser estudiante y que obtuvo su diploma de médico. ¿Qué venía a hacer ese tipo sobre mi corazón? Él no es de mi agrado, al menos que yo sepa. Yo me pregunto todavía si es capaz de distinguir entre los ruidos normales y los dudosos, porque sus oídos ya le fallan demasiado; me parece que cada vez está más sordo.

Ya he hablado bastante de enfermedades. Se acabó. Me siento mejor que nunca. Crecí un centímetro, aumenté un kilo, estoy pálida y me siento impaciente por reanudar mis estudios.

No tengo ninguna novedad que contarte. Por extraordinario que parezca, todo el mundo se entiende bien en casa, nadie se pelea; no habíamos conocido una paz semejante desde hace por lo menos seis meses. Elli no ha vuelto todavía.

Para Navidad tendremos una ración suplementaria de aceite, de bombones y de dulces confitados. No imaginas lo magnífico que es mi regalo: un cepillo hecho con monedas de cobre, brillante como el oro, en fin, magnífico. El señor Dussel ha regalado a mamá y a la señora Van Daan un hermoso pastel, para cuya preparación comisionó a Miep. Pobre Miep, le tengo una pequeña sorpresa, al igual que a Elli. Le he pedido al señor Koophuis que preparara pastelitos de mazapán con el azúcar de mi avena matinal, que he ido economizando durante dos meses.

No hace frío. Pero este tiempo me hace floja. La estufa apesta. Lo que comemos nos cae muy pesado a todos provocando "detonaciones" por todas partes. Las mismas noticias por la radio.

Tuya.   Ana.

Viernes 24 de diciembre de 1943

Querida Kitty:

Ya te he dicho cuánto la atmósfera del Anexo depende de nuestro humor personal. Cada quien regaña, y juzgo que en mi caso eso se convierte en una enfermedad crónica que cobra proporciones inquietantes.

Himmeihoch jauhzend und zum Tode betürbt (Alegría celestial y tristeza mortal). Esto es lo que me describe. Me siento consciente de la "alegría celestial" al pensar en todo lo que nos ha pasado aquí, y al hecho de huir al destino desdichado de los otros niños judíos, y la "tristeza mortal" me llena muy seguido, como por ejemplo hoy, a raíz de la visita de la señora Koophuis, que nos platicaba sobre su hija Corry; ella va a remar con unos amigos, participa en actividades de un teatro de aficionados, ensayan comedias, se reúnen en el club de hockey, realmente no estoy celosa de ella, pero al escuchar hablar de su vida, mi deseo de divertirme se vuelve tan fuerte, que hasta me duele el estómago. Sobre todo, ahora, durante las vacaciones de Navidad. Es horrible estar encerrados entre cuatro paredes... Tal vez esté mal hablar de eso; al parecer soy ingrata, y sin duda tal vez exagero. Sea lo que sea lo que pienses, no soy capaz de reservarme todo esto para mí, y vuelvo a lo que ya te dije desde el principio: "el papel es paciente".

Cuando una persona de afuera entra en casa, con la frescura del viento en su ropa y el frío en su rostro, quisiera meter mi cabeza debajo de las sábanas para no pensar en esto: "¿Cuándo podremos respirar el aire fresco?", y como no puedo esconder la cabeza, sino al contrario, me veo obligada a mantenerla alta y derecha, los pensamientos regresan y regresan sin parar. Créeme: después de estar año y medio enclaustrada, hay momentos en que ya no aguanto más. Sea cual sea mi sentido de la justicia y de la gratitud, no me es posible pensar en otra cosa. Pasear en bicicleta, ir a bailar, poder silbar, mirar a la gente, sentirme joven y libre: tengo sed y hambre de todo eso, y debo esforzarme para disimularlo. Imagínate que los ocho empezáramos a quejarnos y a poner mala cara, ¿qué sucedería?, a veces me hago esta pregunta: "¿Existe alguien capaz de comprenderme en el mundo, que pueda olvidar que soy judía, y que se de cuenta de que lo único que quiero es divertirme, divertirme y divertirme?". No lo sé, y creo que no podría hablar con nadie de eso; porque si así fuera, me pondría a llorar. Sin embargo, sé que llorar alivia en ocasiones.

A pesar de mis teorías y de lo que me atormenta, la madre que yo imagino y que espero que me comprenda, me hace más falta día a día. Todo cuanto escribo, todo cuanto pienso, está dedicado a la esperanza de llegar a ser en un futuro no muy lejano para mis hijos, la "mamsie" cuya imagen me he forjado. Una madre que tome en serio todo lo que le digan sus hijos. Sé que esa palabra me pertenece. Sin saber el por qué, me parece que lo expresa todo. A fin de acercarme a mi ideal, he pensado en llamar a mamá "Mammis", para no decir "mamsie". Ella es esa figura incompleta. ¡Cuánto me gustaría llamarla así! Y sé también que ella ignora todo esto, afortunadamente, ya que me apenaría demasiado.

Tuya.   Ana.

Sábado 25 de diciembre de 1943

Querida Kitty:

El día de hoy es Navidad. Me recuerda muy particularmente la historia de un amor de juventud que papá me contó el año pasado por estas mismas fechas. Entonces no entendía como ahora el sentido de sus palabras. Cómo me gustaría que volviera a platicarme eso, al menos, podría probarle mi cariño.

Pim debió contarlo por necesidad de confiárselo a alguien, aunque sólo fuera por una sola vez; él, el confidente de tantos "secretos del corazón", porque nunca habla realmente de él mismo. No creo que Margot imagine todo lo que Pim ha sufrido. ¡Pobre Pim!, jamás podré creerle que todo lo haya olvidado ya, porque sé que no olvidará jamás. Se ha vuelto tolerante. Creo que en un futuro seré un poco como él, sin tener que pasar por todo eso.

Tuya.   Ana.

Lunes 27 de diciembre de 1943

Querida Kitty:

El viernes por la noche, nosotros, los judíos, festejamos la Navidad por primera vez. Miep, Elli, Koophius y Kraler nos prepararon una deliciosa sorpresa. Miep nos hizo un pastel de Navidad que decía: "Paz 1944". Elli nos regaló una libra de galletas con calidad de preguerra. Para Peter, Margot y para mí, un tarro de yogur, y para los mayores, a cada uno, una botella de cerveza. Todo estaba muy bien envuelto, con una imagen en cada paquetito. Aparte de eso, los días de Navidad han transcurrido sin nada de especial.

Tuya.   Ana.

Miércoles 29 de diciembre de 1943

Querida Kitty:

Anoche me sentí nuevamente triste. Recordé de nuevo a mi abuela y a Lies. La abuelita, qué buena y dulce era. Nosotros ignorábamos que padecía de una enfermedad muy grave que mantuvo en secreto hasta el final.

Ella nunca hubiera dejado que nos derrumbáramos. Yo podía hacer cualquier cosa, ser insoportable, y mi abuelita siempre me disculpaba.

Abuelita, ¿me quisiste sin comprenderme tú tampoco? No lo sé. Nadie iba nunca a platicar con ella. ¡Qué sola debía sentirse!, a pesar del cariño de todos nosotros. Hay quien puede sentir la soledad, aunque esté rodeado de afectos. Y, ¿Lies? ¿Vive aún? ¿Qué hace? ¡Oh, Dios, protégela y devuélvenosla! Lies, tú me haces ver lo que hubiera podido ser mi suerte; constantemente me pongo en tu lugar. ¿Por qué, entonces, tomar tan en serio lo que sucede en casa? No debería estar contenta, dichosa y satisfecha, salvo cuando pienso en ella y en sus semejantes.

Yo soy una egoísta y una cobarde. ¿Por qué afligirme y pensar siempre en las peores desgracias hasta gritar de miedo? Porque mi fe, a pesar de todo, no es bastante fuerte. Dios me ha dado más de lo que merezco, y sin embargo, cada día sigo acumulando culpas.

Cuando se piensa en el prójimo, es como para llorar todo el día. Sólo resta pedir a Dios para que haga un milagro y salve todavía algunas vidas. Espero que escuche mis plegarias.

Tuya.   Ana.

Domingo 2 de enero de 1944

Querida Kitty:

Esta mañana, al leer mi Diario, me he detenido en algunas cartas que hablaban de mamá y me han aterrado por las palabras duras que utilicé contra ella. Me he preguntado: "Ana, ¿viene verdaderamente de ti ese odio? ¡Oh, Ana, deberías sentir vergüenza!".

Perpleja, con una de las páginas en la mano, he tratado de descubrir las razones de esta ira y de esta especie de odio que se habían apoderado de mí al punto de confiártelo todo. Porque mi conciencia no se calmará hasta que haya aclarado contigo estas acusaciones. Olvidemos un momento cómo llegué a eso.

Sufro, y he sufrido siempre de una especie de mal moral; es algo así como si, habiendo mantenido mi cabeza bajo el agua, viera yo las cosas, no tal como son, sino deformadas por una óptica subjetiva; cuando estoy en ese estado no soy capaz de reflexionar sobre las palabras de mi adversario, lo que me permitiría actuar en armonía con aquel a quien he ofendido o apenado por mi carácter demasiado vivo. Me escondo entonces en mí misma, sólo veo mi yo, y derramo sobre el papel mis alegrías, mis burlas y mis pesares, sin pensar más que en mi propia persona. Este Diario tiene mucho valor para mí porque forma parte de mis memorias; sin embargo, en muchas páginas yo podría añadir: "Pasado".

Yo estaba furiosa contra mamá, y a veces sigo estándolo. Ella no me ha comprendido, es verdad; pero yo, por mi parte, tampoco la he comprendido a ella. Como me quería de veras, me demostraba su ternura; pero como yo la colocaba muy seguido en situaciones desagradables y, además, las tristes circunstancias la habían puesto nerviosa e irritable, ella me regañaba..., lo que al fin y al cabo era comprensible.

Lo tomé demasiado en serio al sentirme ofendida, al ponerme insolente y ser grosera con ella, lo que no podía menos que apesadumbrarla. En el fondo sólo hay malentendidos y desacuerdos de una parte y de la otra. Nos hemos envenenado la una a la otra. Pero eso pasará.

Yo he sido incapaz de admitirlo, y me he apiadado de mí misma, lo que es igualmente comprensible. Cuando se tiene un temperamento tan vivo como el mío surge la ira tras el enojo. Antes de mi vida enclaustrada, esta ira se traducía en algunas palabras vehementes, en algunos golpecitos de pie a espaldas de mamá y me sentía calmada.

Esta época, en la que fríamente yo podía formular un juicio sobre mamá en una crisis de lágrimas, ha sido bien superada. Me he vuelto más razonable, y asimismo mamá está un poco menos nerviosa. Cuando ella me molesta, casi siempre me callo, y ella hace otro tanto; por eso marchamos mejor aparentemente. Me es imposible sentir por mi madre el amor apegado de una hija. Me falta este sentimiento.

Adormezco mi conciencia, bien que mal, con la idea de que el papel es menos sensible que mamá; porque ella, fatalmente, llevaría mis insultos en su corazón.

Tuya.   Ana.

Miércoles 5 de enero de 1944

Querida Kitty:

Hoy voy a contarte dos cosas. Ello va a ser largo. Pero es absolutamente necesario que yo se las cuente a alguien, y nadie más que tú puede guardar el silencio pase lo que pase.

Primero, se trata de mamá. Me he quejado mucho de ella, aún ahora hago cuanto puedo por ser amable con ella. De repente, acabo de descubrir lo que le falta. Mamá nos ha dicho que nos considera como amigas suyas más que como hijas. Es muy bonito, no digo que no; sin embargo, una amiga no puede reemplazar a una madre. Yo necesito sentir por mi madre el respeto que inspira una especie de ideal.

Algo me dice que Margot no piensa en absoluto como yo, y que nunca comprendería lo que acabo de decirte. Por lo que toca a papá, evita toda conversación concerniente a mamá.

Creo que una madre debe ser una mujer cuya primera cualidad es el tacto, sobre todo frente a hijas de nuestra edad, y que no haga lo que mamá, que se burla de mí cuando lloro, no por dolor físico, sino por otra cosa.

Hay una cosa, quizá insignificante, pero que nunca le he perdonado. Hace mucho tiempo, antes de venir al Anexo, tuve un día que ir al dentista. Mamá y Margot me acompañaron y me dieron permiso para llevar la bicicleta. Al salir del dentista, mamá y Margot me dijeron que iban al centro para ver o comprar algo, ya no recuerdo exactamente. Yo quise seguirlas, pero me despidieron porque iba en bicicleta. Me sentí tan furiosa que las lágrimas me subieron a los ojos, lo que las hizo soltar la carcajada. Entonces, yo lo vi todo rojo y les saqué la lengua, así, en plena calle. Una anciana que pasaba por allí en ese instante parecía asustada. Regresé a casa y debí llorar largo rato. Es curioso, pero la herida que mamá me causó en aquel momento me sigue doliendo todavía cuando lo pienso.

Va a ser difícil hablarte de la segunda cosa, porque se trata de mí misma.

Ayer leí un artículo de la doctora Sis Heyster que hablaba de la manía de ruborizarse. Este artículo parece dirigirse a mí. Aunque yo no enrojezco tan fácilmente, me parece que las otras cosas de que habla se aplican perfectamente a mí. He aquí, más o menos lo que escribe: una muchacha, durante los años de adolescencia, se repliega en sí misma y empieza a reflexionar sobre los milagros que se producen en su cuerpo.

Yo también noto esta sensación; por eso, últimamente, me parece estar cohibida delante de Margot y de mis padres. En cambio, aunque sea más tímida que yo, Margot no demuestra la menor inhibición.

Lo que me sucede me parece maravilloso; no sólo las transformaciones visibles de mi cuerpo, sino lo que se verifica en mi interior. Aun cuàndo yo nunca hable a nadie de mí misma, ni de todas estas cosas, pienso en ellas y las refiero aquí.

Cada vez que estoy enferma —sólo me ha pasado tres veces—, tengo la sensación de llevar un secreto muy tierno a diferencia del dolor, de la laxitud y de la suciedad; es porque, a pesar de los pequeños fastidios de estos pocos días, me regocijo en cierto modo desde el momento en que voy a sentir ese secreto una vez más.

Sis Heyster escribe también en su artículo que las muchachas de esta edad no están muy seguras de sí mismas pero no tardan en reconocerse mujeres, con sus ideas, sus pensamientos y sus hábitos personales. En lo que a mí respecta, como me encuentro aquí desde mis trece años, he comenzado a reflexionar sobre mí misma mucho antes que las otras muchachas, y me he dado cuenta antes que ellas de la "independencia" individual. Por la noche, en la cama, siento a veces una necesidad inexplicable de tocarme los senos, sintiendo entonces la calma de los latidos regulares y seguros de mi corazón.

Inconscientemente, tuve sensaciones semejantes mucho antes de venir aquí, porque recuerdo que, al pasar la noche en casa de una amiga, tuve la irresistible necesidad de besarla, lo que desde luego hice. Cada vez que veo la imagen de una mujer desnuda, como, por ejemplo, Venus, me quedo extasiada. Encuentro eso tan maravillosamente bello que me era difícil retener las lágrimas.

¡Si al menos tuviera una amiga!

Tuya.   Ana.

Jueves 6 de enero de 1944

Querida Kitty:

Como mi sueño de hablar en verdad con alguien mayor y más fuerte se me ha ocurrido elegir a Peter como víctima.

Más de una vez he entrado en su habitación. Lo encuentro muy simpático, sobre todo a la luz de la lámpara eléctrica. Peter, por huraño que sea, nunca echaría a nadie que fuera a molestarle; no obstante, no me quedé mucho tiempo por temor a que me juzgara fastidiosa. Buscaba un pretexto para quedarme a su lado y platicar, y ayer aproveché una buena ocasión. Se ha apoderado de Peter una verdadera pasión por las palabras cruzadas, y se pasa en eso todo el día. Me puse a ayudarle y rápidamente nos encontramos el uno enfrente del otro en su mesita, él en la silla, yo en el diván.

Resultaba raro. Yo no tenía más que mirar sus ojos negroazulados y su sonrisa misteriosa en la comisura de los labios... Eso me dejaba pensativa. Pude leer en su rostro su vergüenza, su falta de aplomo y, al mismo tiempo, una sombra de certidumbre de saberse hombre. Al ver sus torpes movimientos, algo se estremeció en mí. No pude dejar de ver sus ojos oscuros, de cruzar nuestras miradas una y otra vez, suplicándole con las mías, de todo corazón: "¡Oh!, ¿no quieres dejar ese inútil parloteo y decirme lo que te sucede?".

Pero la velada pasó sin nada de especial, salvo que yo le hablé de esa manía de sonrojarse, no con las palabras que empleo aquí, evidentemente, sino diciéndole que con el tiempo cobraría aplomo rápidamente.

Durante la noche, en la cama, esta situación me pareció muy poco regocijante, y francamente detestable la idea de implorar los favores de Peter. ¿Qué no haría yo por satisfacer mis deseos? Como prueba está mi propósito de ir a ver a Peter más a menudo y hacerle hablar.

Pero no hay que pensar que yo esté enamorada de Peter. Nada de eso. Si los Van Daan hubieran tenido una hija en lugar de un hijo, igualmente habría tratado de buscar su amistad.

Esta mañana al despertarme, como a las siete menos cinco, sabía en seguida lo que yo había soñado. Estaba sentada en una silla, y enfrente de mí, Peter... Wessel; hojeábamos un libro con ilustraciones de Mary Bos. Mi sueño fue tan claro, que me acuerdo todavía, parcialmente, de las ilustraciones. Pero el sueño no había terminado. Súbitamente, la mirada de Peter se cruzó con la mía, y yo me hundí largamente en sus hermosos ojos de un castaño aterciopelado. Luego Peter dijo muy dulcemente: "¡De haberlo sabido, hace mucho tiempo que habría acudido a ti!". Bruscamente me volví, porque no podía ya dominar mi excitación. En seguida sentí una mejilla contra la mía; una mejilla muy suave, fresca y bienhechora... Era delicioso, infinitamente delicioso...

En ese momento me desperté. Su mejilla estaba aún contra la mía, y seguía sintiendo sus ojos morenos que miraban hasta el fondo de mi corazón, tan profundamente que él podía leer en ellos cuánto le había amado y cuánto le amo todavía. Mis ojos se llenaron de lágrimas ante la idea de haberle perdido de nuevo, pero al mismo tiempo me emocionó la certidumbre de que aquel Peter sigue siendo mi predilecto y lo será por siempre.

Es curioso notar cuántas imágenes concretas me invaden durante el sueño. Una vez vi a Meme (mi otra abuela) tan claramente ante mí, que pude distinguir en su piel las gruesas arrugas aterciopeladas. En seguida se me apareció mi abuelita, como ángel guardián; detrás de ella, Lies, que representa para mí el símbolo de la miseria de todas mis amigas y de todos los judíos. Cuando rezo por ella, ruego por todos los judíos y por todos los desamparados. ¡Y ahora, Peter, mi querido Peter! Nunca antes se me había aparecido tan claramente. Le he visto ante mí. No necesito fotografía. Le veo. ¡No puedo verle mejor!

Tuya.

Ana.

Viernes 7 de enero de 1944

Querida Kitty:

¡Qué tonta soy! He olvidado por completo contarte las historias de mis otros admiradores.

Cuando yo era muy pequeña —eso data del jardín de niños—, le tomé cariño a Karel Samson. Ya no tenía padre y vivía con su madre en casa de una tía. Robby, el primo de Karel, hermoso muchachito de cabellos negros y muy delgado, siempre llamaba mucho más la atención que aquel extraño Karel, grueso y redondo. Yo no prestaba atención a la belleza, y durante años quise mucho a Karel.

Jugábamos siempre juntos, pero fuera de eso, mi amor no encontró reciprocidad. En seguida, Peter Wessel apareció en mi camino, y se formó para mí el verdadero entusiasmo, un entusiasmo de niña. Él también me encontraba simpática, y durante todo el verano, fuimos inseparables. Cuando pienso en ello, veo cómo atravesábamos las calles, de la mano, él con su traje de algodón blanco, yo con vestido estival muy corto. Al término de las vacaciones largas, cuando regresábamos a las clases, él estaba ya en cuarto y yo todavía con los pequeños. Venía a buscarme a la escuela, o bien yo iba a buscarle a la suya. Peter Wessel era la imagen misma de la belleza, alto, delgado, con un rostro serio, calmo e inteligente. Tenía cabellos negros y ojos castaños preciosos, tez mate, mejillas tersas y nariz puntiaguda. Me enloquecía su risa, que le daba un aspecto audaz de chico travieso. Después me fui al campo para las vacaciones. Mientras tanto, Peter se había mudado con un compañero mucho mayor que él. Éste, sin duda alguna, le hizo notar que yo era todavía una mocosa. El resultado, Peter me dejó. Yo le amaba a tal punto, que no podía resignarme y no me olvidaba de él; hasta el día en que comprendí que, si me empecinaba así por más tiempo, me tomarían por una buscona. Pasaron los años. Peter tenía amigas de su edad, y ya no se tomaba el trabajo de saludarme; pero yo era incapaz de olvidarlo. En el liceo judío, muchos muchachos de mi clase se habían enamorado de mí; yo me sentía encantada, halagada, pero eso no me causaba la mínima impresión. Luego fue Harry quien se metió en mi corazón, más seriamente, pero, como ya lo he dicho, nunca más volví a enamorarme.

Dice un proverbio que las heridas se curan con el tiempo, y así era conmigo. Yo creía haber olvidado a Peter Wessel pensando que ya no me impresionaba. Sin embargo, su recuerdo estaba tan fuerte en mí, en mi subconsciente, que a veces me confesaba celosa de sus otras amigas, y por esta razón ya no le encontraba tan atractivo. Esta mañana he comprendido que nada había cambiado entre nosotros; por el contrario, mi amor por él había crecido y madurado conmigo. Ahora veo bien que Peter me catalogaba demasiado niña para él; pero eso no me impedía sufrir por su olvido total. Desde que su rostro se me ha aparecido tan claramente, tengo la certeza de que nadie podría nunca adentrarse tan profundamente en mi corazón.

Me siento muy turbada por ese sueño. Cuándo papá me besó esta mañana, hubiera querido gritarle: "¡Oh, si tú fueras Peter!". No puedo hacer nada sin pensar en él; todo el día no paro de repetirme: "¡Peter! ¡Querido Peter!...".

¿Quién podrá ayudarme? No me queda más que seguir la vida de todos los días y rogar a Dios para que, si alguna vez salgo de aquí, Él ponga de nuevo a Peter en mi camino, a fin de que al leer en mis ojos mis sentimientos diga: "¡Oh, Ana! ¡Si yo lo hubiera sabido, hace mucho tiempo que habría acudido a ti!".

Al verme al espejo me he encontrado completamente cambiada. Veo mis ojos claros y profundos, mis mejillas teñidas de rosa —lo que no me sucedía desde hace muchas semanas—, y mi boca parece también más dulce. Parezco dichosa y, sin embargo, no sé qué hay de triste en mi expresión que ha hecho desaparecer súbitamente la sonrisa de mis labios. No puedo ser feliz porque debo decirme que estoy lejos de los pensamientos de Peter Wessel. No obstante, sigo viendo sus hermosos ojos que me miran, y siento todavía su mejilla fresca contra la mía.

¡Peter, Peter! ¿Cómo apartarme nuevamente de tu imagen? ¿Quién que ocupe tu lugar, podría dejar de ser más que un vil suplente? Te amo. Con un amor incapaz de crecer más en mi corazón. Es tan fuerte que necesita expandirse y revelarse en mí de un solo golpe en toda su magnitud.

Hace una semana, ayer mismo, si me hubieran preguntado cuál de mis amigos sería para mí el mejor marido, hubiera contestado: "No lo sé"; mientras que ahora lo gritaría al cielo: "¡Peter Wessel! Porque le amo de todo corazón, con toda mi alma. ¡Y me entrego completamente a él!" Con una sola reserva: que sólo toque mi cara.

Una vez, hablando de la sexualidad, papá me dijo que yo no podía comprender aún el deseo, cuando a mí me parecía haberlo comprendido siempre. Ahora lo comprendo perfectamente. Nada me sería tan querido como él, mi Peter.

Tuya.

Ana.

Miércoles 12 de enero de 1944

Querida Kitty:

Elli regresó hace quince días. Miep y Henk, por haber comido algo, han tenido durante dos días fuertes dolores de estómago que no les daban tregua. En este momento, yo tengo la locura de la danza clásica y ensayo seriamente mis pasos todas las noches. Con una combinación azul cielo con puntillas, que pertenecía a mamá, me he fabricado una túnica de danza ultra moderna. Una cinta estrecha alforzada en lo alto la cierra por encima del pecho, y en el talle otra cinta más ancha y rosa completa el efecto. He tratado en vano de transformar mis zapatillas de gimnasia en escarpines de bailarina. Mis pies adormecidos empiezan a soltarse exactamente como antes. Uno de los ejercicios es formidable, sentada en el suelo, tomo un talón en cada mano, y se trata de levantar al aire las dos piernas sin doblar las rodillas. Hago un poco de trampa utilizando un almohadón como apoyo para no maltratar demasiado mi pobre traserito.

El libro más reciente leído por los mayores es *Ochtend zonder Wolken* ("Tarde sin nubes"). Mamá lo ha encontrado extraordinario; en él se habla mucho de los problemas de la juventud. Yo me he dicho a mí misma, bastante irónicamente: ¡Trata primero de comprender un poco a la juventud que tienes a tu alrededor!".

Pienso que mamá se forja ilusiones sobre las relaciones con nuestros padres; se imagina que se ocupa constantemente de la vida de sus hijas y se cree única en su género. En todo caso, eso sólo puede referirse a Margot, pues creo que mamá nunca ha pensado en los problemas ni en los pensamientos que me preocupan. No tengo el menor deseo de hacerle ver a mamá que uno de sus retoños es extrañamente diferente a la imagen que ella se forja de él, pues se sentiría consternada y, desde luego, no sabría obrar de otra manera; por consiguiente, prefiero ahorrarle el pesar que ello le causaría, tanto más que para mí en nada cambiaría la situación.

Mamá se da cuenta de que yo la quiero menos de lo que la quiere Margot, pero imagina que eso no es más que por periodos. Margot se ha vuelto tan amable que la desconozco; ya no enseña las uñas tan seguido y nos hemos hecho muy amigas. Ha dejado de tratarme como a una chiquilla insignificante.

Parecerá extraño, pero en ocasiones me miro como si viera con otros ojos diferentes a los míos. Entonces, bien a mis anchas, examino las cuestiones de una cierta "Ana"; recorro las páginas de mi vida en mi Diario, como si se tratara de una desconocida. Antes, en nuestra casa, cuando no reflexionaba tanto, a veces tenía la sensación de no formar parte de nosotros cuatro e imaginaba que crecía como el pato salvaje. Durante cierto tiempo, interpreté también el papel de huérfana, o me castigaba con mis propios reproches diciéndome que nadie tenía la culpa si yo quería hacerme la víctima cuando todo el mundo era tan bueno conmigo. Era un capricho tras otro, obligándome a ser amable por la mañana. Al oír pasos en la escalera, esperaba ver entrar a mamá para darme los buenos días; yo era cariñosa con ella, pero también porque me sentía feliz de verla tan amable conmigo. Luego, bastaba una de sus observaciones un poco ásperas para que yo me fuera a la escuela toda desalentada. Al regreso, la disculpaba, diciéndome que podía tener preocupaciones; llegaba, pues, a casa muy alegre, hablaba mucho, hasta que la misma cosa se repetía y volvía a retirarme, pensativa, con mis libros. Una vez más regresaba con la firme intención de enfurruñarme, lo que olvidaba en seguida, tantas eran las novedades que tenía que contar; ellas estaban dirigidas evidentemente a mamá, que, en mi opinión, debía estar siempre dispuesta a escucharme en cualquier circunstancia. En el colmo de los caprichos, yo no escuchaba los pasos por la mañana, me sentía sola y mojaba la almohada con mis lágrimas.

Aquí, las cosas han empeorado. En fin, tú lo sabes. En estas dificultades, Dios me ha socorrido enviándome a Peter...

Juego un momento con mi medallón, lo beso y pienso: "Me río de todo. Peter me pertenece y nadie se ha dado cuenta". Así puedo vencer cualquier problema. ¿Quién puede imaginar lo que sucede en el alma de una escolar?

Tuya. 　　　　　　　　　　　　　　　　　　　　　　Ana.

Sábado 15 de enero de 1944

Querida Kitty:

No tiene sentido alguno repetirte paso a paso nuestras disputas y querellas con lujo de detalles. Para terminar con ello, digamos que hemos compartido con los otros nuestros productos grasos, nuestra manteca y nuestra carne; hacemos freír nuestras papas fuera de la cocina común. Desde hace algún tiempo, nos damos un pequeño suplemento de pan negro, ya que a partir de las cuatro de la tarde empezamos a sentirnos obsesionados por la hora de la cena, haciendo ruidos muy extraños con nuestros estómagos.

El cumpleaños de mamá se acerca rápidamente. Kraler ha traído azúcar, despertando los celos en los Van Daan, pues la señora se la vio pasar por debajo de la nariz el día de su propio cumpleaños. Nuevas peleas, crisis de lágrimas y diálogos ásperos. ¡Bah! De nada vale que te moleste con todo eso. Lo que puedo decirte, Kitty, es que ellos nos fastidian cada vez más. Mamá ha jurado abstenerse de ver a los Van Daan durante quince días (cosa irrealizable, creo).

No dejo de preguntarme si el vivir con otras personas, en la misma casa, sean quienes fueren, lleva irremediablemente a las disputas. ¿O será que, en nuestro caso, hemos tenido mala suerte? ¿Es mezquina y egoísta la mayoría de la gente? Quizá esté aquí para adquirir un cierto conocimiento de la gente, pero empiezo a cansarme. Ni nuestros pleitos, ni nuestras ganas de aire y de libertad harán detener la guerra, por eso estamos obligados a sacar de nuestra permanencia aquí el mejor partido y hacerla soportable. Me pregunto por qué me pongo a pontificar; si permanezco aquí más, corro también el peligro de transformarme en una seca solterona. ¡Y tengo tantos deseos de aprovechar todavía mis años de escolar!

Tuya.   Ana.

Sábado 22 de enero de 1944

Querida Kitty:

¿Podrías decirme por qué la gente oculta tan celosamente todo lo que sucede dentro de ellos? ¿Cómo es posible que en compañía de los demás sea totalmente diferente a lo que debería ser? ¿Por qué desconfían unos de otros? Debe existir una razón, no lo dudo, pero cuando noto que nadie, ni siquiera mi familia, responde a mi deseo de confianza, me siento desdichada.

Me parece haber envejecido desde la noche de mi sueño memorable; me siento más que nunca "un personaje independiente". Te sorprenderá mucho cuando te diga que hasta a los Van Daan los miro con otros ojos. Ya no comparto la idea preconcebida de los míos en lo que concierne a nuestras discusiones.

¿Cómo pude haber cambiado tanto? Ya ves, se me ha ocurrido pensar que si mamá no hubiera sido lo que ella es, si hubiese sido una verdadera Mamsie, nuestras relaciones habrían sido completamente diferentes. Desde luego, la señora Van Daan no es fina ni inteligente, pero me parece que si mamá fuera mas dúctil, si demostrara más tacto en las conversaciones espinosas, más de un problema hubiera sido evitado.

La señora Van Daan tiene una gran cualidad: ser sensible al razonamiento. A pesar de su egoísmo, de su avaricia y de sus habladurías, se puede inducirla fácilmente a ceder, si se sabe tomarla, evitando ponerla nerviosa o provocar su rebeldía. No se consigue tal vez siempre al primer intento, pero se trata de tener paciencia o de volver a empezar varias veces, de ser necesario, para obtener un progreso.

Todos nuestros problemas sobre la educación, las historias de "niños demasiado mimados", la alimentación, todo eso hubiera tomado un camino muy distinto si hubiésemos hablado de ello amistosamente y con franqueza, y si no nos hubiéramos limitado a ver tan sólo el lado malo de los demás.

Yo sé exactamente lo que vas a decir, Kitty: "Pero, Ana ¿eres tú quien habla? Tú, que te has visto obligada a soportar tantas cosas de esa gente, duras palabras, injusticias, etcétera". Así es, soy yo quien habla así.

Quiero profundizarlo todo, y no como un perico. Voy a estudiar a los Van Daan a mi manera para ver lo que hay de justo y de exagerado en nuestra opinión. Si personalmente me siento defraudada, me pondré del lado de papá y mamá; si no, intentaré hacerles ver en dónde está su error y, en caso de fracasar, tendré el valor de mi propia opinión y de mi propio juicio. Aprovecharé cada ocasión de discutir nuestras diferencias francamente con la señora y de hacerle ver mis ideas imparciales, corriendo riesgo de que me tache de impertinente.

Quizá fuera injusto que yo me pusiera contra mi propia familia, pero, en lo que me concierne, los chismorreos pertenecen al pasado a partir de hoy.

Hasta hoy había creído que sólo los Van Daan eran responsables de todas nuestras disputas. Pero también nosotros tenemos algo que ver en eso. Al principio, nosotros siempre teníamos razón, pero las personas inteligentes (entre las que nosotros nos contamos), están obligadas a dar pruebas de su perspicacia y de su tacto frente a los demás. Creo poseer una poca de esa perspicacia y encontrar la ocasión para aplicarla.

Tuya.   Ana.

Lunes 24 de enero de 1944

Querida Kitty:

Me ha ocurrido (aunque no es la palabra correcta) una cosa muy extraña en mi opinión.

Antes, tanto en casa como en la escuela, se hablaba del sexo, a veces con misterio, a veces con vergüenza. Las referencias sobre el particular se hacían únicamente hablando en voz baja, y quien se mostrara ignorante, a menudo se reían de él. Yo juzgaba eso estúpido y pensaba: "¿Por qué hablan de esas cosas con tanto misterio? Es ridículo". Pero como no tenía remedio, me callaba todo lo posible o trataba de ser ilustrada por mis amigas.

Ya enterada de muchas cosas, hablé también de ello con mis padres. Mamá me dijo un día: "Ana, te voy a dar un consejo. No hables nunca de este tema con muchachos. Si son ellos los que empiezan a hablarte de ello, no respondas". Recuerdo todavía mi respuesta: "Claro que no, faltaba más".

Y ahí quedó todo.

Al principio de nuestra estancia en el Anexo, papá a menudo dejaba escapar detalles que yo hubiera preferido saber por mamá, y extendí mi conocimiento gracias a los libros y a las conversaciones a mi alrededor. Sobre el particular, casi como excepción, Peter Van Daan nunca ha sido tan fastidioso como los compañeros de clase.

Su madre nos platicó una vez que ni ella ni su marido han hablado nunca de esas cosas frente a Peter. Aparentemente, ella ignoraba hasta qué punto su hijo estaba informado.

Ayer, cuando Margot, Peter y yo pelábamos las papas, platicábamos como de costumbre, y al hablar de Mouschi, pregunté:

—Seguimos sin saber si Mouschi es un gato o una gata, ¿verdad?

—Sí, —contestó él—, es un gato.

Me eché a reír, diciéndole:

—¡Un lindo gato que espera gatitos!

Peter y Margot también se rieron. El equívoco era demasiado extraño: Peter había hecho notar, hace dos meses, que Mouschi tendría gatitos en poco tiempo: su vientre aumentaba notablemente. El grosor, sin embargo, provenía de muchas rapiñas, y los gatitos no parecían crecer, y mucho menos nacer.

Peter quiso defenderse de mis acusaciones, y dijo:

—Nada de eso. Si quieres puedes venir a comprobarlo tú misma. Mientras jugaba con él el otro día vi bien que es un gato.

No pude contener mi gran curiosidad, le acompañé al almacén, pero a Mouschi no se le veía por ninguna parte. Esperamos un momento: luego como teníamos frío volvimos arriba. Después, por la tarde, escuché que Peter bajaba de nuevo. Llenándome de valor para atravesar sola la casa silenciosa llegue al almacén. Sobre la mesa de embalaje, Mouschi jugaba con Peter que acababa de ponerlo sobre la balanza para controlar su peso.

—¡Hola! ¿Quieres verlo?

Sin hablar más, levantó con destreza al animal, tomándolo por las patas y la cabeza, y manteniéndolo boca arriba comenzó la lección:

—Este es el genital masculino, estos son unos pelitos sueltos y ese es su trasero.

El gato volvió a darse la vuelta y se quedó apoyado en sus cuatro patas blancas.

A cualquier otro chico que me hubiera indicado el "genital masculino" no le habría vuelto a dirigir la palabra. Pero Peter continuó hablando como si nada de este tema siempre tan delicado, sin ninguna mala intención, y al final me tranquilizó, en el sentido de que a mí también me terminó pareciendo un tema normal. Jugamos con Mouschi, nos divertimos, platicamos y finalmente caminamos hacia la puerta del amplio local.

—Si quiero saber algo, siempre termino por casualidad encontrándolo en un libro. ¿Tú no?

—¿Por qué? Se lo pregunto siempre a mi padre. Él sabe de todo mucho más que yo, y además, tiene experiencia.

Ya habíamos llegado a la escalera, y yo no hablé más.

¡Que diferente es esto! Jamás hubiera creído poder hablar de eso tan fácilmente, ni siquiera con una muchacha. Estoy segura de que mamá nunca ha hecho alusión a eso de advertirme que no hablara de esto con los muchachos. De cualquier forma me siento diferente a otros días, y pienso en la conversación y me parece algo curiosa. Pero al menos he aprendido algo: que hasta con los muchachos se puede hablar de eso sin bromear y de forma natural.

¿Realmente hablará Peter de todo eso con sus padres, y será verdaderamente tal como se me mostró ayer?

En fin, ¡yo que sé!

Tuya.   Ana.

Jueves, 27 de enero de 1944

Querida Kitty

En estos últimos tiempos me he aficionado mucho a los árboles genealógicos de las familias reinantes; de ello deduzco que, a fuerza de buscar, se puede remontar uno hasta la antigüedad haciendo descubrimientos cada vez más interesantes.

Aunque pongo muchísimo esmero particularmente a mis deberes escolares (empiezo a seguir bastante bien las audiciones de la BBC), me paso gran parte de los domingos recortando y clasificando mi colección de artistas de cine que está adquiriendo proporciones bastante respetables.

El señor Kraler me da una gran alegría todos los lunes, trayéndome la revista "Cine y Teatro". Aunque las personas menos frívolas de este lugar piensen que eso es derrochar dinero en extravagancias, de todos modos hay en ellos cierta sorpresa al oírme citar los nombres exactos de los actores de los films estrenados hace un año o más. Elli va mucho al cine con un amigo suyo durante sus horas libres; ella me dice los títulos de las películas que verá el sábado y en seguida yo me informo leyendo las críticas publicadas. No hace mucho tiempo mamá decía que yo no tendría ya necesidad de ir más tarde al cine para desquitarme, a tal punto los films, sus artistas y las críticas se habían grabado en mi memoria.

Si se me ocurre usar un nuevo peinado, cada cual tiene el ojo de crítico, y siempre puedo esperarme la pregunta:

—¿A qué artista has imitado?

Y sólo me creen a medias que es una de mis creaciones.

En cuanto al peinado, no dura más de media hora; porque después me canso de escuchar los comentarios de rechazo y corro al cuarto de baño para arreglarme el pelo como todos los días.

Tuya.   Ana.

Viernes, 28 de enero de 1944

Querida Kitty:

Quizá creas que te tomo por una vaca al obligarte a rumiar constantemente las mismas cosas y las mismas novedades. La monotonía debe hacerte bostezar en ocasiones y desearás que Ana aparezca con algo nuevo.

Sé lo aburrida que debes estar de mis repeticiones, pero imagínate lo harta que estaré yo de tantas viejas historias que vuelven una y otra vez. Eso aburre, y a mí también desde luego. Si el tema de conversación durante la comida no llega a ser la política o algún delicioso banquete, mamá o la señora Van Daan no tardan en sacar a relucir sus eternas historias de cuando eran jóvenes, o Dussel empieza a discursear sobre el amplio vestuario de una mujer, o sobre hermosos caballos de carrera, botes de remo que hacen agua, niños que saben nadar a los cuatro años, dolores musculares o pacientes.

Si cualquiera de nosotros toma la palabra, cualquier otro puede fácilmente terminar la historia empezada. Cada anécdota la conocemos con anticipación; sólo el narrador la festeja riendo, completamente solo, juzgándose muy espiritual. Los diversos lecheros, almaceneros y carniceros de antes, me imagino verlos con una barba, a menudo su recuerdo es alabado o criticado en la mesa. Es imposible que una cosa conserve su frescura o lozanía cuando se convierte en tema de conversación del Anexo.

Podría acostumbrarme, después de todo, si al menos los mayores se abstuvieran de repetir incansablemente los relatos que conocen por Koophuis o por Miep y Henk, aumentándoles a veces detalles de su propia imaginación, de manera que me pellizco el brazo bajo la mesa para no interrumpir y poner toda mi atención al locutor entusiasta. Las muchachitas educadas, tales como Ana, no tienen bajo ningún pretexto el derecho de corregir a los mayores, sean cuales fueren sus errores, sus embustes o sus invenciones.

Un tema predilecto de Koophuis y de Henk es el de hablar de los que se ocultan. No ignoran que todo cuanto se refiere a nuestros semejantes y sus escondites nos interesa prodigiosamente, que nos afligimos sinceramente cuando son atrapados y saltamos de alegría cuando sabemos que un prisionero se ha escapado.

Sin embargo, hasta ese tema, pasado al orden del día, está desgastado y se ha tornado una costumbre, como antes las pantuflas de papá que había que poner debajo de la estufa. Organizaciones como la "Holanda libre" que preparan falsos documentos de identidad, proporcionan dinero a las personas ocultas, les preparan refugios, proveen de trabajo clandestino a jóvenes; estas organizaciones son numerosas. Asombran por su acción desinteresada, ayudando y haciendo vivir a otros a costa de su propia vida. El mejor ejemplo lo tengo aquí: el de nuestros protectores que nos han sacado adelante hasta ahora, y que espero, lograrán su objetivo hasta el final, porque deben resignarse a sufrir la misma suerte que nosotros en caso de denuncia. Nunca hacen alusión o se han quejado de la carga que, sin duda, representamos para ellos.

Todos los días suben a nuestra casa, hablan de negocios y de política con los señores, de comida y de los pesares de la guerra con las mujeres, de libros y periódicos con los niños. En lo posible ponen buena cara, nos traen flores y regalos en los días de fiesta o cuando celebramos algún cumpleaños y están siempre a nuestra disposición. Esto es algo que nunca debemos olvidar; mientras otros muestran su heroísmo en la guerra o frente a los alemanes, nuestros protectores lo hacen con su buen ánimo y el cariño que nos demuestran.

Se hacen correr los rumores más absurdos, pero, sin embargo, los hay que son verídicos. Esta semana, por ejemplo, el señor Koophuis nos ha contado que en la Gueldre hubo un partido de fútbol, uno de cuyos equipos se componía exclusivamente de hombres escondidos y el otro de miembros de la guardia civil. En Hilversum ellos han gastado también una broma. A raíz de una nueva distribución de tarjetas de racionamiento, se ha hecho acudir a los "fuera-de-la-ley" a cierta hora para recoger sus tarjetas que se encontraban sobre una mesita, discretamente apartadas. Hay que tener agallas para hacer eso en la nariz y en las barbas de los nazis.

Tuya.   Ana.

Jueves, 3 de febrero de 1944

Querida Kitty:

En todo el país aumenta día a día el clima de invasión. Si tú estuvieras aquí serías como yo: te dejarías impresionar por los preparativos extraordinarios, te burlarías de las personas que se excitan tanto, quizá, ¡quién sabe!, para nada.

Todos los diarios hablan de lo mismo; el desembarco enloquece a la gente completamente. Se leen artículos tales como este: "En caso de desembarco de los ingleses en Holanda, las autoridades alemanas tomarán todas las medidas para la defensa del país; si es necesario, se recurrirá a la inundación". Distribuyen pequeños mapas geográficos de Holanda con las regiones a ocupar. Como Amsterdam se encuentra en esta zona, nos preguntamos lo que sucedería con un metro de agua en las calles.

Este problema ha provocado las más variadas respuestas:

—La marcha a pie y en bicicleta quedan descartadas; será necesario cruzar a pie.

—¡Qué va! Se irá a nado. Todo el mundo se pondrá en traje de baño y nadaremos bajo el agua todo lo posible; así, nadie verá que somos judíos.

—¡Pamplinas! Ya veo a las señoras nadar cuando las ratas se pongan a morderles sus lindas piernas.

(Un hombre, naturalmente, que quiere ver quién gritará más fuerte, él o nosotras.)

—Nunca podremos salir de la casa; el edificio es tan viejo que se desplomará en cuanto comience la inundación.

—Escuchen todos y déjense de problemas. Vamos a arreglarnos para conseguir una pequeña lancha.

—No vale la pena. No hay más que tomar un cajón grande, el embalaje de las latas de leche, en el granero, y remar con bastones.

—Yo caminaré con zancos. Era campeona en mi primera juventud.

—Henk Van Santen no necesitaría hacerlo, cargaría a su mujer sobre los hombros, y será Miep la de los zancos.

Ahora, ¿qué?, no puedes formarte una idea. Por lo menos, más o menos aproximada. Estas pláticas son divertidas en el momento, pero así no pasó en verdad. Ya se verá.

Un segundo problema del desembarco no se ha hecho esperar. ¿Qué hacer si los alemanes quieren evacuar Amsterdam?

—Irse con todo el mundo, disfrazándonos lo mejor posible, transformándonos. ¡Eso!

—No nos iremos bajo ninguna circunstancia. Lo único que hay que hacer, es quedarse aquí. Los alemanes son capaces de trasladar a toda la población hasta Alemania, y allí hacer morir a todo el mundo.

—Sí, nos quedaremos aquí. Es el lugar más seguro. Vamos a tratar de persuadir a Koophuis de que venga a vivir a la casa con su familia. Encontrarán una bolsa de acerrín y dormirán en el suelo. Miep y Koophuis podrían traer las frazadas.

—Nos quedan 30 kilos de trigo; habrá que pedir más. Henk se hará cargo de las legumbres secas; hay todavía alrededor de 30 kilos de papas y 10 libras de chícharos, sin olvidar las 50 latas de legumbres.

—Mamá, ¿quieres hacer el inventario de las otras reservas? Diez latas de pescado, 40 latas de leche, 10 kilos de leche en polvo, 3 botellas de aceite, 4 tarros de manteca salada y 4 de carne, 2 botellas de frutillas, 2 botellas de frambuesas con grosella, 20 botellas de tomates, 10 libras de copos de avena, 8 libras de arroz, y nada más.

—No está mal. Pero hay que pensar en alimentar a nuestros invitados, y si transcurren varias semanas sin poder reabastecernos, nuestras reservas nos parecerán menos importantes. Tenemos suficiente carbón y leña, así como velas. Todos van a coserse una bolsita para colgársela del cuello, para guardar el dinero, en caso de irnos.

—Habrá que hacer listas de las cosas que llevaríamos con nosotros, si nos viéramos obligados a huir, y cada uno puede empezar a preparar una bolsa para el hombro. Cuando ese momento se acerque, dos de nosotros permanecerán en un punto de observación, uno en la buhardilla trasera, el otro en la delantera de la fachada.

—Dime, ¿qué haremos de todas nuestras reservas si cortan el agua, el gas y la electricidad?

—En tal caso, se cocinará en la estufa, con agua pluvial hervida. Haremos una reserva de agua, comenzando por llenar todos lo recipientes.

Esta clase de conversación la escucho todo el día. El desembarco por aquí, el desembarco por allá, y las discusiones sobre el hambre, la muerte, las bombas, los extintores, los jergones, los certificados de judíos, los gases asfixiantes, etc. No son cosas para levantar el ánimo a nadie. Una muestra más de las conversaciones de los hombres del Anexo con Henk:

Anexo. —Nosotros tememos que los alemanes, al dar media vuelta, arrastren a toda la población con ellos.

Henk. —Imposible. No tienen tantos trenes a su disposición.

A. —¿Trenes? ¿Piensa usted que van a instalar a nuestros compatriotas en pequeños vagones? Nada de eso. Les dirán que se sirvan de sus piernas como medio de transporte.

H. —No lo creo. Ustedes lo ven todo demasiado pesimista... ¿Qué puede interesarles el arrastrar a toda la población?

A. —¿Ha olvidado usted lo que dijo Goebbels?: "Si se nos obliga a retirarnos, cerraremos también la puerta de todos los territorios ocupados".

H. —Ellos han dicho muchas otras cosas.

A. —¿Cree usted a los alemanes demasiado nobles o demasiado caritativos para tal acción? El pensamiento de ellos es este: "Si debemos morir, todos los que están bajo nuestra dominación lo harán con nosotros".

H. —Digan lo que quieran, yo no lo creo.

A. —Siempre la misma historia: no darnos cuenta del peligro hasta que se nos echa encima.

H. —Después de todo, tampoco ustedes saben nada en concreto. Todo eso no son más que suposiciones.

A. —Nosotros ya hemos pasado por eso, primero en Alemania, y aquí después. ¿Y qué sucede en Rusia?

H. —Olvídense por un instante de la cuestión de los judíos. Pienso que nadie sabe lo que pasa en Rusia. Los ingleses y los rusos hacen como los alemanes: exageran para que rinda su propaganda.

A. —No lo creemos. La radio inglesa ha dicho siempre la verdad. Aun admitiendo que sus transmisiones sean exageradas, eso no le impediría a usted reconocer la realidad. Porque usted no puede negar el hecho de que millones de personas inocentes son asesinadas o asfixiadas con gases, sin ninguna contemplación, lo mismo en Rusia que en Polonia.

Te ahorraré nuestras otras conversaciones. Yo me siento tranquila, y no presto atención a ese revuelo que hay a mi alrededor. Que viva o que muera, me da lo mismo. Ahí tienes a lo que he llegado. El mundo no va a dejar de girar por mi causa y, de cualquier modo, no seré yo quien cambie los acontecimientos.

Sólo me queda ver venir las cosas. No me preocupan más que mis estudios y confío en que el final será bueno.

Tuya. Ana.

Sábado, 12 de febrero de 1944

Querida Kitty:

El sol brilla, el cielo es de un azul intenso, el viento es agradable y tengo unas ganas locas de todo... De hablar, de libertad, de amigos, de soledad. Tengo unas ganas locas... de llorar. Nota que querría estallar. Las lágrimas me calmarán, lo sé, pero soy incapaz de llorar. No me quedo quieta, voy de un cuarto a otro, me detengo para respirar por la rendija de una ventana cerrada, y mi corazón late como si dijera: "Pero, anda, satisface de una buena vez mi deseo...".

Creo sentir en mí la primavera, el despertar de la primavera lo siento en mi cuerpo y en mi alma. Me cuesta lo indecible portarme como de costumbre, tengo la cabeza enmarañada, no sé qué leer, qué escribir, qué hacer. Languidez... ¿Cómo hacerte callar?...

Tuya.   Ana.

Domingo 13 de febrero de 1944

Querida Kitty:

Desde ayer algo ha cambiado para mí. Escucha. Yo sentía una terrible nostalgia, la tengo todavía, pero... me siento un poco, muy poco, muy vagamente apaciguada.

Noté esta mañana —honestamente—, que con gran emoción de mi parte, Peter no ha dejado de mirarme de cierta manera. De una manera muy distinta a la normal; no podría explicártelo de otra forma.

Siempre pensé que Peter se había enamorado de Margot, y ahora, de repente, tengo la sensación de que me equivocaba. Yo no lo he mirado durante el día, adrede; al menos no mucho, pues cada vez he visto su mirada clavada en mí, y además..., además es verdad, un sentimiento maravilloso me ha impedido mirarle demasiado a menudo.

Quería estar sola, estrictamente sola. Papá no ha dejado de notar que algo me pasa, pero me sería imposible contárselo todo. Quería gritar: "Déjenme en paz, déjenme sola". Quién sabe, acaso ¿un día estaré más sola de lo que deseé?

Tuya.   Ana.

Lunes 14 de febrero de 1944

Querida Kitty:

El domingo por la noche, a excepción de Pim y yo, todo el mundo escuchaba el programa musical: *Unsterbliche Musik Deütscher Meister* (Música Inmortal de Compositores Alemanes). Dussel movía constantemente el botón del aparato, lo que molesta a Peter y, desde luego, a los demás. Después de una media hora de nerviosidad contenida, Peter le pidió en un tono más o menos irritado que dejara el botón. Dussel contestó con su tonillo desdeñoso: "Yo hago lo que me place".

Peter se enfadó, repuso con insolencia y fue apoyado por Van Daan; Dussel se vio obligado a ceder. Eso fue todo.

Este incidente no tiene nada de extraordinario en sí, pero parece que Peter se lo tomó muy a pecho. En todo caso, esta mañana vino a reunírseme en el granero para hablarme de ello. Como yo no sabía nada, le escuchaba con atención, lo que hizo a Peter dar rienda suelta a su historia.

—Y ya ves —dijo él—, generalmente yo me callo, porque sé que nunca consigo dar con las palabras en un caso semejante. Empiezo a tartamudear, enrojezco y lo digo todo al revés; a la larga, no tengo más remedio que callarme, pues no logro decir lo que quiero. También ayer sucedió así. Yo quería decir otra cosa. Pero, una vez lanzado, perdí el hilo de mis ideas y eso es terrible. Antes yo tenía una mala costumbre, que te aseguro me gustaría recuperar: cuando alguien me hacía enojar, utilizaba más mis puños que mis palabras. Sé que eso no me llevará a ningún lado, pero en fin. Tú, por el contrario, sabes perfectamente qué decir y cómo hacerlo. No eres tímida en absoluto. Te admiro por eso.

—Te equivocas —respondí. —La mayor parte de las veces, digo las cosas completamente diferentes a como las quería decir. Después me sigo de frente hablando y hablando, como tú ya lo has visto.

Sonreí al decir estas últimas palabras. Traté de tranquilizarlo sin demostrar demasiado mi alegría. Tomé un almohadón, me senté en el piso y le puse toda la atención posible.

Estoy muy contenta ya que el Anexo alberga a alguien que sufre las mismas crisis emocionales que yo. Peter se sentía muy bien al poder usar el peor lenguaje posible para referirse a Dussel; sabía que conmigo nada llegaría a los oídos de nadie. Por mi parte, pasé un momento muy agradable, delicioso, sintiendo una comunión que sólo había experimentado con mis amigas hace mucho, mucho tiempo.

Tuya.

Ana.

Miércoles 16 de febrero de 1944

Querida Kitty:

Es el cumpleaños de Margot.

A las doce y media Peter vino a ver los regalos. Se ha entretenido hablando más tiempo que el de costumbre, lo que no habría hecho de haberse tratado de una simple visita de cortesía. Por la tarde, he ido en busca del café y también las papas, pues puedo muy bien agasajar a Margot una vez al año. Peter ha quitado rápidamente de la escalera sus papeles dejándome paso, y le he preguntado si había que cerrar la escotilla del desván.

—Sí —me contestó—, es preferible. Si regresas, no tienes más que tocar y yo te abriré.

Dándole las gracias, he subido a la ventana del desván, donde he pasado diez buenos minutos escogiendo en el gran tonel las papas más pequeñas. Me dolía la cintura y empezaba a tener frío. Naturalmente, no he golpeado, y he abierto yo misma la escotilla, sin embargo, él ha acudido a mi encuentro y, muy servicial, se ha encargado de la cacerola.

—He buscado muy bien —dije yo—, pero no las he encontrado más pequeñas.

—¿Has visto en el tonel grande?

—Sí, he metido bien las manos y lo he revuelto todo.

Yo había llegado al pie de la escalera, cuando Peter, cacerola en mano, se detuvo para examinarla bien.

—¡Ah, es un buen trabajo! —dijo. Y en el momento en que yo le tomaba el recipiente, añadió:

—¡Te felicito, muchacha!

Al decir esto, su mirada era tan tierna, tan cálida, que me enternecí también. Me daba cuenta de que él quería serme agradable; y como lo ignora todo de la elocuencia, puso en su mirada toda su expresión.

Cómo le comprendo y cuánto se lo agradezco. En este mismo momento sigo sintiéndome toda feliz al evocar sus palabras y la dulzura de sus ojos.

Mamá me dijo que no había allí bastantes papas para la cena. Muy dócil, me ofrecí para la segunda expedición.

Al llegar nuevamente hasta Peter, me disculpé por molestarle de nuevo. Se levantó, se colocó entre la escalera y el muro, me tomó por el brazo y me cerró el camino.

—Para mí no es una molestia. Déjame hacerlo.

Le dije que no valía la pena, que esta vez no necesitaba elegir papas chicas. Convencido, me soltó el brazo. Pero al regreso, vino a abrirme la escotilla y, nuevamente, me tomó la cacerola de las manos. En la puerta le pregunté:

—¿Qué haces ahora?

—Estudio francés —fue la respuesta.

Le pregunté si no quería mostrarme sus lecciones y, después de haberme lavado las manos, me senté en el diván.

Después de haberle dado algunas indicaciones de francés para su lección, nos pusimos los dos a charlar. Me ha contado que, más tarde, quería ir a las Islas Holandesas y vivir en una plantación. Ha hablado de su familia, del mercado negro, pero terminó por decir que se sentía completamente inútil. Le dije que parecía sufrir un enorme complejo de inferioridad. Habló también de los judíos, y comentó que hubiera sido más fácil ser cristiano, y preguntándome si podría pasar por tal después de la guerra. Le pregunté si quería bautizarse, pero no se trata de eso. Según él, después de la guerra, nadie sabrá si es judío o cristiano.

Durante un segundo he sentido el corazón oprimido. En seguida nuestra conversación ha sido agradable. Hemos hablado de papá, de la humanidad y de muchas otras cosas que ya ni siquiera recuerdo exactamente. No me he ido hasta las cuatro y media.

Por la noche ha vuelto a decir algo muy bonito. Se vinculaba a una foto de artista que yo le había regalado, y que desde hace año y medio cuelga de su pared. Puesto que le gusta tanto, yo le invité a escoger algunas otras artistas de mi colección.

—No —repuso él—. Prefiero tenerla sola a ella, la veo todos los días y se ha transformado en mi amiga.

Ahora comprendo mejor por qué abraza a Mouschi tan frecuentemente. Se ve que él también siente necesidad de ternura.

Luego mencionó:

—No conozco el miedo. Sólo temo las enfermedades, incluso cuando no es nada grave. Pero cada vez pienso menos en eso.

El complejo de inferioridad de Peter es verdaderamente terrible. Se cree siempre estúpido, pensando que Margot y yo somos muy inteligentes. No sabe cómo darme las gracias por la ayuda en su francés. Espero decirle un día: "Vas por el buen camino; eres mejor que nosotras en inglés y geografía".

Tuya.   Ana.

Viernes 18 de febrero de 1944

Querida Kitty:

Cada vez que visito el granero para ir por cualquier cosa, en verdad sólo subo para verlo a "él". Mi vida ha mejorado en el Anexo, pues ahora alguien forma mi mundo, y eso me agrada.

No estoy enamorada, pero algo me dice que nuestros sentimientos pueden terminar en algo bello. Nuestra amistad ha crecido, sobre todo en confianza. Como te dije antes, él era muy tímido, pero ahora, no deja de hablar conmigo sobre cualquier cosa. Todos mis ratos de ocio me los paso en el cuarto de Peter.

Mamá no ve con buenos ojos que vaya a su cuarto, pues piensa que lo molesto. ¿No comprenderá mi madre que yo también estoy capacitada para la intuición?

Si subo al cuarto de Peter, me mira con una curiosidad tremenda; al regresar, siempre me pregunta que dónde he andado. Esto es insoportable y muy molesto.

Tuya.   Ana.

Sábado 19 de febrero de 1944

Querida Kitty:

Un sábado más, y ya sabes lo que eso significa.

La mañana fue tranquila. Estuve ayudando en la cocina y en casa de nuestros vecinos; en cuanto a "él" no le hablé más que de pasada. A las dos y media cuando estaban todos arriba para leer o para dormir, me instalé frente al escritorio para leer y escribir un rato. Al poco rato no pude más: dejé caer la cabeza sobre un brazo y me puse a llorar como una loca. Me corrían las lágrimas y me sentí profundamente desdichada. ¡Ay, si sólo hubiera venido a consolarme "él"! Subí de nuevo a mi casa como a las cuatro para ir a buscar papas. Mi corazón latió de esperanza con la sola idea de un encuentro, y entré en el cuarto de baño para arreglarme el pelo. En ese instante, le oí bajar al almacén para jugar con Boschi.

De repente, sentí que las lágrimas me subían a los ojos y entré a toda prisa al w. c., llevándome conmigo el espejo. Bonita cosa estar instalada allí, con actitud correcta, con mis lágrimas cayendo sobre mi delantal rojo. Me sentía terriblemente desgraciada.

Pensaba: "¡Oh, Peter, creo que nunca llegaré a tu corazón! ¡Quién sabe! Probablemente no me encuentre ningún atractivo y no sienta ninguna necesidad de confiarse. Puede ser que piense en mí superficialmente. Sólo me queda proseguir sola mi camino, sin confidente, sin Peter. Nuevamente días sin esperanzas, sin consuelo y sin alegría; eso es lo que me espera. ¡Oh, si tan siquiera pudiera apoyar la cabeza en su hombro para sentirme menos sola y menos abandonada! Quizá no sienta ningún cariño por mí y mire a los demás con ojos igualmente tiernos. ¿Por qué imaginé que todo eso me pertenecía? ¡Oh, Peter, si pudieras verme y oírme! Es posible que la verdad sea muy dura: en tal caso, no podría soportarla".

Más tarde volví a confiar y me sentí otra vez más esperanzada, aunque las lágrimas seguían fluyendo dentro de mí.

Tuya.   Ana.

Miércoles 23 de febrero de 1944

Querida Kitty:

Desde ayer me siento completamente cambiada. Cada mañana voy al granero donde trabaja Peter y donde el aire de afuera refresca mis pulmones llenos de moho. Desde mi sitio favorito, en el suelo, miro el cielo azul, el castaño aún desnudo —en cuyas ramas brillan las gotitas—, las gaviotas y los otros pájaros plateados que cortan el aire con su rápido vuelo.

Peter había apoyado la cabeza contra la gruesa viga. Yo estaba sentada. Respirábamos juntos el aire fresco, mirábamos hacia afuera y había entre nosotros algo que no había que interrumpir con palabras. Por un buen rato nos quedamos mirando el cielo; y cuando fue a cortar leña, me di cuenta de que era magnífico. Subió la escalera y yo le seguí; y durante el cuarto de hora que cortó leña no dijimos una palabra. Yo permanecía de pie, para mirarle; él se esmeraba en cortar bien la leña, supongo que para demostrarme su fuerza. También pude ver, a través de la ventana, gran parte de Amsterdam. Me dije: Mientras el sol radiante y el cielo azul con nubes exista, no puedo estar triste.

Para el que tiene miedo o se siente solo y desdichado, el mejor remedio es el de salir al aire libre y buscar un lugar aislado donde se pueda estar en comunión con el cielo, con la naturaleza y con Dios.

Sólo entonces se siente que todo está bien, y que Dios quiere ver a los hombres felices en la naturaleza simple, pero inmensamente bella. Mientras exista esto, que sin duda alguna siempre lo habrá, estoy segura de que toda pena encontrará un consuelo.

Este instante de inmensa dicha pronto podré disfrutarlo completamente con la persona que lo haya vivido como yo.

Tuya.   Ana.

Pensamiento:

Muchas son las cosas que nos faltan desde hace mucho tiempo, y de ellas me veo privada tanto como tú. No quiero decirlo de manera melancólica, pues tenemos lo que necesitamos. No. Hablo de las cosas que pasan dentro de nosotros, tales como los pensamientos y los sentimientos. Siento la nostalgia, tanto como tú, del aire y de la libertad. Pero he comenzado a creer que tenemos el privilegio de contar con una compensación enorme por todas esas privaciones. De ello me he percatado repentinamente esta mañana frente a la ventana abierta. Quiero decir: una compensación del alma.

Mirando el exterior, es decir, a Dios, y abrazando con una mirada recta y profunda a la naturaleza, yo me sentía dichosa, muy dichosa. Y Peter, mientras esa dicha esté en ti —gozar de la salud, de la naturaleza y de muchas otras cosas más—, mientras seas capaz de sentirla, siempre volverá a ti.

Puede perderse todo: la riqueza, el prestigio; pero esa dicha en tu corazón sólo puede, en ocasiones, ensombrecerse, pero siempre volverá a ti mientras vivas. Mientras levantes los ojos sin temor hacia el cielo estarás seguro de ser puro y volverás a ser feliz, pase lo que pase.

Tuya.   Ana.

Domingo 27 de febrero de 1944

Muy querida Kitty:

Súbitamente, de la noche a la mañana, ya no hago más que pensar en Peter. Me duermo evocando su imagen, sueño con él durante la noche y me despierto todavía bajo su mirada.

Tengo la impresión muy clara de que, contrariamente a lo que parece, Peter y yo no somos tan diferentes el uno del otro. Te diré por qué: a Peter, al igual que yo, le falta una madre. La suya es demasiado superficial, solamente piensa en el "flirt" y se interesa muy poco por los pensamientos de su hijo. La mía se interesa mucho en mí, pero no tiene el instinto materno, tan hermoso y tan sutil.

Peter y yo pugnamos con los problemas de nuestro ser. Aún no estamos seguros, ni el uno ni el otro, y en el fondo, somos demasiado jóvenes y de naturaleza muy tierna para soportar las brusquedades de nuestros mayores. Cuando me veo en el deber de soportarlas, mi reacción es directa: quiero "irme". Como es imposible que me vaya, empiezo a simular: me debato y causo tal remolina que todo el mundo quisiera verme en el otro extremo de la tierra.

Él, por el contrario, se repliega sobre sí mismo, casi no habla, permanece más bien taciturno, cavila y se esconde tras su timidez.

Pero, ¿dónde y cómo vamos a poder, al fin, encontrarnos? ¿Podrá llegar mi cerebro a dominar mi deseo? ¿Por cuánto tiempo?

Tuya.   Ana.

Lunes 28 de febrero de 1944

Muy querida Kitty:

La noche, al igual que el día, es una pesadilla. Le veo a todas horas pero sin poder ir hasta él; necesito vigilarme para no traicionarme, aparentar jovialidad, mientras que todo en mí no es más que desesperación.

Peter Wessel y Peter Van Daan se han fundido en un solo Peter que yo amo y que es bueno, y que quiero para mí sola.

Mamá me molesta, papá es amable y me fastidia aún más; en cuanto a Margot, me fastidia más que mis padres, pues tiene pretensiones de belleza, yo quería estar tranquila.

Peter no se ha reunido conmigo en el granero; ha ido a la ventana del desván para un pequeño trabajo de carpintería. A cada chirrido, a cada martillazo, caía una nueva partícula de mi valor y me entristecía cada vez más. A lo lejos, un carrillón tocaba *Rechtop van lift, rechtop van ziel* ("El cuerpo derecho y el alma derecha"). Soy sentimental, lo sé bien. Estoy desesperada y no soy razonable: eso también lo sé.

¡Oh, ayúdame!

Tuya.   Ana.

Miércoles 1 de marzo de 1944

Querida Kitty:

Mis intereses han pasado a segundo plano, debido... a un robo. No es agradable pasar por la misma situación: los rateros sienten cierto placer en honrar a Kraler y Co. con su visita. Este robo es más complicado que el de julio de 1943.

Anoche, cuando el señor Van Daan fue al despacho de Kraler, a las siete y media, vio que las puertas de vidrio y la del escritorio estaban abiertas. Sorprendido, fue a inspeccionar los lugares y tuvo otras sorpresas: las puertas del vestuario estaban también abiertas y había un desorden espantoso, sobre todo en la oficina delantera. Lo primero que pensó fue: "Un ladrón". Para saber a qué atenerse, bajó hasta la puerta de entrada y la examinó; todo estaba cerrado y la cerradura de seguridad intacta. —"¡Bah! —se dijo—, Peter y Elli no han dejado el escritorio en orden después de su trabajo de la tarde". Estuvo un buen rato en el despacho de Kraler, apagó la luz antes de subir sin pensar demasiado sobre el misterio de las puertas abiertas y del desorden.

Esta mañana, Peter, después de haber tocado a nuestra puerta, nos dio la noticia de que había encontrado abierta de par en par la puerta de la calle. Nos dijo también que el aparato de proyección y la nueva cartera de documentos de Kraler habían desaparecido del armario. Peter fue encargado de cerrar la puerta y Van Daan platicó sus descubrimientos de la víspera por la noche, dejándonos a todos muy inquietos.

Toda la historia se resume en que el ladrón debía tener un duplicado de la llave de seguridad, pues la puerta había sido abierta normalmente. Debió entrar al anochecer, más bien temprano, y haberla cerrado. Luego, molestado por Van Daan, se escondió hasta que éste se fue; tras lo cual, ha huido con su botín rápidamente, olvidando cerrar la puerta. ¿Quién puede tener un duplicado de nuestra llave? ¿Por qué el ladrón no ha ido al almacén? ¿Será culpable alguno de los hombres del almacén? Y, ¿no irá a denunciarnos?, puesto que ha escuchado y quizá visto a Van Daan.

Es horrible no saber si el ladrón se detendrá ahí o si se le ocurrirá la idea de abrir nuestra puerta una vez más. Quizá se asustó al ver a un hombre pasearse libremente por la oficina.

Tuya.   Ana.

Jueves 2 de marzo de 1944

Querida Kitty:

Hoy he pasado un buen momento con Margot en el granero. Aunque este halago no fuera el que yo esperaba, noto que, con gran frecuencia, su sensibilidad corresponde exactamente a la mía.

Mientras lavábamos los platos, Elli ha comentado su propio desaliento con mamá y la señora Van Daan. ¿Qué apoyo puede esperar de ellas?

Nunca adivinarías el consejo de mamá: Elli no tenía más que pensar en todas las personas que mueren diariamente en la tierra. ¿Cómo consolar a un desdichado con sus propios problemas? Yo he dicho esto, y he recibido como respuesta:

—Tú no puedes hablar todavía de estas cosas.

¡Qué tontos y necios son a veces los mayores! ¡Como si Peter, Margot, Elli y yo no tuviéramos los mismos sentimientos, que invocan la ayuda del amor de una madre o del amor de los más íntimos amigos! Pero nuestras madres no tienen ni un poco de comprensión para con nosotros. Quizá la señora Van Daan sea un poco más capaz que mamá. ¡Oh cuánto me hubiera gustado decir a Elli algo que la reconfortase, sabiendo por experiencia qué es lo que se desea oír! Pero papá intervino poniéndome a un lado.

¡Qué tontos son todos! Nunca preguntan nuestra opinión, y se jactan de ser ultramodernos. Según ellos; no tenemos opinión. "Cállate". Se puede decir eso, pero lo de no tener opinión es algo inexistente. Se puede tener una opinión, por joven que sea, y nadie puede arrebatárnosla.

Lo que verdaderamente nos ayudaría, tanto a nosotros como a Elli, es un cariño abnegado, del que cada uno de nosotros se ve privado.

Nadie, y mucho menos los filósofos idiotas que viven con nosotros, es capaz de comprendernos; porque nosotros somos infinitamente más sensibles y estamos más avanzados en nuestras ideas que cualquiera de ellos; mucho más de lo que ellos sospechan.

Esta tarde, Peter y yo charlamos juntos tres cuartos de hora. A Peter le cuesta mucho trabajo hablar de sí mismo; poco a poco lo ha ido logrando. Las frecuentes disputas de sus padres sobre política, sobre cigarrillos y un montón de cosas, todo me lo ha contado. Se mostraba muy tímido.

Por mi parte, yo le he hablado de mis padres. Él defendió a papá diciendo que era un seductor y que no podía dejar de quererlo. Después fueron puestas sobre el tapete su familia y la mía. Él no se sorprendió al saber que sus padres no eran siempre personas gratas entre nosotros.

—Peter —le dije—, tú sabes que yo soy franca. Entonces, ¿por qué no decirte los defectos de tu familia puesto que los conocemos?

Entre otras cosas, también le dije:

—Peter, me gustaría mucho ayudarte, si tú lo quieres. Tú estás siempre entre la espada y la pared. Nunca dices nada. Pero yo sé que todo eso te tortura.

—Siempre aceptaré tu ayuda.

—Quizá sea mejor que hables con mi padre. Puedes decírselo todo. Él es muy discreto.

—Sí, tu padre es un verdadero amigo.

—Tú lo quieres mucho, ¿verdad?

Peter asintió con la cabeza, y yo agregué:

—Pues él también te quiere mucho a ti.

Peter levantó rápidamente la cabeza y se sonrojó; era verdaderamente conmovedor ver el efecto de estas pocas palabras.

—¿De veras? —preguntó.

—Claro que sí —dije—; una alusión hoy, otra alusión mañana, y yo me doy cuenta de lo que quiere decir.

Peter también es como papá "un seductor". ¡Imposible dejar de quererlo!

Tuya.   Ana.

Viernes 3 de marzo de 1944

Querida Kitty:

Esta tarde, observando la llama de las velas* me sentí muy tranquila y dichosa. En ellas veo a la abuelita. Es abuelita quien me guarda, me protege y quien me devuelve mi alegría.

Pero hay alguien más que domina todo mi ser. Ese alguien es... Peter. Hace un momento, cuando fui a buscar las papas, me detuvo en la escalera para preguntarme:

—¿Qué haces esta tarde?

Yo bajé y me senté en los escalones, después dejé la cacerola en el suelo y nos pusimos a platicar. Sólo una hora después las papas llegaron a destino.

Peter no ha hablado una palabra de sus padres; hemos hablado sólo de libros y de otros tiempos. ¡Qué mirada tan ardiente tiene ese muchacho! Creo que voy a enamorarme de él. Si es que ya no lo estoy. Por lo demás, esta noche, ha dejado escapar una palabra al respecto cuando entré en su habitación, después de haber terminado de pelar las papas:

—Tengo calor. Basta ver a Margot y a mí para conocer la temperatura. Cuando hace frío estamos pálidas, y cuando hace calor estamos coloradas.

—¿Enamorada? —preguntó él.

—¿Por qué he de estar enamorada? Más bien estúpida —respondí.

—¿Por qué no? —dijo él.

En seguida nos reunimos con los demás para comer.

¿Qué ha querido decir? Esta noche me las he arreglado para preguntarle por fin si mis charlas no le molestaban, a lo que me contestó:

—En absoluto...

¿Se ha expresado así por timidez? No lo sé.

Kitty, yo estoy exactamente como una enamorada que sólo sabe hablar de su amor. Desde luego, Peter es mi verdadero amor. ¿Cuándo podré confiárselo? No antes de que él me confiese estar enamorado de mí. Pero tendrá que irse con cuidado antes de conocerme; si lo sé bien.

---

* Tradición judía: el viernes en la tarde se prenden dos o más velas.

Él es un celoso de su soledad, por eso no me doy cuenta hasta dónde le gusto. En todo caso, comenzamos a conocernos un poco; pero atrevernos a decir las cosas que ardemos por decirnos... ¡Cómo querría haberlo hecho! Eso vendrá quizá más pronto de lo que pienso, ¡quién sabe! Muchas veces al día me mira de manera interesante, a la que respondo con un guiño, quedando ambos encantados.

Parece tonto usar "encantado" al hablar de él, pero él piensa igual que yo, de eso estoy segura.

Tuya.   Ana.

Sábado 4 de marzo de 1944

Querida Kitty:

Por fin he pasado un sábado menos fastidioso, menos triste y monótono que de costumbre, lo que no me ocurría desde hace meses. Se lo debo a Peter y a nadie más.

Esta mañana, cuando fui a colgar mi delantal en el granero, Pim me preguntó si no quería quedarme para platicar en francés. Me emocionó mucho poder explicar algo en francés a Peter; en seguida, pasamos al inglés. Papá leyó a Dickens en voz alta. Sentada en la misma silla que papá y muy junto a Peter, el cielo parecía abrirse para mí.

A las once fui a mi cuarto. A las once y media, en el momento de volver a subir, Peter estaba en la escalera esperándome. Platicamos hasta cerca de la una. Cada vez que me ausento, después, por ejemplo, de la comida, él me dice sin dejarse oír por los demás:

—Hasta luego, Ana.

¡Oh, que feliz soy! ¿Empieza a quererme por fin? De cualquier modo es un muchacho simpático, y quizá, ¡quién sabe!, vamos a tener conversaciones magníficas.

A la señora Van Daan parecen agradarle mis platicas con su hijo, pero hoy me ha lanzado una indirecta, diciendo:

—¿Puedo dejarlos solos a los dos en el granero?

—Desde luego —he contestado, protestando—. ¿Pretende usted, por casualidad ofenderme?

De la noche a la mañana, gozo viendo a Peter.

Tuya.   Ana.

Lunes 6 de marzo de 1944

Querida Kitty:

Veo en la cara de Peter que tiene la cabeza tan colmada como yo. Y anoche la señora me molestó cuando le dijo: "El pensador". Peter enrojeció, y yo... me transformé en una fiera.

—"¿Qué no pueden quedarse con sus comentarios tontos?".

No sabes hasta qué punto me molesta el verlo solo y no poder hacer nada por él. Comprendo, como si yo misma hubiera pasado por ello, cómo deben molestarle las constantes disputas y las demostraciones de cariño de sus padres. Pobre Peter, él también está necesitado de amor.

Me ha comentado que podría vivir sin amigos; mis oídos resuenan todavía con la dureza de esas palabras. ¡Ah, cómo se engaña! Y pienso que, en el fondo, no cree en eso para nada.

Se aferra a su soledad, simula indiferencia y juega a la persona mayor, pues se ha impuesto ese papel y no quiere librarse nunca de él. Pobre Peter, ¿cuánto tiempo aguantarás aún? Ese esfuerzo sobrehumano ¿no provocará una terrible reacción?

¡Oh, Peter! ¡Si me dejaras ayudarte!... Juntos podríamos vencer nuestra soledad común.

Y no digo nada de todos mis pensamientos. Me siento dichosa cuando le veo y, por consiguiente, cuando el sol brilla. Ayer, mientras me lavaba los cabellos, hice un ruido de todos los diablos; sabía que él estaba en la habitación de al lado. Era algo más fuerte que yo, como siempre. Cuanto más fuerte siento en mí cierta gravedad, mi proceder es aún más de loca.

¿Quién será el primero en descubrir esta armadura y en quererla? Es una suerte aun que los Van Daan no hayan tenido una hija. Mi conquista nunca hubiera sido tan difícil, tan bella, tan espléndida, como con un muchacho.

Tuya.   Ana.

P. D. Ya sabes que te escribo con toda franqueza; por eso quiero añadir que, en el fondo, sólo vivo de encuentros. Siempre espero ver que él también me aguarda, y me siento transportada de alegría cuando noto una de sus íntimas y tímidas iniciativas. Apostaría que él siente tantos deseos como yo de encontrar sus palabras. No sé qué precisamente, pero son sus esfuerzos desamparados los que más me conmueven.

Martes 7 de marzo de 1944

Querida Kitty:

Cuando empiezo a reflexionar sobre mi pequeña vida de 1942, todo se me antoja fantástico e irreal. Esta pequeña vida bendita era vivida por una Ana muy diferente a la que, ahora, ha conquistado cierta cordura. Era exactamente una vida bendita. Admiradores en cada esquina, una veintena de amigas —no todas íntimas, desde luego—, ser la predilecta de la mayoría de sus profesores, y mimada a más no poder por sus padres con bombones, con dinero de bolsillo... ¿Qué más pedir?

Tú me preguntarás cómo pude embaucar a la gente a ese punto. Lo que dice Peter: "la seducción", no me parece completamente justo. Cada profesor encontraba ocurrentes mis salidas y mis observaciones; mi rostro era sonriente, mi sentido crítico original y encantador. Yo era un "flirt" incorregible, coqueta y divertida, y nada más. Algunas de mis cualidades me hacían popular, es decir, la contracción, la honestidad, la franqueza y la generosidad. Nunca le hubiera negado a un compañero que copiara una de mis tareas; los bombones los repartía generosamente; y jamás fui vanidosa.

Toda esta admiración, ¿no habría hecho de mí una arrogante? Tuve una suerte, la de ser arrojada bruscamente a la realidad, y he necesitado más de un año para adaptarme a una vida desprovista de toda admiración.

¿Mi reputación en la escuela? Fui siempre la primera en chacotear y en gastar bromas, la eterna jaranera, nunca llorona ni caprichosa. Para que me acompañaran en bicicleta o ser objeto de una atención cualquiera, no tenía más que levantar el dedo meñique.

Ana, la escolar de entonces, yo la veo con el retroceso del tiempo como una chiquilla encantadora, pero muy superficial, que no tiene nada en común conmigo. Peter, acertadamente, ha dicho de mí:

—Cada vez que te veía, tenías al lado a dos o más muchachos y una fila de muchachas. Siempre reías y eras siempre el centro de la pandilla.

¿Qué queda de aquella muchacha? No he olvidado la risa ni las ocurrencias, y no me canso de criticar a las gentes como antes, quizá hasta mejor; soy todavía capaz de practicar el "flirt", si... yo quiero. Esa es la cuestión: me gustaría, por una sola noche, por algunos días o por una semana volver a ser la de antes, alegre, aparentemente despreocupada. Pero, al cabo de una semana, me sentiría cansada, y aceptaría con gratitud al primero que llegara y fuera capaz de hablar de algo que valiera la pena. Ya no necesito aduladores o admiradores seducidos por una sonrisa lisonjera, sino amigos cautivados por mi carácter y mi proceder. Comprendo que estas exigencias reducirían mucho mi círculo de amigos, pero ¿qué más puedo hacer? Lo importante es que conservase algunas personas a mi alrededor.

A pesar de todo, mi felicidad de 1942 tampoco era intacta. Con frecuencia me sentía abandonada. Pero el moverme de la noche a la mañana me impedía pensar demasiado en ello, y yo me divertía cuanto podía. Consciente o inconscientemente trataba de ignorar el vacío que sentía divirtiéndome así. Ahora veo las cosas de frente y estudio. Aquel periodo de mi vida terminó irremediablemente. Los años escolares, su tranquilidad y su despreocupación, nunca más volverán.

Los he superado y ya no los deseo; sería incapaz de seguir pensando únicamente en la diversión; una pequeña parte de mí exigiría siempre ser seria.

Mi vida, hasta el año 1944, la veo a través de una lupa despiadada. Primero, nuestra casa bañada de sol; luego, aquí, desde 1942, el brusco cambio, las disputas, las reprimendas, etc. Yo fui tomada por sorpresa, como si hubiera recibido un mazazo, y para darme ánimo, me volví insolente.

La primera parte de 1943: crisis de lágrimas, soledad infinita, lenta comprensión de todos mis defectos que ya eran graves, pero parecían agravarse más. Durante todo el día hablaba sin parar tratando de poner a Pim de mi parte. No lo conseguí. Me hallaba sola ante la difícil tarea de cambiarme a mí misma, a fin de no seguir provocando reproches; porque los reproches me deprimían y me desesperaban.

La segunda parte del año fue un poco mejor; me transformé en jovencita, y los mayores empezaron a considerarme como uno de ellos. Empecé a reflexionar, a escribir cuentos. Por fin comprendí que los demás no tenían ya el derecho de utilizarme como una pelota de tenis, enviándome a un lado y a otro. Decidí cambiar y formarme según mi propia voluntad. Pero lo que más me conmovió, fue cuando tuve que confesarme que ni siquiera Pim sería nunca mi confidente. Ya no podría tener confianza en nadie, sólo en mí.

Después del Año Nuevo, otro cambio: mi anhelo... Era mi deseo tener a un muchacho por amigo, y no a una muchacha. Existía también el descubrimiento de mi dicha bajo mi coraza hecha de superficialidad y de alegría. De vez en vez, al tornarme grave, me sentía consciente de un deseo sin límites por todo lo que es belleza y bondad. Y por la noche, en la cama, el terminar mis rezos con las palabras: "Gracias, Dios mío, por todo lo que es Bueno, Amable y Hermoso", mi corazón se regocija. Lo "Bueno" es la seguridad de nuestro escondite, de mi salud intacta, de todo mi ser. Lo "Amable" es Peter, es el despertar de una ternura que nosotros sentimos, sin osar aún, ninguno de los dos, nombrarla o tan siquiera rozarla, pero que se revelará: el amor, el porvenir, la felicidad. Lo "Hermoso" es el mundo, la naturaleza, la belleza y todo cuanto forma la belleza.

Ya no pienso en la miseria, sino en la belleza que sobrevivirá. He ahí la gran diferencia entre mamá y yo. Cuando se está desalentado y poniendo triste, ella aconseja:

—¡Pensemos en las desgracias del mundo, y alegrémonos de estar protegidos!

Yo por mi parte, aconsejo:

—Sal a los campos, ve la naturaleza y el sol, ve hacia el aire libre y trata de reencontrar la dicha en ti misma y en Dios. Piensa en la belleza que se encuentra todavía en y alrededor de ti. ¡Sé dichosa!

En mi opinión, el consejo de mamá no conduce a nada, pues, ¿qué hay que hacer cuando uno se encuentra en la desgracia?, ¡salir de ella! Si no es así, uno está perdido. En cambio, juzgo que volviéndose hacia lo que es bello —la naturaleza, el sol, la libertad, lo hermoso que hay en nosotros—, nos sentimos enriquecidos. Al no perder esto de vista, volvemos a encontrarnos en Dios, y el equilibrio regresa a nosotros.

Aquel que es feliz, puede hacer felices a los demás. Quien no pierde ni el valor ni la confianza, jamas morirá por la miseria.

Tuya.   Ana.

Domingo 12 de marzo de 1944

Querida Kitty:

Los últimos días mi silla está abandonada, ya no me siento; es un vaivén perpetuo de mi cuarto al granero.

Me alegra mucho hablar con Peter pero tengo mucho miedo de molestarlo. Él ha vuelto a hablarme de cosas de antes, de sus padres y de sí mismo. Eso no me es suficiente y me pregunto por qué deseo más. Al principio me encontró insoportable, y la impresión era recíproca. Ahora, yo he cambiado de parecer: ¿le habrá sucedido lo mismo?

Pienso que sí, mas ello no significa que ya seamos verdaderos amigos, lo que para mí haría infinitamente más soportable nuestra permanencia aquí. Yo no debería atormentarme; me ocupo de él bastante a menudo, de manera que no necesito ponerme triste con mi pesar. Pero te confieso que me siento sobre ascuas.

El sábado por la tarde, después de que nos llegaron una serie de malas noticias, me sentí tan trastornada que me tiré en mi diván para dormir un poco. Sólo pedía dormir para no pensar en eso. Sueño profundo hasta las cuatro, después de lo cual hubo que reunirse con los demás. Me costó mucho contestar a todas las preguntas de mamá; para papá, tuve que alegar dolores de cabeza a fin de explicar mi siesta. En suma, no dije mentiras: yo tenía un dolor moral de cabeza.

Las personas y muchachas normales de mi categoría deben juzgar que parezco loca apiadándome así de mí misma. Pero precisamente yo he tomado la costumbre de decirte todo cuanto me pesa en el corazón; y el resto del día yo estoy todo lo alegre, todo lo segura de mí misma y todo lo insolente que me es posible, a fin de evitar cualquier interrogatorio y no tener que deprimirme.

Margot es muy amable y no desea nada mejor que ser mi amiga, pero a mí me es imposible contárselo todo. Es cariñosa, bella y buena, pero peca de cierta despreocupación por las cosas profundas. Me toma en serio, demasiado en serio, y sin duda, se quiebra la cabeza pensando en su hermanita, examinándome con la mirada a cada cosa que digo, como si estuviera loca: "¿Es eso verdad o está interpretando una comedia?" Estamos siempre juntas. Eso es lo malo, porque a mí no me gustaría tener a mi confidente siempre a mi alrededor.

¿Saldré alguna vez de este laberinto de pensamientos y veré en ellos claro algún día para quedarme en paz?

Tuya.   Ana.

Martes 14 de marzo de 1944

Querida Kitty:

Quizá te divierta —a mí no— saber lo que vamos a comer hoy. Como la sirvienta está en las oficinas, me he instalado un momento en la mesa de los Van Daan. Me cubro la nariz con un pañuelo empapado en perfume de antes de la guerra. No comprendes todavía, pero lo harás.

"Empiece por el principio, haga el favor".

Nuestros proveedores de falsas tarjetas de racionamiento se han dejado atrapar. Aparte de nuestras raciones, ya no nos quedan frijoles ni materias grasas. Como Miep y Koophuis están enfermos, Elli no puede conseguir los encargos; la melancolía reina en casa, y forzosamente las comidas se están resintiendo. A partir de mañana no habrá un gramo de grasa ni de manteca ni de margarina. El desayuno ya no consiste en papas fritas (para economizar el pan), sino avena con leche; como la señora gritaba por el hambre, hubo que comprar leche integral en el mercado negro. Y hoy se prepara, para la cena, papas y coles rizadas del tonel de conserva, cuyo olor exige la protección de mi pañuelo. El olor de estas coles, metidas en el tonel desde hace un año, es absolutamente increíble. Toda la habitación está apestada. Es una mezcla de ciruelas pasadas, de un desinfectante enérgico y de huevos podridos. ¡Puah! Sólo la idea de tener que comer eso me sobresalta el corazón.

Suma a esto las extrañas enfermedades que las papas han contraído aquí; de dos barricas de papas, hay una que va derecho a la estufa. Nos hemos divertido haciendo el diagnóstico de estas enfermedades y hemos encontrado el cáncer, la viruela y el sarampión, por rotación. Además, no tiene nada de agradable eso de vivir en un escondrijo durante el cuarto año de guerra. ¿Es qué no va a terminar nunca toda esta porquería?

Realmente me importa muy poco este problema de la alimentación. Si al menos las otras cosas pudieran hacer la vida un poco más agradable. La monotonía comienza a trastornarnos. Todos estamos hartos y cansados.

He aquí las opiniones de los cinco adultos presentes sobre la actual situación:

La señora Van Daan:

"El papel de Cenicienta ya no me emociona. Quedarme sentada buscándome las pulgas me fastidia; por eso, me pongo de nuevo a cocinar. No sin lamentarme, ya que es imposible guisar sin materias grasas, y todos esos pequeños olores sospechosos me hacen daño en mi salud. Y, como recompensa, mi pena tiene que acostumbrarse a los gritos y a la ingratitud; siempre es mi culpa, yo soy el chivo expiatorio. Además, juzgo que la guerra no adelanta mucho; los alemanes terminarán por ganar. Siento un terror enorme de verme morir de hambre y maldigo a todo el mundo cuando estoy de mal humor".

El señor Van Daan:

"Ante todo, fumar, fumar y fumar. Después de eso, la bazofia, la política y los malos humores de Kerli no son tan graves como parecen. Kerli es verdaderamente muy amable". Pero cuando no tiene nada qué fumar, toda sale mal. Sólo se escucha: "Voy a enfermarme, nos alimentamos muy mal, yo necesito carne. Kerli no lo comprende porque es estúpida". Tras lo cual los esposos arman entre ellos una verdadera "guerra".

La señora Frank:

"La alimentación quizá no tenga mucha importancia, sin embargo, me gustaría contar con una pequeña tajada de pan de centeno, pues tengo un hambre terrible. Si yo fuera la señora Van Daan, hace mucho tiempo que hubiera contenido esa manía de fumar constantemente como lo hace su marido. Pero necesito un cigarrillo en seguida, pues los nervios me están dominando. Los ingleses se engañan a menudo, pero la guerra adelanta, a pesar de todo; aún tengo el derecho de hablar, y me alegro de no estar en Polonia".

El señor Frank:

"Todo marcha bien y no necesito nada. Un poco de paciencia todavía. Podemos aguantar. Mientras haya papas, no digo nada. Tendré que pensar en dar una parte de mi ración a Elli. La política marcha muy bien. ¡Soy muy, muy optimista!".

El señor Dussel:

"Se trata de terminar mi tesis a tiempo. La política va viento en popa. Nunca nos atraparán. Es imposible. En cuanto a mí, yo..., yo..., yo...".

Tuya.   Ana.

Miércoles 15 de marzo de 1944

Querida Kitty:

¡Uf! Me he librado un instante de la serie negra.

Todo el día se repite más o menos: "En caso de que esto o aquello suceda, tendremos problemas; o si alguno cayera enfermo, estaríamos solos en el mundo, y si..."

En fin, tú empiezas a comprender y a poder adivinar el final de las conversaciones del Anexo.

Los "Si, si..." porque: el señor Kraler ha sido llamado a trabajar la tierra; Elli está enferma de un resfriado serio y probablemente se quedará en su casa mañana; Miep no se ha curado todavía de su gripe y Koophuis se ha desmayado a causa de otra hemorragia estomacal. Una verdadera serie de calamidades.

El día de mañana los hombres del almacén tendrán tranquilidad todo el día. En caso de que Elli no venga, la puerta de entrada quedará estrictamente cerrada; tendremos que cuidar mucho los ruidos para que los vecinos no oigan nada. Henk vendrá a ver las fieras a la una, haciendo el papel de guardián del Jardín Zoológico. Por primera vez desde hace mucho tiempo, nos ha hablado un poco de lo que ocurre en el mundo exterior. Todos sentados en coro a su alrededor, exactamente como una imagen que ostentase el epígrafe: "Cuando abuelita cuenta un cuento". Ha hablado sobre el racionamiento y, a pedido nuestro, del médico de Miep.

—¡El médico! ¡No me hablen de ese médico! Le he llamado esta mañana y he tenido que conformarme con pedir un remedio contra la gripe a una insignificante enfermera. Ella me respondió que había que ir a buscar las recetas por la mañana, entre las ocho y las nueve. En cuanto al médico, no contesta el teléfono sino en caso de gripe muy seria y dice a uno: "Saque la lengua y diga ah. Sí, lo oigo. Tiene usted la garganta inflamada. Le preparo una receta; podrá usted dársela al farmacéutico. Buenos días, señor". Así es. Los médicos no se molestan; servicio exclusivo por teléfono.

No quiero reprochar nada a los médicos. Al fin y al cabo sólo tienen dos manos, como nosotros, y con los tiempos que corren, su número ha disminuido y se sienten abrumados. Pero Henk nos ha hecho reír con su conversación telefónica.

Puedo imaginar la sala de espera de un médico en tiempo de guerra. No son ya a los pobres enfermos a quienes se desprecia, sino a los que se presentan para la menor hinchazón y que son vistos de pies a cabeza, pensando: "¿Qué viene usted a buscar aquí? Espere su turno, si quiere, usted también. Los enfermos verdaderos tienen prioridad".

Tuya.   Ana.

Jueves 16 de marzo de 1944

Querida Kitty:

Hay un tiempo hermoso, indescriptiblemente hermoso; no veo la hora de ir al granero. Será dentro de un momento.

No es extraño que Peter esté mucho más tranquilo que yo. Tiene su propia habitación, en la cual estudia, reflexiona, sueña y duerme; mientras que yo, soy empujada de un lado a otro. Es raro que me encuentre sola en este cuarto obligadamente compartido cuando tengo tanta necesidad de estar sola. De ahí mis escapadas al granero, donde me encuentro a mí misma por un instante, aparte de los momentos pasados contigo. Basta de aburrirte con mis pesares. Al contrario, estoy decidida a ser valerosa. Gracias a Dios los demás no pueden adivinar lo que sucede dentro de mí; salvo que de vez en vez estoy más distante de mamá, soy menos cariñosa con papá y ya no siento deseo de hacerle a Margot la menor confidencia. Me he vuelto hermética. Ante todo, intento conservar mi aplomo exterior a fin de que nadie sepa el conflicto interior que no quiere cesar. Conflicto entre mi corazón y mi cerebro. Hasta ahora, éste último es quien posee la victoria. Pero, ¿no va a mostrarse aquel más fuerte? Lo temo a veces, y lo quiero a menudo.

¡Oh, qué difícil es no dejar escapar nada delante de Peter! Sin embargo, a él le toca comenzar. Resulta penoso no haber visto nunca realizarse todas las conversaciones ya materializadas en mis sueños. Sí Kitty, Ana es extraña, pero la época en que vivo también es extraña, y las circunstancias, más extrañas todavía.

La cosa más maravillosa es poder escribir todo lo que siento; si no, me ahogaría. Querría saber lo que Peter piensa de todas estas cosas. No he dejado de esperar que un día podamos comentarlas juntos. Sin embargo, él tiene que haberme adivinado, aunque sea un poco, pues a Ana, tal como ella se muestra —y hasta aquí él no conoce más que a esa—, él no podría amarla jamás.

¿Cómo podría, él tan partidario de la tranquilidad y el reposo, simpatizar conmigo, que no soy más que torbellino y estruendo? ¿Sería el primero y el único en el mundo que habría visto detrás de mi máscara de cemento? ¿La arrancará pronto? ¿No dice el viejo refrán que a menudo el amor nace de la compasión y que los dos andan juntos de la mano? Este es mi caso, ¿verdad? ¡Porque yo me compadezco de él, tanto como me compadezco de mí misma!

No se cómo arreglármelas para encontrar las palabras exactas y hacerme entender. Entonces, ¿cómo esperarías de él, que le cuesta expresarse mucho más que a mí? Si pudiera escribirle al menos sabría a qué atenerme sobre lo que tanto deseo decirle. Pero hablar es demasiado difícil. ¡Es atroz!

Tuya.   Ana.

Viernes 17 de marzo de 1944

Querida Kitty:

¡Uf! Una ráfaga de alivio llegó al Anexo. Kraler ha sido perdonado del trabajo obligatorio por la Municipalidad. Elli, dirigiéndose a su resfriado, ha dado un pequeño papirotazo a su nariz y le ha prohibido que la moleste hoy. Todo ha vuelto a ser bueno, salvo que Margot y yo estamos un poco cansadas de nuestros padres. No te he ocultado que, en estos momentos, las cosas no van muy bien con mamá; en cuanto a papá, sigo queriéndolo como siempre, y Margot los quiere a ambos; pero, a nuestra edad, a veces queremos ser libres en nuestros movimientos y no depender siempre de la decisión paterna.

Cuando subo al granero me pregunta lo que voy a hacer; no puedo servirme sal a la mesa; todas las noches, a las ocho y cuarto, mamá me pregunta si no es la hora de desvestirme; cada libro que leo pasa por la censura; en verdad, la censura no es demasiado severa, ya que se me permite leer casi todos los libros. Eso no impide que tanta objeción y pregunta de la mañana a la noche nos crispen a ambas.

Otra cosa que les preocupa, en lo que a mí concierne, es que ya no tengo ganas de besitos y de cariños, y los tiernos diminutivos y los juegos afectuosos. En suma, me gustaría poder dejar a mis padres queridos, aunque sólo fuera por un momento. Anoche, Margot volvió a decir:

—Si tengo la desgracia de suspirar dos veces sosteniéndome la cabeza, me preguntan en seguida si tengo jaqueca o qué es lo que me pasa.

Ambas nos damos cuenta de lo poco que queda de nuestro ambiente familiar, antes tan armonioso y tan íntimo. Es un golpe duro. No es de extrañar, la mayoría de las veces nos encontramos en falsa postura. Quiero decir que se nos trata como niñas. Eso sólo para las cosas físicas, pero olvidan que, moralmente, hemos madurado más de lo que generalmente les sucede a otras muchachas de nuestra edad.

A pesar de mis catorce años, sé exactamente lo que quiero, puedo decir quién tiene o no razón, formarme una opinión, concibo las cosas como las veo y —lo que puede parecer extraño en una escolar—, me siento más cerca de los adultos que de los niños. Tengo la impresión de ser absolutamente independiente de todos los que conozco.

Si me lo propusiera, aventajaría a mamá en las discusiones y las controversias, pues soy más objetiva que ella y exagero menos. Soy también más ordenada y hábil, lo que me da —sí, puedes reír— una superioridad sobre ella en muchas cosas. Para amar a una persona, primero me tiene que inspirar admiración y respeto; sobre todo, admiración. Todo eso marchará bien cuando pueda conquistar a Peter, pues lo admiro desde muchos puntos de vista. ¡Es un chico cabal y es hermoso!

Tuya.

Ana.

Domingo 19 de marzo de 1944

Querida Kitty:

Ayer fue para mí muy importante. Yo hubiera querido saber a qué atenerme. En el momento de sentarnos a la mesa, pude decirle en secreto:

—¿Practicas taquigrafía esta tarde, Peter?

—No —repuso él.

—Quisiera hablarte en seguida. ¿Conforme?

—Sí.

Después de secar los platos, para ocultar las apariencias, me quedé primero con sus padres, sentada junto a la ventana. Después, fui a reunirme con Peter en su habitación; se había quedado de pie, a la izquierda de la ventana abierta; yo me puse a la derecha y hablamos. La oscuridad relativa de afuera se presta más a la conversación que cualquier luz, haciendo las cosas más fáciles para mí y para Peter.

Platicamos tantas cosas que no podría repetirlas completamente. Pero era maravilloso. La más hermosa velada que haya pasado en el Anexo. Te diré superficialmente los diferentes temas de nuestra charla. Ante todo, las disputas: yo dije que eso no me afectaba tanto como el abismo que se había abierto entre nosotros y nuestros padres.

Peter escuchó mis historias de familia.

En determinado momento, comentó:

—Ustedes se besan todas las noches antes de acostarse. Un beso en cada mejilla, ¿no?

—¿Uno solo? No, muchos. Apuesto que no es tu caso.

—¡No!, yo casi nunca he besado a nadie.

—¿Ni siquiera a tus padres en tu cumpleaños?

—Sí, es verdad.

Discutimos sobre la confianza que nosotros no hemos otorgado a nuestros padres; los padres de él se la habían otorgado, pero él no quiso concedérsela. Escapaba a la ventana del desván para poder lanzar sus traumas completamente solo. En cuanto a mí, le dije cómo en la noche, en la cama, daba rienda suelta a mi llanto. Le hablé también de la amistad entre Margot y yo, muy reciente después de todo, y sin poder decírnoslo todo, porque estamos siempre juntas. Hablamos un poco de todo. ¡Oh, ya lo sabía yo!, ¡era exactamente como me lo imaginaba!

Después, hablamos de 1942; qué distintos éramos en aquella época. Tales como somos, a duras penas nos reconocíamos. Al principio ninguno de los dos podíamos oírnos. Escuchándome y viéndome a cada instante, él me encontraba fastidiosa; por lo que toca a mí, yo no había tardado en juzgarlo una nulidad, negándome a comprender a un muchacho que no era un "flirt". Ahora, me río de ello. Cuando él me habló de su aislamiento voluntario, le dije que no había gran diferencia entre su bullicio y su calma; que a mí también me gusta la tranquilidad, pero que, por toda intimidad, sólo me queda mi Diario. Él dijo que estaba agradecido a mis padres por tener con ellos a sus hijas; por mi parte, yo me alegro de que él esté aquí. Nos dijimos todo eso, y además, cómo yo le comprendía por querer mantenerse apartado, no ignorando las relaciones entre él y sus padres.

—Me agradaría tanto ayudarte.

—¡Pero si tú me ayudas constantemente! —dijo él.

—¿Cómo?, ¿así? —dije, muy sorprendida.

—¡Con tu alegría!

Es lo más hermoso que él me ha dicho. Debe de haber empezado a quererme, como amigos, pero eso me basta por el momento. Por más que busque las palabras, no las encuentro; soy tan dichosa. Perdóname, querida Kitty. Mi estilo, hoy, se ha venido muy abajo.

Sólo te he contado algunas impresiones vitales. Tengo la sensación de compartir un secreto con Peter. Cada vez que me mira con esos ojos, con esa sonrisa y ese guiño, parece que se enciende en mí una llamita. ¡Con tal de que eso siga así! ¡Con tal de que sigamos pasando horas juntos!, ¡horas y horas de felicidad!

Tuya.   Ana.

Lunes 20 de marzo de 1944

Querida Kitty:

Esta mañana Peter me ha preguntado por qué no iba más seguido por la noche, diciéndome que yo no le molestaba en lo mínimo, y que su cuarto era bastante grande para los dos. Yo le hice notar que nunca me permitirían ausentarme toda la noche, pero a él le pareció que no había que darle mucha importancia. Entonces yo le propuse la noche del sábado, siempre que hubiera luna...

—En tal caso —repuso él—, la veremos mejor de abajo que de arriba.

Mientras una sombra oculta nuestra dicha. Yo había pensado más de una vez: Peter le gusta también a mi hermana. No sé si ella le ama, pero eso me inquieta. Tengo la impresión de hacerle daño cada vez que me encuentro con Peter, y lo más curioso de todo, es que ella sabe ocultar bien sus sentimientos.

En su lugar, yo estaría enferma de celos; Margot me asegura que no tengo ninguna necesidad de apiadarme de ella.

—Debe de ser molesto eso de sentirse una tercera rueda de la carreta —he agregado.

—¡Oh, estoy acostumbrada! —ha contestado ella, no sin amargura.

Confieso que esto no se lo he platicado a Peter; más tarde, quizá; primero tenemos muchas cosas que decirnos.

Anoche, mamá me regañó, desde luego bien merecido. Yo me preocuparía de no llevar demasiado lejos mi indiferencia hacia ella. Hay pues, que volver a empezar. Tratemos de ser amables a pesar de todo, y prescindamos de las observaciones.

Pim se muestra menos cariñoso. Sus esfuerzos por no seguir tratándome como niña lo han alejado demasiado. Ya veremos.

Basta por hoy. No hago nada más que mirar a Peter, y eso es más que suficiente.

Tuya.   Ana.

He aquí una prueba de la nobleza y bondad de Margot; una carta que he recibido hoy, 20 de marzo de 1944:

"Ana: Al decirte anoche que no estaba celosa de ti, no fui franca más que en un 50%. No estoy celosa ni de ti, ni de Peter. Pero me aflige un poco que yo no haya encontrado hasta aquí alguien con quien poder hablar de mi sentir y de mis pensamientos; y nada de eso tengo que esperar momentáneamente. No es cuestión de despecho. No tengo por qué guardarte rencor, ni a Peter. Al contrario, si ambos tienen confianza mutua y llegan a ser grandes amigos, qué mejor. Aquí tú te ves demasiado privada de todo lo que debería corresponderte.

"Además, estoy segura de que la persona a quien a mí me agradaría confiarme, y con quien querría, pues, intimar, no es Peter; confieso que nunca llegaría a eso con él. Ese alguien tendría que adivinarme, aun antes de que yo necesitara hablarle mucho de mí misma. Por eso le veo superior a mí en espíritu. Peter jamás me ha causado tal impresión. Sin embargo, imagino muy bien esa especie de intimidad entre Peter y tú.

"Nada tienes que reprocharte. Y, sobre todo, no pienses que me arrebatas algo. Nada de eso es verdad. Si se entienden bien, con ello ganarán ambos, tanto Peter como tú".

Mi respuesta:

"Querida Margot:

Tu carta es verdaderamente amable, pero no me tranquiliza por completo. La intimidad entre Peter y yo, tal como la ves, aún no ha llegado; pero, evidentemente, una ventana abierta y la oscuridad se prestan más fácilmente que la luz del día. Así, pueden murmurarse sentimientos que no gritaríamos sobre todos los techos. Presumo que Peter te inspiraba una especie de afecto de hermana mayor y que te gustaría ayudarle tanto como yo. Si algún día tuvieras la oportunidad de hacerlo, sin que exista esa intimidad con que nosotros soñamos, en tal caso, la confianza tendría que ser recíproca; he ahí por qué la brecha entre papá y yo se ha ensanchado: por falta de confianza mutua.

"No hablemos más del tema, ni tú ni yo. Si necesitas saber algo, escríbemelo; podré contestarte mucho mejor que verbalmente".

"No puedes imaginar cuánto te admiro, y mientras sienta a mi lado tu bondad y la de papá —pues, en ese sentido, ya no veo gran diferencia entre ustedes dos—, conservaré la esperanza de vivir".

Tuya.

Ana.

Miércoles 22 de marzo de 1944

Querida Kitty:

Ésta es la respuesta de Margot, que recibí anoche:

"Querida Ana: Tu carta me ha dado la desagradable impresión de que, para ti, ir a estudiar o a platicar en el cuarto de Peter te ha dado cargo de conciencia frente a mí. Te aseguro que no hay motivo para ello. Algo me dice que una persona tiene derecho a la confianza mutua, pero yo no daría ese lugar a Peter todavía. Está claro.

"Sin embargo, Peter se ha vuelto para mí como un hermano, exactamente como tú lo has dicho en tu carta, pero... un hermano más joven que yo. Tal vez tendamos nuestras antenas el uno hacia el otro y encontremos más tarde un cariño común de hermano y hermana; pero aún no estamos en eso, y quizá no lo estemos nunca.

"Te pido y te repito, que por favor no me compadezcas. Disfruta todo cuanto puedas de la buena compañía de tu nuevo amigo".

De cualquier forma yo encuentro la vida más bella. Creo, Kitty, que el Anexo se va a llenar por el soplo de un amor verdadero. No pienso en casarme con él. No es mi sueño. Es demasiado joven todavía, y no sé qué clase de hombre será más tarde. Tampoco sé si nos amaremos lo suficiente para que ambos queramos casarnos. En todo caso, estoy convencida de una cosa: él me quiere también, aunque no podría decir de qué manera.

Puede tal vez necesitar de una buena amiga, o tal vez no ha resistido mis encantos de muchacha, o me considera como una hermana; de ello no llego a formarme una idea muy clara.

Cuando él dijo, a propósito de las peleas entre sus padres que yo le ayudaba siempre, me conmovió por entero: era el primer paso de su amistad, en la que quiero creer. Ayer le pregunté qué haría él si la casa se llenara de pronto de una docena de Anas que fueran a cada momento a molestarle. Y él me contestó:

—¡Si fueran todas como tú no sería tan grave!

Es para mí la dulzura en persona; debe, pues, sentirse muy contento cuando me ve. Ahora, se ha puesto a estudiar francés con mucho empeño; estudia inclusive en la cama, hasta las diez y cuarto. ¡Oh! Cuando pienso de nuevo en el sábado por la noche, en nuestras palabras, en las delicias de aquel momento, me siento satisfecha por primera vez en mi vida. Me refiero a que ahora volvería a decir lo mismo y sé que no lo cambiaría, como otras veces.

Que ría o que se quede serio, así me gusta. Es todo amabilidad y bondad. Creo que lo que más le ha impresionado es el haber descubierto en mí, no a la pequeña Ana superficial que los demás conocen, sino una criatura totalmente diferente, alguien tan soñador como él mismo y en lucha con idénticas dificultades.

Tuya.   Ana.

Mi respuesta a Margot:

"Me parece que lo que nos queda por hacer es dejar que las cosas vengan a su manera. Un acuerdo entre Peter y yo no puede esperar: o nos quedamos como estamos o se produce el cambio. No sé lo que va a pasar; en cuestiones como éstas no veo más allá de la punta de mi nariz. Sin embargo, he tomado una decisión: en caso de que Peter y yo entabláramos sólo amistad, le diría que tú también lo quieres mucho, y que puede preguntártelo a ti, si lo considera necesario. Tú no querrás, ya lo sé, pero a mí no me importa. Ignoro absolutamente lo que Peter piensa de ti, pero se lo preguntaré.

"No hay nada de malo en ello, estoy segura. ¡Todo lo contrario! Ven a vernos al granero o en otra parte donde estemos. Nunca nos estorbarás. No te asombre encontrarnos en la oscuridad. Hemos convenido que es en este momento cuando nosotros hablamos mejor y con más tranquilidad".

"¡Ánimo! Yo también lo necesito, y no resulta siempre fácil. A ti también te tocará, tal vez antes de lo que te imaginas".

Tuya.   Ana.

Jueves 23 de marzo de 1944

Querida Kitty:

Nuestros asuntos van un poco mejor. Afortunadamente nuestros proveedores de falsas tarjetas de racionamiento han sido liberados.

Ayer volvió Miep. Elli sigue mejor, a pesar de que la tos no se le ha quitado. Pero Koophuis tendrá que estar en cama por bastante tiempo.

Ayer, un avión se cayó cerca de la vecindad: los hombres de la tripulación pudieron saltar a tiempo y aterrizar con sus paracaídas. El aparato se estrelló contra una escuela vacía, causó algunos muertos y un ligero incendio. Los alemanes dispararon a los aviadores. Era espantoso. Los espectadores holandeses ante semejante cobardía estuvieron a punto de estallar de rabia. Y no podían decir nada. Nosotras, las mujeres de la casa, nos asustamos muchísimo. ¡Qué horribles son esas ametralladoras!

He tomado por costumbre subir por la noche al cuarto de Peter para respirar allí aire fresco. Pongo una silla a su lado y me siento contenta mirando hacia afuera.

¡Qué tontos son Van Daan y Dussel cuando me ven llegar a su habitación! Uno de los comentarios:

—Ana y su nuevo hogar.

O este es otro:

—Los muchachos reciben a las muchachas a esta hora en la oscuridad. ¿Es eso correcto?

A estos comentarios Peter opone una presencia de ánimo asombrosa.

A mamá también le cuesta ocultar su curiosidad, se muere de ganas de saber de qué hablamos; pero no se atreve a preguntar nada, sabiendo que corre el riesgo de dar un paso en falso. Peter, hablando de los mayores, dice que están celosos porque nosotros somos jóvenes y porque no hacemos el menor caso de sus odiosas advertencias. A veces, él viene a buscarme y, a pesar de todas sus buenas intenciones, enrojece y comienza a tartamudear. Yo no enrojezco nunca y me da mucho gusto porque debe ser una sensación muy desagradable.

Papá dice siempre que soy una presumida. No es verdad. Pero sí soy coqueta. Todavía no he oído alabar mucho mi belleza. Salvo a un compañero que me decía que yo era encantadora cuando me reía. Ayer, Peter me dijo un piropo sincero. Para divertirme un poco, voy a contarte, poco más o menos, nuestra conversación.

Peter suele decir:

—¡Vamos, sonríe!

Después le pregunté:

—¿Por qué quieres que siempre me ría?

—Porque resulta encantador. Al reír aparecen tus hoyuelos. ¿Cómo puede ser?

—He nacido con hoyuelos en las mejillas y en la barbilla. Es el único signo de belleza que poseo.

—No, eso no es verdad.

—Sí. Sé demasiado bien que no soy bonita. Nunca lo he sido y nunca lo seré.

—No comparto tu opinión. Yo te encuentro muy bonita.

—No es verdad.

—Si lo digo es porque es verdad. ¡Cree en mí!

Naturalmente yo le respondí de la misma manera.

Todos tienen algo que comentar sobre la repentina amistad entre nosotros. Sus pequeños chismorreos realmente no nos interesan y sus observaciones no son realmente originales. ¿Es que los padres han olvidado su propia juventud? Parece que sí. Nos toman siempre en serio cuando decimos algo en son de broma, y se ríen cuando nos sentimos serios.

Tuya.   Ana.

Lunes 27 de marzo de 1944

Querida Kitty:

La política juega un papel importante en nuestra historia de clandestinos y, como ese tema me interesa vagamente, lo he descuidado mucho en estos últimos tiempos. Por eso ahora consagré una carta a la política.

Naturalmente, todas las opiniones sobre el tema son diferentes, y como es lógico, únicamente se habla de eso en época de guerra. Pero... para los mayores es tema de interminables peleas, lo que resulta estúpido.

Que rían, que hablen, que apuesten, que digan palabrotas, que hagan lo que les venga en gana, pero que no se peleen porque entonces acabarán mal.

La gente trae de afuera muchas noticias falsas; en cambio nuestra radio todavía no ha mentido, hasta ahora. Henk, Miep, Koophuis y Kraler cambian de humor según la política del día; unas veces son optimistas, otras pesimistas. Henk es el más estable de todos.

El clima político general en el Anexo cambia muy poco. Las innumerables discusiones sobre el desembarco, los bombardeos, los discursos, etc., etc., provocan exclamaciones tales como:

—¡Imposible!

—Um Gottes Willen, si aún están en los preparativos, ¿qué va a ser de nosotros?

—Todo marcha cada vez mejor.

—Me parece muy bien. Es excelente.

Optimistas y pesimistas, y no olvidemos a los realistas, todos gritan con la misma energía incansable para exponer su opinión y cada uno cree ser el único que tiene razón, lo que no es ninguna novedad. Cierta señora está constantemente enojada por la confianza desmedida con que su marido perdona a los ingleses, y cierto señor ataca a su esposa por omitir de forma orgullosa a su Inglaterra querida.

Nunca se cansan. Yo lo utilizo hasta como medio, con resultados seguros, pues brincan como si hubieran sido picados por una avispa: dejo caer una sola palabra, hago una sola pregunta, una frase basta para hacer perder la cabeza a toda la familia.

Como si ya no estuviéramos satisfechos con las transmisiones alemanas de la Wehrmacht y la BBC de Inglaterra, desde hace un tiempo se nos preocupa con las transmisiones de la Luftlagemeldung. Es muy bonito, pero existe el reverso de la medalla. Los ingleses hacen de su radio un arma de propaganda constante, para rivalizar únicamente con los embustes alemanes sirviéndose de los mismos medios. Desde entonces se conecta la radio tan pronto como despertamos, luego a cada hora, de la mañana a la noche, hasta las nueve y a menudo hasta las diez o las once.

Lo que prueba que, por pacientes que sean los mayores, parecen perder la cabeza de vez en cuando... salvo algunas excepciones, y no quiero ofender a nadie. Estaríamos suficientemente informados durante el día con una sola transmisión, o con dos como máximo. Pero esos viejos necios..., ¡bueno, tú ya sabes lo que yo pienso de ellos!

El programa de los Trabajadores, la Holanda de Ultramar, Frank Phillips o Su Majestad Guillermina, cada uno llega a su hora, no se olvidan de nadie. Y cuando no están a la mesa o acostados, se amontonan alrededor de la radio para hablar de comestibles, insomnios y política.

—¡Esto es interminable! Se trata de no volverse como ellos. ¡Ojo con la vejez! De todos modos, los viejos de aquí no tienen gran cosa que temer.

Te daré como ejemplo una escena durante el discurso de Winston Churchill, amado por todos nosotros.

Domingo a las nueve de la noche. La tetera está sobre la mesa y los invitados hacen su entrada. Dussel se sienta a la izquierda de la radio, el señor Van Daan delante y Peter al otro lado del receptor. Mamá al lado del señor y la señora detrás. En la mesa, Pim, en medio de Margot y de mí. Los caballeros contienen la respiración. Peter cierra los ojos en un esfuerzo por comprenderlo todo. Mamá está vestida con una larga bata negra; despreocupándose del discurso, el ruido de los aviones en ruta hacia Essen hacen estremecer a la señora; Margot y yo estamos tiernamente unidas por Mouschi, dormido sobre una rodilla de cada una de nosotras; y papá toma su té. Margot tiene puestos los rizadores, yo estoy en camisón, demasiado corto y demasiado estrecho para mí.

Al vernos, se diría: "¡Qué familia tan unida, qué intimidad, qué paz!" Por primera vez, es verdad. Pero temo con horror llegar el final del discurso. Ellos apenas pueden esperarlo, temblando ya de impaciencia, para poder discutir tal o cual pormenor. Pss, pss, pss... Una corriente de provocación, aún imperceptible; a la que seguirá la discusión, la pelea y la discordia.

Tuya.   Ana.

Martes 28 de marzo de 1944

Mi muy querida Kitty:

Podría escribirte mucho más sobre política, pero tengo un montón de otras cosas que contarte. Hoy mamá me ha hecho notar que mis visitas al piso de arriba se han hecho demasiado frecuentes; según ella, la señora Van Daan está celosa. Pasando a otra cosa, Peter ha invitado a Margot a venir con nosotros, no sé si por cortesía o si va en serio. Lo ignoro. He ido, pues, a preguntarle a papá si le parecía que debía preocuparme por los posibles celos de la señora; a él le parece que no. ¿Qué hacer? Mamá está enojada y probablemente celosa. Papá nos permite de todo corazón, a Peter y a mí, nuestras veladas amistosas, le da gusto ver que nos entendamos tan bien. Margot también quiere a Peter, pero se siente de más, sabiendo que entre tres no se dicen las mismas cosas que entre dos.

Mamá piensa que Peter está enamorado de mí. Te confieso que me gustaría, en tal caso, estaríamos iguales y podríamos comunicarnos mucho más fácilmente. Admito que, en compañía de los demás, nos lanzamos una que otra mirada y que a veces él se fija en mis hoyuelos, pero yo no puedo remediarlos, ¿verdad?

De nuevo estoy en una situación difícil. Mamá está en mi contra y papá cierra los ojos frente a la lucha silenciosa entre mamá y yo. Ella está triste porque me quiere mucho; yo no estoy triste para nada, porque sé que ella lo está por falta de comprensión. Y Peter... A Peter no lo quiero dejar; es tan amable y lo admiro tanto... Lo que existe entre nosotros podría transformarse en algo muy hermoso. ¿Por qué esos viejos pretenden meter la nariz? Afortunadamente estoy acostumbrada a ocultar mis sentimientos y logro admirablemente ocultarles que estoy loca por él. ¿Y él, hablará alguna vez de eso? ¿Sentiré alguna vez su mejilla contra la mía, tal como sentí la del otro Peter en mi sueño? ¡Oh, Peter, Peter! ¡Vosotros no sois más que uno, vosotros sois el mismo Peter! Ellos no nos entienden, nunca sospecharán que nos basta con estar solos, sentados el uno al lado del otro, sin hablar, para estar contentos. No comprenden lo que nos atrae del uno hacia el otro. ¡Ah, estos problemas! ¿Cuándo se terminarán? De cualquier modo, hay que vencerlos; así, el final será bellísimo. Cuando le veo acostado, la cabeza sobre los brazos y los ojos cerrados, no es más que un niño; cuando juega con Mouschi es encantador; cuando ha sido encargado de las papas o de otras cosas pesadas, está lleno de fuerza; cuando va a mirar los bombardeos o a sorprender a los ladrones en la noche es valiente; y cuando hace las cosas con torpeza y falta de habilidad, resulta sencillamente tierno.

Prefiero recibir de él una explicación a tener que enseñarle algo; me gusta reconocerle superioridad en todo, o en casi todo.

¡Qué me importan a mí todas las madres! ¡Ay, cuándo me dirá lo que me tiene que decir!

Tuya.   Ana.

Miércoles 29 de marzo de 1944

Querida Kitty:

Anoche, durante la transmisión de radio, el ministro Bolkestein dijo en su discurso que después de la guerra se coleccionarían cartas y memorias relativos a nuestra época. Por supuesto, todos los ojos se volvieron hacia mi Diario. ¡Imagínate una novela sobre el Anexo publicada por mí! ¿Verdad que sería interesante?

Pero dejemos eso a un lado. Diez años después de la guerra, seguramente causaría un extraño efecto mi historia de ocho judíos en su madriguera, su manera de vivir, de comer y de hablar. Aunque de ello te haya dicho mucho, en realidad sabes muy poco.

¡Todas las angustias de las mujeres durante los bombardeos que no paran! El del domingo, por ejemplo, cuando 350 aviones ingleses descargaron media tonelada de bombas sobre Ijmuiden, haciendo retumbar las casas como briznas de hierba en el viento. Además, el país está invadido por toda clase de epidemias. Tú no sabes nada de estas cosas, porque si quisiera contártelo todo en sus detalles, no pararía de escribir a lo largo del día. La gente hace largas filas para la menor de sus compras; los médicos no pueden ir a ver a sus enfermos pues les roban sus vehículos; el robo y las raterías están a la orden del día, a tal grado que nos preguntamos cómo nuestros holandeses han podido convertirse de la noche a la mañana en ladrones. Los niños de ocho a once años rompen los vidrios de los escaparates y roban lo que encuentran a mano. Nadie se atreve ya a dejar su casa cinco minutos por miedo de que sus bienes desaparezcan. Cada día hay anuncios ofreciendo recompensa por la devolución de máquinas de escribir robadas, alfombras persas, relojes eléctricos, telas, etc. Los relojes eléctricos de las calles y los teléfonos de las cabinas son desarmados completamente. No tiene nada de extraño que la población esté convulsionada; todos tienen hambre, y las raciones de una semana no son suficientes para vivir dos días. Ante las perspectivas del desembarco, mandan a los hombres a trabajar a Alemania. Los niños están enfermos y mal nutridos, todo el mundo está mal calzado y mal vestido.

Unas medias suelas cuestan 7.50 florines; la mayoría de los zapateros no aceptan clientes nuevos, a menos que esperen cuatro meses a que los arreglen, al cabo de los cuales tu calzado puede haberse perdido.

Una cosa buena en todo esto es el sabotaje contra las autoridades que aumenta día tras día, a pesar de las medidas cada vez más duras contra el pueblo que no se conforma con una alimentación cada vez peor. Los servicios de racionamiento, la policía, los funcionarios, o se ponen del lado de los ciudadanos para ayudarles, o bien los delatan para que vayan a parar a la cárcel. Por suerte, sólo un pequeño porcentaje de la población neerlandesa colabora con el bando contrario.

Tuya.   Ana.

Viernes 31 de marzo de 1944

Querida Kitty:

Todavía hace bastante frío y mucha gente está sin carbón desde hace un mes. ¿No te parece horrible? Los ánimos en general han vuelto a ser optimistas con respecto al frente ruso, cuyas noticias son sensacionales. No quiero ocuparme de política, pero, sin embargo, voy a decir dónde se hallan: los rusos se encuentran exactamente enfrente del gran cuartel general alemán, y se acercan a Rumania por el Pruth; están cerca de Odesa, cada noche esperamos un comunicado especial de Stalin.

En Moscú tiran tantas salvas de cañón que hacen temblar a la ciudad entera. Esta forma de exteriorizar su alegría debe de parecerse al sitio.

Hungría ha sido ocupada por tropas alemanas; allí todavía viven un millón de judíos que, sin duda, también van a pasar malos momentos.

Se habla un poco menos de Peter y de mí. Los dos somos grandes amigos, estamos juntos siempre que nos es posible y hablamos de todo y de todos. Cuando tocamos temas delicados nunca necesito contenerme, como sería el caso si hablase de esas cosas con otros muchachos. Es verdaderamente increíble.

Mi vida aquí ha cambiado muchísimo. Ha mejorado mucho. Dios no me ha dejado sola, y nunca me dejará.

Tuya. Ana.

Sábado 1 de abril de 1944

Querida Kitty:

A pesar de todo, sigo encontrándome frente a los mismos problemas. Seguramente ya sabes a qué me refiero, ¿verdad? Me muero de ganas de un beso, del beso que se hace esperar. ¿Me considera él todavía como una amiga? ¿No soy nada más para él?

Tú sabes bien que soy fuerte, bastante fuerte para llevar sola la mayoría de mis penas. Nunca estuve habituada a compartirlas con nadie; nunca me he confiado a mamá. Pero, al lado de él, ¡como me gustaría apoyar mi cabeza en su hombro y reposar en él!

Ese ensueño de la mejilla de Peter no me abandona; es imposible olvidar ese instante en que todo se tornaba infinitamente hermoso. ¿Y él? ¿No lo desea tanto como yo? ¿No será que la timidez le impide confesar su amor? ¿Por qué me quiere tan a menudo a su lado? Dios mío, ¿por qué no dice nada?

Es mejor que guarde silencio. Me tranquilizaré. He de encontrar la fuerza necesaria y, con un poco de paciencia, quizá eso llegue por sí solo. Lo que no impide que... Y eso me tiene mortificada. Doy la impresión lamentable de correr hacia él. Siempre soy quien va hacia él, y no él hacia mí.

Esto es debido a nuestras habitaciones. Para él es un obstáculo del que debe olvidarse.

Tuya. Ana.

Lunes 3 de abril de 1944

Querida Kitty:

Contra lo habitual, vas a recibir una carta consagrada por entero a la alimentación. Y es que este problema no se plantea únicamente en el Anexo, sino en toda Holanda, en toda Europa, por todas partes, y sigue siendo un factor primordial.

Después de 21 meses que llegamos aquí, hemos hecho el experimento de "una alimentación periódica", y hemos tenido varias de ellas. Durante un cierto periodo nos vemos obligados a comer constantemente el mismo menú. Por mucho tiempo hemos tenido sucesivamente escarolas con arena y sin arena, un puré de legumbres con papas, hervidas o a la sartén; espinacas, nabos, pepinos, tomates, coles, etc. No es divertido, por ejemplo, comer coles todos los días en el almuerzo y en la cena, pero uno se resigna cuando tiene hambre. Actualmente atravesamos el peor momento, porque no hay las legumbres frescas.

Nuestros almuerzos de esta semana constan de frijoles rojos, arvejas partidas, papas con bolitas de harina, o simplemente papas, nabos o zanahorias podridas, y se vuelve a los frijoles colorados. Comemos muchas papas a falta de pan, empezando por el desayuno. Para la sopa, utilizamos porotos blancos y rojos, y papas, o paquetes de sopa Juliana, a la reina, y otra vez porotos colorados. Todo está mechado de frijoles colorados, lo mismo que el pan, que los contiene en buena parte.

En la noche siempre comemos papas aderezadas con una salsa de fantasía y además, por suerte, una ensalada de remolachas de nuestra reserva. Una pequeña referencia a las bolitas de harina, que fabricamos con la harina del panadero y con levadura; con ella se empasta la boca y son tan pesadas, que dan la impresión de tener piedras en el estómago. Pero dejemos eso.

Nuestras golosinas, una vez por semana, son: una rebanada de salchichón (de hígado) y mermelada sobre pan seco. No solamente seguimos con vida, sino que, a veces, hasta nos regodeamos con nuestra "super comida".

Tuya.   Ana.

Martes 4 de abril de 1944

Querida Kitty:

Durante mucho tiempo no sabía ya para qué estudiaba; el final de la guerra estaba todavía muy lejos y parece irreal. Si no termina en septiembre, nunca más volveré a la escuela, pues ya no recuperaría los dos años perdidos. Mis días sólo han sido colmados por los pensamientos y los sueños con respecto a Peter; sólo me ocupaba de él, hasta sentir una desazón de la que no tienes idea; el sábado fue terrible. En el cuarto de Peter me pasé el tiempo reteniendo las lágrimas; poco después, reí con un Van Daan alegrado por el ponche de limón, excitándome yo misma con una alegría nerviosa. Pero, al estar sola, después de haberme puesto el camisón, me dejé resbalar al suelo e hice mis rezos —largos e intensos—, después me desplomé y me eché a llorar. Un sollozo fuerte me regresó a la realidad, e hice cesar mis lágrimas, para que no me oyeran. Después traté de rearmarme de valor diciendo: "Es necesario, es necesario, es necesario...." Completamente acalambrada por mi acurrucamiento me acosté; eran casi once y media. Había terminado.

Y ahora ha terminado en realidad. Se trata de estudiar para no ser ignorante, para adelantar, para llegar a ser periodista —que es lo que sueño—. Estoy segura de poder escribir algunas de mis novelitas, las cuales pueden ser mis descripciones del Anexo; sé que hay párrafos elocuentes en mi Diario, pero... de ahí a saber si tengo verdadero talento...

Mi mejor cuento de hadas es *Eva's Dream* ("El sueño de Eva"), el cual no sé absolutamente de dónde lo saqué. *Cady's Leven* ("*La vida de Cady*") tiene buenos momentos aquí y allá, pero en conjunto no es gran cosa.

Aquí, yo soy mi propio crítico, y el más severo. Me doy cuenta de lo que está bien o mal escrito. Quienes no escriben desconocen lo que es maravilla; antes, yo deploraba siempre no saber dibujar, pero ahora me entusiasma poder al menos escribir. Y si no tengo bastante talento para ser periodista o para escribir libros, ¡bah!, siempre podré hacerlo para mí.

Yo quería adelantar, hacer algo. No puedo imaginarme viviendo como mamá, la señora Van Daan y todas esas mujeres que cumplen con su deber y son olvidadas más tarde. Además de un marido y varios hijos, necesitaré tener otra cosa.

Quiero seguir viviendo, aun después de morir. Por eso le agradezco a Dios que, desde mi nacimiento, me dio una posibilidad: la de desarrollarme y escribir, es decir, la de expresar todo cuanto acontece en mí.

Al escribir me libero de todo, mi pesar desaparece y mi valor renace. Pero —he ahí la cuestión primordial—, ¿seré alguna vez capaz de escribir algo que guste?; ¿podré ser algún día periodista o escritora?

Confío que sí. ¡Oh, cómo lo deseo! Pues al escribir yo puedo concretarlo todo: mis pensamientos, mi idealismo y mis fantasías.

Hace mucho tiempo que no sigo trabajando en *Cady's Leven*; aunque vea muy bien la prosecución, no ha resultado al escribir y no he dado con la manera de avanzar. Quizá nunca logre terminarla; tal vez esta novela encuentre su fin en el cesto de los papeles o en la estufa... Ello me dolerá mucho, pero bien pensado, "a los catorce años se tiene muy poca experiencia para lanzarse en la filosofía".

Bueno, ¡adelante con un nuevo valor! Ya llegará eso, pues estoy decidida a escribir.

Tuya.   Ana.

Jueves 6 de abril de 1944

Querida Kitty:

Me has preguntado qué es lo que me interesa y cuáles son mis manías, y me apresuro a contestarte. No te asustes, pues son bastantes.

En primer lugar: escribir. Pero, en el fondo, eso no entra en las categorías de las manías.

La segunda, son los árboles genealógicos. Estoy haciendo indagaciones en todos los documentos, diarios y libros sobre la genealogía de las dinastías de Francia, de Alemania, de España, de Inglaterra, de Austria, de Rusia, de los países nórdicos y de Holanda. La mayoría de los casos han tenido un lindo resultado, a fuerza de leer y de anotar las biografías y los libros de historia, buenas partes de los cuales he copiado.

Desde luego, mi tercera manía es la historia, y por eso Pim ya me ha comprado muchos libros. Espero con impaciencia el día en que podré revolver las anaquelerías de la biblioteca.

Mi cuarta manía: la mitología de Grecia y de Roma; tengo ya diversos libros sobre el tema.

Otras manías: las fotos familiares y de artistas de cine.

Me entusiasman los libros y la lectura. La historia del arte, la literatura me interesa, sobre todo cuando se trata de escritores, de poetas y de pintores. Los músicos, con el tiempo llegarán a interesarme.

Por lo que siento una gran antipatía es por el álgebra, la geografía y todo lo que es matemáticas.

Me gustan las demás asignaturas escolares, pero, sobre todo, la historia.

Tuya.   Ana.

Martes 11 de abril de 1944

Querida Kitty:

La cabeza me da vueltas. No sé verdaderamente por dónde empezar.

El viernes (Santo), jugamos al juego de sociedad, lo mismo que el sábado por la tarde. Estos días han pasado muy rápido, sin nada sobresaliente. Invité a Peter a mi cuarto a las cuatro y media; a las cinco y cuarto subimos al granero, donde nos quedamos hasta las seis. De seis a siete y cuarto hubo la transmisión de un hermoso concierto de Mozart; me gustó, sobre todo *Kleine Nachmusik*. La habitación me parecía casi demasiado estrecha. La buena música siempre me causa el mismo efecto: me sacude profundamente.

El domingo, a las ocho de la noche, fui con Peter al granero de adelante; para mayor comodidad, llevamos de nuestra casa algunos almohadones del diván para convertir un cajón en asiento. Sobre los almohadones, tan pequeños como el cajón, estuvimos juntos el uno al otro, apoyando nuestra cabeza en un montón de otros cajones, y sólo éramos espiados por Mouschi.

De repente, a las nueve menos cuarto, el señor Van Daan nos llamó y vino a preguntarnos si no teníamos el almohadón de Dussel. Dimos los dos un salto y bajamos con el almohadón, el gato y Van Daan.

Este almohadón trajo cola porque habíamos tomado el que le servía de almohada y Dussel estaba enojado. Tenía miedo a las pulgas del granero, e hizo una escena delante de todo el mundo debido a este único almohadón. Peter y yo para vengarnos, escondimos dos cepillos duros en su cama, y este incidente nos hizo reír bastante.

Pero la risa no nos duró mucho tiempo. A las nueve y media, Peter golpeó ligeramente a nuestra puerta y preguntó a papá si querría ir a ayudarle; no podía arreglárselas con una frase inglesa difícil.

—Creo que algo anda mal —dije yo a Margot—. ¡Ese pretexto es demasiado tonto!

Tenía razón: había ladrones en el almacén. En un momento, papá, Van Daan, Dussel y Peter se encontraron abajo, en tanto que Margot, mamá, la señora y yo nos quedamos esperando.

Cuatro mujeres, unidas por la angustia hablan siempre, y es lo que nosotras hicimos, hasta que escuchamos un golpe violento. Luego, silencio absoluto. El péndulo señalaba las nueve cuarenta y cinco. Cada una de nosotras se puso pálida, aunque tratando de tranquilizarse a pesar del miedo. ¿Qué había sido de nuestros hombres? ¿Qué había sido aquel golpe? ¿Habían tenido que pelear con los ladrones? A las diez, pasos en la escalera: papá, pálido y nervioso, entró, seguido del señor Van Daan.

—Apaguen todas las luces. Suban sin hacer ruido. Es de temer que venga la policía.

No había tiempo para sentir miedo. Las luces fueron apagadas; yo apenas tuve tiempo de agarrar una bata antes de subir.

—¿Qué pasa? ¡Vamos, cuenten!

Ya no había nadie para hacerlo, pues los cuatro habían vuelto a bajar. No volvieron hasta diez minutos más tarde todos a la vez: dos de ellos montaron guardia junto a la ventana abierta en el cuarto de Peter; la puerta de atrás fue cerrada con cerrojo, lo mismo que la del armario giratorio. Se puso un trapo de lana alrededor del pequeño velador, y todos escuchábamos.

Al oír desde la puerta de atrás dos golpes secos, Peter bajó al entresuelo y descubrió que una plancha faltaba en el panel izquierdo de la puerta del almacén. Volteó sobre sus talones para avisar al defensor de la familia, y los hombres bajaron para reconocer el terreno. Llegados al almacén, Van Daan perdió la cabeza y gritó:

—¡Policía!

Inmediatamente después, se escucharon pasos presurosos hacia la salida; los ladrones escapaban. A fin de impedir a la policía que viera el agujero que ellos habían hecho en la puerta, nuestros hombres intentaron poner la tabla en su sitio, pero un puñetazo del otro lado la hizo caer al suelo. Durante algunos segundos los nuestros quedaron confundidos ante tamaño descaro; Van Daan y Peter sintieron nacer en ellos el instinto asesino. Van Daan dio algunos golpes en el suelo con un hacha. Silencio sepulcral. Nuevos esfuerzos para tapar la tronera. Nueva interrupción: una pareja que paseaba por el muelle se había detenido y mandaba la luz cegadora de una lámpara de bolsillo al interior del almacén. Al escuchar una intervención de uno de nuestros hombres, le tocó el turno a la pareja de huir como los ladrones. Antes de reunirse con los demás detrás de la puerta disimulada, Peter abrió rápidamente las ventanas de la cocina y del despacho privado y mandó el teléfono al suelo.

FIN DE LA PRIMERA PARTE DE LA AVENTURA

Nosotros pensamos que la pareja de la lámpara iría a dar aviso a la policía. Era domingo por la noche, primer día de Pascua; al siguiente día, lunes de Pascua, nadie vendría al escritorio. Por lo tanto, no podríamos movernos antes del martes por la mañana. ¿Te imaginas? ¡Dos noches y un día que teníamos que pasar en semejante angustia! Ninguno de nosotros se hacía ilusiones: la señora Van Daan, la más miedosa, ni siquiera quería que se mantuviera encendido el ventilador, y nos quedamos en la oscuridad cuchicheando y diciendo: —"¡chis!, ¡chis!" al menor ruido.

Diez y media, once. Ningún ruido. Papá y el señor Van Daan venían a vernos uno cada vez. Once y cuarto: oímos ruido abajo. En casa, sólo nuestra respiración se escucha, pues todos estábamos como enclavados. Se escucharon pasos en los pisos de abajo, en el despacho privado, en la cocina y luego... en la escalera que lleva a la puerta disimulada. Nuestra respiración se había cortado. Ocho corazones latían a punto de romperse al acercarse los pasos en la escalera y los golpes en la puerta-armario. Este instante no lo puedo describir.

—¡Creo que estamos perdidos! —dije yo, viéndonos a todos en manos de la Gestapo aquella misma noche.

Jalaron la puerta-armario dos veces, tres veces. Algo cayó, y los pasos se retiraron. Hasta entonces, estábamos salvados. Sentimos un escalofrío; escuché dientes que rechinaban, no sé dónde; nadie dijo nada.

Sólo se escuchaba silencio en la casa, pero había luz al otro lado de la puerta disimulada, se podía ver desde donde estábamos. ¿Les había parecido misterioso aquel armario? ¿Se había olvidado la policía de apagar la luz? Todos comenzamos a hablar, ya no había nadie en la casa, quizá un guardián frente a la puerta...

Recuerdo tres cosas: habíamos agotado todas las suposiciones, habíamos temblado de terror, y cada uno necesitó ir al w. c. Los recipientes estaban en el granero, y sólo el cesto de papeles de Peter —un objeto de hierro batido— podía servirnos de recipiente. Van Daan fue el primero en pasar. Le siguió papá. A mamá le daba demasiada vergüenza. Papá llevó el objeto al dormitorio, donde Margot, la señora y yo contentas, lo usamos, y mamá también al final se animó. Se solicitaba el papel higiénico a un lado y a otro; afortunadamente, yo lo tenía en el bolsillo.

Fétido olor del recipiente, cuchicheos... Era medianoche y estábamos todos sumamente cansados.

—Acuéstense en el suelo y traten de dormir.

A Margot y a mí nos dieron a cada una un almohadón y una manta, ella se acomodó delante del armario, y yo debajo de la mesa. En el suelo, el fétido olor era menos terrible; sin embargo, la señora fue discretamente a buscar un poco de polvo de cloro y una tabla para tapar el recipiente.

Cuchicheos, miedo, peste, gases y alguien sobre el recipiente a cada minuto: intenta dormir así; imposible. Demasiado movimiento, caí en una especie de adormecimiento alrededor de las dos y media y no oí nada hasta las tres y media. Me desperté con la cabeza de la señora sobre mi pie.

—Tengo frío. ¿No tiene usted, por favor, algo que ponerme sobre los hombros? —pregunté.

No me preguntes lo que recibí: un pantalón de lana sobre mi pijama, un sweater rojo, una falda negra y calcetines blancos. Después, la señora se sentó en la silla, y el señor se tendió a mis pies. A partir de ese momento, me puse a pensar. Temblando sin parar, de suerte que Van Daan no pudo dormir. La policía iba a volver. Yo estaba lista para ello. Tendríamos que decir que nos ocultábamos. O tropezaríamos con buenos holandeses y estaríamos salvados, o tendríamos que vérnolas con los civiles al servicio de la Gestapo, cuyo silencio trataríamos de comprar.

—Hay que esconder la radio —dijo la señora.

—Creo que el horno es un buen lugar —repuso el señor.

—¡Bah! Si nos encuentran, encontrarán la radio también.

—En tal caso, encontrarían también el Diario de Ana —comentó papá.

—Deberías destruirlo —propuso la más miedosa de todos nosotros.

Estas palabras y las sacudidas a la puerta-armario me hicieron pasar los momentos más difíciles de mi vida.

—¡Mi Diario, no! ¡Mi Diario no será destruido sino conmigo!

Papá ya no dijo nada, por fortuna.

Se dijeron muchas cosas. Repetir todo aquello no valdría la pena. Tranquilicé a la señora que estaba muerta de miedo. Hablamos de huida, de interrogatorios por la Gestapo, de arriesgarse o no hasta el teléfono y de valor.

—Ahora debemos comportarnos como soldados, señora. Si nos atrapan, nos sacrificaremos por la reina y la patria, por la libertad, por la verdad y el derecho, como nos lo anuncia diariamente la Holanda de Ultramar. Pero nosotros arrastramos a los otros en nuestra desgracia. Y eso es lo espantoso, eso es lo horrible.

Después de una hora el señor Van Daan le dio de nuevo su sitio a la señora, y papá se puso junto a mí. Los hombres fumaban sin parar, solamente los interrumpía de vez en cuando un suspiro profundo, luego alguna necesidad, y así sucesivamente.

Las cuatro, las cinco, las cinco y media... Me levanté para reunirme con Peter en el puesto de vigilancia, ante su ventana abierta. Así, tan cerca el uno del otro, podíamos ver los temblores que recorrían nuestros cuerpos; de repente nos decíamos algunas palabras, pero, sobre todo, agudizábamos el oído. A las siete, ellos quisieron telefonear a Koophuis para que mandase a alguien aquí. Apuntaron lo que iban a decirle por teléfono. El riesgo de que el guardián de la puerta los escuchara era grande, pero el peligro de que la policía llegara, era mucho más grande.

Y sólo dijeron lo necesario:

Robo: visita de la policía, que ha entrado hasta la puerta-armario, pero no más lejos.

Los ladrones, al parecer estorbados, han forzado la salida del almacén y han huido por el jardín.

Como la entrada principal estaba con cerrojo, había obligado sin duda a Kraler a salir la víspera por la puerta de entrada. La máquina de escribir y la calculadora están bien guardadas en el despacho privado.

Intenta avisar a Henk para que busque la llave en casa de Elli, antes de ir a la oficina, adonde estará con el pretexto de dar de comer al gato.

Todo salió perfecto. Telefonearon a Koophuis y pasaron las máquinas de escribir desde nuestra casa al despacho. Después se sentaron alrededor de la mesa a esperar a Henk o a la policía.

Peter se había dormido. El señor Van Daan y yo nos acostamos en el suelo, hasta escuchar un ruido de pasos firmes.

Me levanté suavemente:

—Es Henk.

—No, no, es la policía —dijeron los demás.

Tocaron a nuestra puerta. Miep silbó. La señora Van Daan no podía más; estaba pálida como un muerto, inmóvil en una silla, y seguramente se habría desmayado si la tensión hubiera durado un minuto más.

Cuando Miep y Henk entraron, nuestra habitación presentaba un cuadro fantástico; sólo la mesa merecía una fotografía. Sobre *Cine y Teatro*, abierto en una página dedicada a las bailarinas, había mermelada y un medicamento contra la diarrea; además un desorden, dos envolturas de dulces, un pedazo de pan grande y otro pequeño, un espejo, un peine, cerillos, ceniza, cigarrillos, tabaco, un cenicero, libros, un calzón, una lámpara de bolsillo, papel higiénico, etc., etc.

Claro está, Henk y Miep fueron recibidos con lágrimas de alegría. Henk, después de haber arreglado el rechinido de la puerta, se puso en camino para dar parte a la policía del robo. Posteriormente, querían hablar con el guardián de noche Slagter, que había dejado cuatro palabras para Miep, diciendo que había visto la puerta estropeada y que había dado aviso a la policía.

Teníamos como una media hora para refrescarnos. Jamás había visto un cambio tan grande en tan poco tiempo. Después de haber tendido las camas, Margot y yo hicimos una visita al w.c.; luego nos cepillamos los dientes, nos lavamos y nos peinamos. Enseguida puse en orden el dormitorio, y posteriormente subí a la casa de los Van Daan. La mesa estaba ya limpia; prepararon té y café, hirvieron la leche, pues ya era casi la hora del desayuno, y nos sentamos a la mesa. Papá y Peter limpiaban con polvo de cloro los objetos de noche (las bacinicas).

A las once, ya de regreso Henk empezó a contarnos todo, estábamos a la mesa y pusimos atención:

Slagter dormía todavía, pero su mujer repitió el relato de su marido: al hacer su ronda por los muelles, había descubierto el agujero de la puerta; había ido a buscar a un agente, y juntos recorrieron el inmueble; vendría a ver a Kraler el martes para contarle lo demás. En la comisaría aún no sabían del robo: tomaron nota para venir el martes. Al pasar, Henk se había detenido en casa de nuestro proveedor de papas, que vive muy cerca de aquí, y le había contado del robo.

—Ya lo sé —dijo éste lacónicamente—. Anoche al regresar con mi mujer, vi un hoyo en la puerta. Mi mujer iba a proseguir sin prestar atención, pero saque mi lámpara de bolsillo y mire dentro. Los ladrones iban a escapar en ese momento. Para mayor seguridad, decidí no telefonear a la policía. Pensé que era mejor para ustedes. Yo no sé nada, y no me mezclo en nada.

Henk le agradeció y partió. Este hombre sin duda sospecha de los clientes a quienes son entregadas sus papas, porque las trae siempre a la hora del almuerzo. ¡Un tipo decente!

Después de lavar los platos y de la partida de Henk, era la una. Todo el mundo se fue a dormir. Yo me desperté al cuarto para las tres, y noté que Dussel había desaparecido. Aún toda adormilada, encontré casualmente a Peter en el tocador, y nos citamos en la oficina.

Me arreglé rápidamente un poco antes de ir.

—¿Quieres arriesgarte hasta el granero de adelante? —me preguntó.

Acepté, tomé mi almohadón al pasar y en marcha. El tiempo era bueno, pero pronto las sirenas comenzaron a rugir; nosotros no nos habíamos movido. Peter puso su brazo alrededor de mis hombros, yo hice otro tanto, y nos quedamos así, muy tranquilos hasta que Margot nos llamó para el café de las cuatro.

Comimos nuestro pan, bebimos la limonada e hicimos bromas, como si nada hubiera ocurrido, y todo volvió a quedar en orden. Por la noche, felicité a Peter por haber sido el más valeroso de todos.

Ninguno de nosotros había visto el peligro tan de cerca como la noche anterior. Dios debe de habernos protegido. Reflexiona un momento: la policía ante la puerta-armario bajo la luz eléctrica y nuestra presencia pasó desapercibida.

En caso de un desembarco, todos hallarán la forma de defenderse, pero nosotros, aquí, estábamos paralizados de angustia, no sólo por nosotros mismos, sino también por nuestros protectores inocentes.

"Nos hemos salvado. ¡Sálvanos de nuevo!" Es todo cuanto podemos decir".

Esta aventura ha traído bastantes cambios. El señor Dussel, de ahora en adelante, ya no trabajará en la oficina de Kraler, sino en el baño. Peter hará una ronda a las ocho y media, y una más a las nueve y media de la noche. Prohibida la ventana abierta en su cuarto durante la noche. La caza del w. c., prohibida a partir de las nueve y media. Esta tarde vendrá un carpintero para reforzar las puertas del almacén.

Nunca terminan las discusiones en el Anexo. Kraler nos ha reprochado nuestra imprudencia. Asimismo, Henk opinaba que, en estos casos, ninguno de nosotros debía aparecer en los pisos inferiores. Nos han refrescado la memoria sobre nuestra condición de "clandestinos", nuestra categoría de judíos enclaustrados entre cuatro paredes, sin ningún derecho y con mil obligaciones. Los judíos no tenemos el derecho de hacer valer nuestros sentimientos; sólo nos resta ser fuertes y valerosos, aceptar todos los inconvenientes sin pestañear, conformarnos con lo que podemos tener, confiando en Dios. Un día acabará esta terrible guerra; un día seremos personas como los demás y no solamente judíos.

¿Quién nos ha marcado así? ¿Quién decidió la exclusión del pueblo judío de todos los otros pueblos? ¿Quién nos ha hecho sufrir tanto hasta aquí? Es Dios quien nos ha hecho así, pero también será Él quien nos elevará. Sí. A pesar de este peso que soportamos, muchos de nosotros siguen sobreviviendo; hay que creer que, como proscritos, los judíos se transformarán algún día en ejemplos. ¡Quién sabe! Acaso algún día nuestro Antiguo Testamento enseñe el bien al mundo, es decir, a todos los pueblos... y que en eso radique la única razón de nuestro sufrimiento. Jamás llegaremos a ser los representantes de un país, sea el que fuere; nunca seremos holandeses o ingleses; siempre seremos judíos por añadidura. Pero deseamos seguir siéndolo.

¡Valor! Tengamos conciencia de nuestra misión sin quejarnos, y estemos seguros de nuestra salvación. Dios no ha dejado nunca caer a nuestro pueblo. En el correr de los años, nos vimos obligados a sufrir, y en el correr de los siglos, también nos hemos fortalecido. Los débiles caen, pero los fuertes sobrevivirán y jamás caerán.

La otra noche, sabía en el fondo que iba a morir. Esperaba a la policía. Estaba lista. Presta como el soldado en el campo de batalla.

Iba, con gusto, a sacrificarme por la patria. Ahora que me he salvado, percibo mi primer deseo en la posguerra: ser holandesa.

Amo a los holandeses. Amo a nuestro país. Amo su idioma. Y me gustaría trabajar aquí. Dispuesta a escribir yo misma a la reina, no me rendiré hasta haber logrado ese objetivo.

Me siento muy distante de mis padres y más independiente. Por joven que sea, me siento con más ganas de vivir y ser más justa, más íntegra que mamá. Sé lo que quiero, tengo una meta en la vida, me formo una opinión, tengo mi religión y mi amor. Me siento consciente de ser mujer, una mujer con una fuerza moral y mucho valor.

Si Dios me deja vivir, iré mucho más lejos que mamá. No me mantendré en la insignificancia, tendré un lugar en el mundo y trabajaré para mis semejantes.

Comprendo en este instante que el valor y la alegría son dos factores vitales.

Tuya.   Ana.

Viernes 14 de abril de 1944

Querida Kitty:

La atmósfera sigue tensa. Pim tiene los nervios de punta. La señora Van Daan está resfriada, en cama, y su nariz es una verdadera trompeta. El señor está muy molesto, no tiene nada qué fumar. Dussel, como no ha olvidado el sacrificio de su "confort" de la otra noche, no para en sus quejas. Por lo demás, en este momento no tenemos demasiada suerte. Hay un escape de agua en el w. c., pues el caucho del escusado se ha gastado; pero, gracias a nuestras numerosas relaciones, eso quedará arreglado muy pronto.

A veces soy sentimental, ya lo sé; pero... tengo también una razón para serlo. Cuando en medio de un estruendo insensato me encuentro cerca de Peter, sobre un duro cajón y su brazo alrededor de mi brazo, y él juega con un mechón de mi pelo; cuando afuera los pájaros hacen vibrar sus cantos; cuando observo a los árboles reverdecer; cuando el sol nos llama; cuando el cielo está demasiado azul: entonces... mis deseos ya no se cuentan.

Sólo veo rostros tristes y sombras. No escucho más que suspiros y quejas reprimidas. Parece que, bruscamente, todo anda mal entre nosotros. En el Anexo no hay nadie que no sirva como director de orquesta; cada cual pelea por sus propios intereses, sin ser capaz de llegar a una conclusión sensata. Cada día se oye: "¡Si esto terminara!".

Mis estudios, mis esperanzas, mi amor, mi valor, todo eso me hace mantener la cabeza alta y ser juiciosa.

Estoy convencida, Kitty, de que hoy estoy un poco descentrada, ignoro verdaderamente por qué. Todas las cosas se confunden, no llego a encadenar, y dudo seriamente de que, más tarde, alguien pueda alguna vez interesarse por mis chocheces. "Las Confidencias del Patito Feo". Ese será el título de mis ridiculeces. El señor Bolkestein y los coleccionistas de documentos de guerra no hallarán gran interés en mi Diario.

Tuya.   Ana.

Domingo por la mañana, antes de las 11, 16 de abril de 1944

Muy querida Kitty:

Recuerda bien el día de ayer, pues es muy importante en mi vida. ¿No es acontecimiento importante para cualquier muchacha el recibir un beso? Pues esa es la razón. El beso de Bram en mi mejilla derecha no cuenta, como tampoco el del señor Walker en mi mano derecha.

Voy a contarte cómo el beso me cayó súbitamente del cielo.

Anoche, a las ocho, estaba con Peter, sentada a su lado en el diván, y él no tardó en rodearme con su brazo.

—Si te apartaras un poco —dije yo—, no golpearía con la cabeza contra tus libros.

Él retrocedió casi hasta el final, y yo pasé mi brazo por su espalda para sentirme abrazada, de manera que estaba literalmente sepultada. No era la primera vez que estábamos sentados así, pero nunca hasta entonces tan cerca el uno del otro. El me estrechó fuertemente contra sí; mi seno derecho, al tocar su corazón, hizo latir el mío con golpes más rápidos. Pero aún no habíamos llegado. Él no permitía que mi cabeza dejara de reposar sobre su hombro, sólo para apoyar la suya en el mío. Después de unos cinco minutos me incorporé, pero él tomó mi cabeza entre sus manos y la estrechó contra sí. ¡Oh, era tan bello!

Casi no hablé de tan grande que era mi placer. Torpemente acarició mi mejilla y mi brazo, jugó con mi cabello, y nuestras cabezas, pegada una a la otra la mayor parte del tiempo. La emoción que se apoderó de mí... no puedo describírtelo Kitty. Me sentía demasiado dichosa, y creo que él también.

Como a las ocho y media nos levantamos. Yo me quedé viendo cómo Peter se ponía las sandalias de gimnasia para hacer la ronda de la casa lo más silenciosamente posible. No sé todavía cómo fue, pero, antes de bajar, él me besó de repente, en la mejilla izquierda, entre los cabellos, al lado del oído. Escapé como una cebra, sin voltear, y me siento llena de esperanza para hoy.

Tuya.   Ana.

Lunes 17 de abril de 1944

Querida Kitty:

¿Tú crees que mis padres me den permiso de estar con un muchacho en un diván y que nos besáramos? ¿Un muchacho de diecisiete años y medio y una muchacha de casi quince? En el fondo, creo que no, pero este pequeño asunto es cosa solamente mía. ¡Me siento tan tranquila y tan segura en sus brazos con todos mis ensueños! ¡Qué lindo sentir su mejilla contra la mía, y qué hermoso es el saber que alguien me espera! Pero —desgraciadamente, hay un pero—, ¿se conformará Peter con eso? Desde luego, aún no he olvidado su promesa, pero... ¡es un muchacho!

Sé que es demasiado pronto. ¡No tener todavía quince años y ser tan independiente! Para los demás eso podría parecer incomprensible. Estoy casi segura de que Margot nunca besaría a un muchacho sin que antes le propusieran noviazgo o matrimonio; pero ni Peter ni yo hacemos todavía ningún proyecto. Mamá seguramente tampoco tocó a ningún hombre antes de conocer a papá. ¿Qué dirían mis amigas si me supieran en los brazos de Peter, mi corazón contra su pecho, mi cabeza sobre su hombro o con su cabeza pegada a la mía?

¡Vamos, Ana, es una vergüenza! Pero, la verdad, yo no lo encuentro vergonzoso para nosotros, que estamos privados de todo, apartados del mundo y llenos de preocupaciones y angustias, sobre todo en los últimos tiempos. ¿Por qué nosotros, que nos amamos, tendríamos que guardar las distancias? ¿Por qué esperar hasta la edad conveniente? ¿Por qué pedir demasiado?

Me he propuesto ocuparme de mí misma. Él jamás querría causarme un problema. Razón de sobra para no escuchar más nuestros corazones y hacernos los dos felices. ¿Por qué no? Imagino, Kitty, que tú adivinas un poco mis dudas, las cuales, creo, provienen de mi franqueza que se opone a toda hipocresía. ¿Crees que debo contarle a papá lo que hago? ¿Será necesario que un tercero comparta nuestro secreto? ¿Qué te parece? Esto perdería su magia, pero, además, al contrario, ¿me tranquilizaría moralmente? Voy a pedirle a él su opinión.

Todavía tengo muchas cosas que decirle, pues las caricias por sí solas no lo son todo. Confiar nuestros pensamientos... Para eso es indispensable ser el uno del otro. Reconocer esta base de confianza nos hará más fuertes a ambos.

Tuya.   Ana.

Martes 18 de abril de 1944

Querida Kitty:

Todo está bien por aquí. Papá acaba de decir que está seguro de que antes del 20 de mayo habrá operaciones en gran escala, tanto en Rusia como en Italia y en todo el Occidente: la idea de salir de aquí y de recuperar la libertad me parece cada vez más lejana.

Ayer tuve con Peter una conversación retrasada desde por lo menos diez días. Le expliqué todo lo relacionado con las muchachas, y le hablé sin miedo de las cosas mas íntimas. La velada acabó con un beso mutuo, muy cerca de mi boca: es en verdad una sensación maravillosa.

Tal vez un día de estos lleve conmigo mi libro de bella prosa, a fin de que profundicemos un poco más en ciertas cosas. No me satisface estar diariamente en los brazos el uno del otro, y preferiría saber que él piensa lo mismo.

Tras un duro invierno hemos pasado una primavera magnífica; el mes de abril es espléndido, ni demasiado calor ni demasiado frío, con alguna pequeña lluvia de vez en cuando. El verde de nuestro campo va desplegándose y, aquí y allá, hasta se ven sus pequeños frutos.

El sábado Elli nos mimó trayéndonos cuatro ramitos de flores; tres ramos de narcisos y un ramo de jacintos silvestres, éste último para mí.

El álgebra me espera Kitty. Hasta la vista.

Tuya.   Ana.

Miércoles 19 de abril de 1944

Querida Kitty:

¿Hay algo más maravilloso en el mundo que mirar la naturaleza por una ventana abierta, escuchar gorjear a los pájaros, sentir que el sol calienta nuestras mejillas y tener entre los brazos a un muchacho al que se quiere?

Su brazo entrelazado con el mío, me siento muy bien y muy segura junto a él, sin hablar nada. No es posible que esté mal, pues esta tranquilidad es bienhechora. ¡Ojalá que nadie venga a estorbarnos, ni siquiera Mouschi!

Tuya.   Ana.

Jueves 27 de abril de 1944

Querida Kitty:

Esta mañana la señora Van Daan ha estado de mal humor quejándose sin parar. Primero por su resfrío: no tiene pastillas y está harta de sonarse. Además, porque no sale el sol, el desembarco que no viene, porque no podemos asomarnos a la ventana, etc., etc. Nos ha hecho reír de tal manera, que ha terminado por reírse con nosotros.

En este momento estoy leyendo *Keizer Karel V* ("El emperador Carlos V"), escrito por un gran profesor de la Universidad de Gotinga; tardó cuarenta años en escribir este libro. En cinco días no he podido leer más que cincuenta páginas. El libro tiene quinientas noventa y ocho páginas. Puedes calcular el tiempo que debo dedicarle, ¡el problema es que hay un segundo tomo! Pero... es interesante.

Resulta disparatado lo que una escolar puede aprender en un solo día. Por ejemplo, hoy he comenzado a traducir del holandés al inglés un fragmento de la última batalla de Nelson. En seguida he continuado mi historia de los países nórdicos, la guerra de 1700-1721, Pedro el Grande, Carlo XII, Stanislas Leczinsky, Mazeppa, von Götz, el Brandeburgo, la Pomerania y Dinamarca... ¡todo ello incluyendo las fechas!

A continuación he ido a parar al Brasil: lectura sobre el tabaco de Bahía, la abundancia del café, los habitantes (un millón y medio) de Río de Janeiro, de Pernambuco y de San Pablo, sin dejar de mencionar los del Amazonas. Sus negros, mulatos, mestizos, blancos, con más de 50 por ciento de analfabetos, y la malaria. Me quedaba aún tiempo para recorrer un árbol genealógico: Juan el Antiguo, Guillermo Luis, Ernesto Casimiro I, Enrique Casimiro I..., hasta la pequeña Margriet Franciska, que nació en 1943 en Ottawa.

Al mediodía en el granero continué mi programa con la historia de las catedrales..., hasta la una. ¡Uf!

Después de las dos, la pobre niña (¡hum, hum!) continúa con los estudios, empezando por los monos de nariz aplastada o puntiaguda. ¿Podrías decirme cuántos dedos tiene un hipopótamo?

Después le toca su turno a la Biblia: el Arca de Noé. Posteriormente, Carlos V, en el cuarto de Peter: *Henry Esmond*, de Thackeray, al final, comparar el Mississipi con el Misouri.

Todavía estoy resfriada y he contagiado a Margot, lo mismo que a papá y mamá. ¡Con tal de no contagiar a Peter! Él ha insistido que yo lo besara y me ha llamado su "Eldorado". ¡No tienen ningún sentido, pobre muchacho! ¡Pero le quiero igualmente!

Tuya.   Ana.

Viernes 28 de abril de 1994

Querida Kitty:

Aún no he olvidado mi sueño sobre Peter Wessel (ver principios de enero). Hoy, al pensar en ello, siento su mejilla junto a la mía, dándome la maravillosa sensación de que todo es bueno.

Con mi Peter de aquí llego a veces a sentir lo mismo, pero nunca había sido con la misma intensidad, hasta... anoche, cuando nos abrazamos en el diván como siempre. De pronto, la pequeña Ana de todos los días se transformó, y en su lugar, apareció la segunda Ana, esa que no es audaz, ni simpática, sino que sólo puede ser tierna y cariñosa.

Yo estaba como una tonta junto a él y sintiendo la emoción apoderarse de mí, las lágrimas me subieron a los ojos, una cayó sobre su pantalón en tanto que la otra resbalaba a lo largo de mi nariz. ¿Se habría dado cuenta? Ningún movimiento lo traicionaba. ¿Estaría sintiendo lo mismo que yo? No dijo nada. ¿Sentiría que tenía a otra Ana junto a él? Estas preguntas no tenían respuesta.

A las ocho y media me levanté para ir a la ventana donde siempre nos despedimos. Yo temblaba todavía. Seguía siendo la segunda Ana cuando él se me acercó. Le eché los brazos al cuello y besé su mejilla y, en el momento de besar la otra, nuestros labios se encontraron y su boca se unió con la mía. Llenos de emoción, nos abrazamos el uno contra el otro y nos besamos como si aquello jamás debiera terminar.

Peter necesita ternura. La jovencita se ha revelado a él por primera vez en su vida; por primera vez también él ha visto que la niña travie-sa ha podido transformarse con el simple hecho de estar a su lado. Por primera vez en su vida él ha dado su amistad, se ha liberado. Nunca antes había tenido un amigo o una amiga. Ahora nosotros nos hemos encontrado; yo tampoco le conocía, jamás había tenido un confiden-te, y he aquí las consecuencias.

Y una vez más la pregunta que no me abandona: "¿Está bien? ¿Está bien ceder tan fácil, con la misma intensidad y el mismo deseo que Peter? ¿Tengo el derecho yo, una muchacha, de dejarme llevar así?". No hay más que una respuesta: "Yo tenía ese deseo... desde hace mucho tiempo, me siento muy sola y ¡por fin he encontrado algo diferente!"

Por la mañana estamos normales, muy bien; por la tarde, seguimos así, salvo algún caso aislado; por la noche, vuelve a surgir el deseo acumulado durante el día entero, con el gozo y la dicha de todas las veces anteriores, ambos pensando nada más que el uno en el otro. Cada vez, tras el último beso, yo querría salir corriendo, no volver a mirarle a los ojos, irme lejos, lejos, para estar sola en la oscuridad.

¿Y qué me queda después de haber bajado los catorce escalones? La plena luz, entre las risas y las preguntas de los otros, debo actuar y disimular. Mi corazón es aún demasiado sensible para terminar de golpe con una impresión como la de anoche. La pequeña Ana tierna es demasiado rara y no se deja atrapar tan fácilmente. Peter me ha emocionado más profundamente de lo que nunca lo había estado, sólo en sueños. Peter me ha perturbado, me ha tocado las fibras más pro-fundas. Después de eso, ¿no tengo derecho, como cualquier otro, de encontrar el reposo necesario para situar de nuevo el fondo de mi ser?

¡Oh, Peter! ¿Qué has hecho de mí? ¿Qué quieres de mí? ¿En qué va a terminar esto? ¡Ah! Con esta nueva experiencia empiezo a comprender a Elli y a sus dudas. Si Peter fuera mayor y me pidiera casarme con él, ¿qué le diría? ¡Ana, di la verdad! Tú no podrías casarte con él, pero dejarle es también difícil. Peter tiene poco carácter todavía, muy poca voluntad, poco valor y fuerza moral. Moralmente sólo es un niño, no mayor que yo por dentro; sólo pide encontrar la tranquilidad y la dicha.

¿De verdad no tengo más que catorce años? ¿Es que soy toda una colegiala tonta? ¿Una personita inexperta en todo? No. Yo tengo más experiencia que los demás; tengo una experiencia que pocas personas de mi edad han conocido. Tengo miedo de mí misma, miedo de que mi deseo me arrastre, y miedo de no mantenerme recta, más tarde, con los otros muchachos. ¡Oh, qué difícil es esta lucha entre el corazón y la razón!; siempre el uno y el otro; cada cual habla en el momento determinado, pero ¿cómo saber si ha elegido bien el momento?

Tuya.   Ana.

Martes 2 de mayo de 1944

Querida Kitty:

El sábado en la noche le pregunté a Peter si no le parecía que yo debía contar algo a Pim; después de pensarlo, aceptó. Eso me alegró, pues era la prueba de un sentimiento puro. Al volver a mi alojamiento fui a buscar el agua con papá. En la escalera le dije:

—Papá, comprendes sin duda que cuando me encuentro con Peter no estamos sentados a un metro de distancia. ¿Qué piensas de eso? ¿Está mal acaso?

Papá tardó en responder; luego dijo:

—No, yo no lo encuentro mal, Ana; pero aquí, en este espacio restringido, sería mejor que fueras prudente.

Después comentó algo al respecto en nuestro estudio. El domingo por la mañana me llamó para decirme:

—Ana, he reflexionado sobre lo que me has dicho.

Yo empezaba a tener miedo.

—Nuestra permanencia en el Anexo no es la más indicada para el "flirt". Los creía buenos amigos. ¿Qué sucede? ¿Se ha enamorado Peter?

—Nada de eso, en absoluto —contesté.

—Sí, desde luego, los comprendo muy bien, pero es preferible que guarden un poco más de distancia; no vayas tan seguido a su cuarto, apártate un poco, es mejor para él. En estas cosas el hombre es activo y la mujer puede resistirlo. En la vida normal, cuando se circula libremente, es muy diferente, tú ves forzosamente a otros muchachos y a amigas, puedes marcharte, practicar deportes, estar al aire libre; pero aquí, viéndose a cada momento, puede suceder que quieras marcharte sin poder hacerlo; si no me equivoco, lo ves a cada momento. Sé prudente Ana, y no le tomes demasiado en serio.

—No le tomo en serio, papá, pero Peter es muy correcto y muy amable.

—Sí, pero no tiene mucho carácter. Lo influenciaría tan fácilmente lo bueno como lo malo; espero que se mantenga en su rectitud, porque en el fondo es bueno.

Seguimos platicando un poco y estuve de acuerdo con papá para que él hablara también con Peter.

El domingo por la tarde, en el granero, éste me preguntó:

—¿Qué pasó Ana? ¿Has hablado con tu padre?

—Sí —dije—, iba a contártelo. Papá no ve en ello nada malo, pero dice que aquí, donde estamos unos sobre otros, eso podría llevar fácilmente a cualquier equívoco...

—Quedó convenido entre nosotros ¿verdad?, que nunca habría rozamientos. ¡Yo tengo la firme intención de atenerme a eso!

—Yo también, Peter. Pero papá no sospechaba nada, nos creía simplemente buenos amigos. ¿Te parece que eso no es posible entre nosotros?

—Claro que sí. ¿Y tú?

—Yo también. Le dije a papá que tengo entera confianza en ti. Porque es verdad, Peter. Tengo la misma confianza en ti que en papá. Te estimo lo mismo. Y no me engaño, ¿verdad?

—Espero que no.

(Se veía intimidado y enrojeció un poco.)

—Yo creo en ti, Peter —dije—, estoy segura de que tienes carácter y de que te abrirás paso en la vida.

Hablamos de muchas cosas; más tarde le dije: —Ya sé que cuando logremos salir de aquí, tú te olvidarás de mí.

Él se exaltó:

—No es verdad. ¡Oh, no! ¡Tú no tienes ningún derecho a pensar eso de mí!

Nos llamaron.

Papá le ha hablado. Me lo comentó el lunes:

—Tu padre creía que esta amistad podía muy bien terminar en amor, pero yo le he contestado que los dos nos cuidaríamos de eso.

Papá ha vuelto a decirme que me aleje un poco y que espacie mis visitas al cuarto de Peter por la noche; pero yo no pienso así. He dicho que, no solamente me gusta la compañía de Peter, sino que tengo confianza en él; para probárselo, quiero reunirme con él; si no, mi ausencia sería una prueba de desconfianza.

Naturalmente, lo sigo haciendo.

Tuya.   Ana.

Miércoles 3 de mayo de 1944

Querida Kitty:

Primero, las pequeñas noticias de la semana. La política está de asueto; nada, absolutamente nada que señalar. Poco a poco empiezo a creer que habrá un desembarco, imposible dejar a los rusos que se las arreglen solos; por lo demás, ellos tampoco se mueven ya en este momento.

¿Te he platicado que nuestro Bochi ha desaparecido? Se fue sin dejar rastros desde el jueves pasado. O bien está ya en el cielo de los gatos o un aficionado a la carne ha hecho de él un plato delicioso. Quizá alguna muchacha se adornará con su piel. Pensarlo entristece a Peter.

Desde el sábado almorzamos a las doce y media; por economía, el desayuno consta de una taza de avena. Las legumbres es difícil encontrarlas; para el almuerzo tuvimos ensalada cocida podrida. Ensalada cruda o cocida, espinacas... esto es nuestro menú; no hay otra cosa, salvo las papas podridas: ¡un artificio delicioso!

No es difícil imaginar esta eterna letanía de la desesperación: "¿De qué sirve esta guerra? ¿Por qué los hombres no pueden vivir en paz? ¿Por qué esta devastación?".

Pregunta sensata, pero nadie ha encontrado la respuesta final. En realidad, ¿por qué se construyen en Inglaterra aviones cada vez mayores, con bombas cada vez mas pesadas y, aparte, habitaciones en común para la reconstrucción? ¿Por qué se gasta diariamente millones en la guerra y no hay un céntimo disponible para la medicina, los artistas y los pobres? ¿Por qué hay hombres que sufren de hambre, mientras que en otras partes del mundo los alimentos se pudren en el lugar porque sobran? ¡Oh! ¿Por qué los hombres han enloquecido así? Jamás creeré que sólo los hombres poderosos, los gobernantes y los capitalistas sean responsables de la guerra. No. El hombre de la calle tiene mucho que ver. Si no, los pueblos hace tiempo que se habrían rebelado. Los hombres han nacido con el instinto de destruir, de masacrar, de asesinar y de devorar; hasta que toda la humanidad, sin excepción, no sufra un enorme cambio, la guerra imperará; las reconstrucciones y las tierras cultivadas serán nuevamente destrozadas y la humanidad tendrá que volver a empezar.

Seguido me he sentido cansada, pero nunca aplanada; considero nuestra estancia aquí como una aventura peligrosa que se torna romántica e interesante por el riesgo. Considero divertido para escribir en mi Diario cada una de nuestras privaciones. Me he propuesto, de una vez por todas, llevar una vida diferente a las amas de casa. Mis comienzos no están exentos de interés, son buenos, y únicamente por eso puedo reirme de una situación cómica en el momento de los más grandes peligros.

Soy joven, y muchas de mis cualidades duermen todavía. Soy joven y lo suficientemente fuerte para vivir esta gran aventura que forma parte de mí, y me niego a quejarme todo el santo día. He sido favorecida por una naturaleza dichosa, mi alegría y mi fuerza. Cada día siento crecer interiormente, siento que se acerca la libertad, que la naturaleza es bella; siento la bondad de cuantos me rodean, ¡y siento hasta qué punto esta aventura es interesante! ¿Por qué desesperarme?

Tuya.   Ana.

Viernes 5 de mayo de 1944

Querida Kitty:

Papá no está contento conmigo; esperaba que yo, espontáneamente, dejara de subir cada noche al cuarto de Peter. Quiere que terminemos con el "besuqueo". Esta palabra no me gusta escucharla. ¿No era ya fuera de lo común hablar de eso? ¿Entonces por qué se pone a envenenarme? Pienso discutirlo hoy con él. Margot me ha dado un buen consejo. Esto es lo que pienso decirle a papá:

"Creo, papá, que esperas una explicación, y aquí la tienes: estás decepcionado porque hubieras querido que yo guardara distancias; quieres que a mi edad sea una muchacha correcta, tal como tú te la has forjado; pero te engañas.

"Desde que estamos aquí —desde julio de 1942—, y hasta muy recientemente, mi vida no fue nada fácil. Si pudieras saber cuántas lágrimas derramé de noche, qué desgraciada me sentía, tan sola, comprenderías mejor por qué quiero reunirme con Peter.

"Eso no nació de la noche a la mañana. Llegué a vivir sin el apoyo de mamá o de quienquiera que fuese, a costa de luchas y de muchas lágrimas; me costó caro llegar a ser tan independiente como lo soy ahora. Puedes reírte y no creerme, pero eso no me importa. Tengo conciencia de haber crecido sola, y no me siento en lo más íntimo responsable hacia ustedes. Si te digo todo esto, es porque no quiero que pienses que me hago la misteriosa; en cuanto a mis actos, me siento responsable de ellos.

"Cuando me debatía completamente sola, todos ustedes cerraron los ojos y taparon los oídos; no me ayudaron, al contrario, sólo recibí regaños ya que era demasiado latosa. Al llamar así la atención, intentaba callar mi pena, me esforzaba por hacer callar aquella voz interior. Durante más de año y medio interpreté la comedia, día a día, sin quejarme, sin apartarme de mi papel, sin desfallecer. Ahora la lucha ha terminado. He ganado, tengo mi desquite. Soy independiente de cuerpo y de espíritu, ya no necesito una madre; me he vuelto fuerte a base de luchar.

"Y ahora que tengo la certeza de haberme tomado el desquite, quiero seguir sola mi camino, el camino que me parece bueno. Y no puedes, no debes considerarme como una niña de catorce años, porque todas estas miserias me han envejecido; me propongo obrar según mi conciencia, no deploraré mis actos.

"Desde luego, podrás impedirme que vea a Peter. Pero, o me lo prohíbes por la fuerza, o confías en mí en todo y para todo, ¡y me dejas en paz!".

Tuya.   Ana.

Sábado 6 de mayo de 1944

Querida Kitty:

Ayer, antes de cenar, puse en el bolsillo de papá una carta conteniendo lo que te escribí; según Margot, estuvo agitado toda la noche. (Yo estaba lavando los platos, arriba); pobre Pim; qué impresión debió haberle causado la carta. ¡Es tan sensible! Advertí inmediatamente a Peter para que no dijera ni preguntara nada. Pim ya no ha tratado de discutir el incidente conmigo. ¿Habré ganado la partida?

Todo marcha suavemente. Las noticias de afuera son increíbles: media libra de té cuesta 350 florines, una libra de café 80 florines, la manteca 35; cada huevo 1.45. ¡Se paga 14 florines por cien gramos de tabaco búlgaro! Todo el mundo trafica en el mercado negro. Cada niño tiene algo que ofrecer. El hijo del panadero nos ha conseguido unos hilitos de seda para zurcir a 0.90 florines; el lechero se ocupa de falsas tarjetas de racionamiento, y un empresario de pompas fúnebres negocia con el queso. Todos los días hay un asalto, un asesinato o un robo; los agentes de policía participan en ellos como profesionales, pues todos quieren llenar su estómago de cualquier manera; como está prohibida toda alza de salarios, la gente se ve obligada al delito. La policía se dedica a buscar a los niños perdidos; diariamente desaparecen muchachas de quince, dieciséis y diecisiete años.

Tuya.   Ana.

Domingo por la mañana, 7 de mayo de 1944

Querida Kitty:

Tuve una gran plática con papá ayer por la tarde; lloré terriblemente, y él lo hizo también. ¿Sabes lo que me dijo, Kitty?

—He recibido muchas cartas en mi vida, ¡pero ésta es la más hiriente de todas! Ana, tú, tan querida siempre por tus padres, por unos padres que siempre han estado dispuestos a defenderte, y que siempre lo han hecho, ¿pretendes no tener ninguna responsabilidad con nosotros? Dices que te abandonamos, que te dejamos sola, que no te hacemos justicia... No, Ana. Eres tú quien comete un gran error al ser así de injusta. Quizá no querías decir eso. Pero lo has escrito. ¡No, Ana! ¡No hemos merecido semejante reproche!

¡Oh, es horrible cometer tal error! Es la cosa más innoble que yo haya hecho en mi vida. Para que él me respetara, yo no he hecho más que empecinarme, hablando de mis lágrimas y de mi pesar con la presunción de una persona mayor. He tenido una gran pena, pero acusar de esa manera al bueno de Pim; él que lo ha hecho todo por mí y sigue haciéndolo, era más que innoble.

Qué bueno que me ha hecho salir de mi torre de marfil. Tanto mejor si mi orgullo ha recibido un pequeño impacto. Porque yo era demasiado presuntuosa. ¡Señorita Ana, lo que usted ha hecho está lejos de ser perfecto! ¡Causar semejante pena a quien se dice querer intencionalmente, no es más que una bajeza, una gran bajeza!

Lo que más me apena es cómo papá me ha perdonado; va a quemar la carta, y se ha vuelto tan amable conmigo que parece él el culpable. ¡No, Ana! Tienes todavía mucho que aprender. En vez de enfrentar a los demás y acusarlos, sería mejor no seguir haciéndolo y volver a empezar.

He tenido mis penas, sí. Pero todos los de mi edad pasan por eso, ¿o no? Yo interpretaba una comedia antes de tener conciencia de lo que hacía; me sentía sola, nunca vencida. Hay que avergonzarse de eso, y me avergüenzo terriblemente.

Lo hecho, hecho está; pero es posible arrepentirse. Volver a empezar, y quiero hacerlo; no debe ser difícil, pero tengo a Peter. ¡Con su apoyo podré hacerlo!

Ya no estoy sola en el mundo. Él me quiere, yo a él; tengo mis libros, los cuentos que escribo y mi Diario; no soy demasiado fea, ni demasiado tonta; soy alegre de naturaleza y se trata también de tener buen carácter. ¡Ese es mi propósito!

Sí, Ana. Te has dado cuenta. Tu carta era muy dura, y un gran error; y, por si fuera poco, ¡estabas orgullosa de haberla escrito! Si logro seguir el ejemplo de papá, conseguiré enmendarme.

Tuya.   Ana.

Lunes 8 de mayo de 1944

Querida Kitty:

En el fondo, todavía no te he contado nada de mis orígenes ¿verdad? Creo que no, y es una razón para empezar inmediatamente. Los padres de papá eran muy ricos. Su padre había amasado una buena fortuna solo, y su madre era de una familia afortunada y distinguida. La juventud de papá fue una vida de "hijo de papi". Cada semana baile o fiesta, residencias suntuosas, lindas muchachas, banquetes, etc. Todo ese dinero se fue con la primera guerra mundial y la inflación. Papá, con su educación esmerada, debió burlarse ayer cuando, por primera vez en su vida de cincuenta y cinco años, tuvo que limpiar a fondo la estufa.

Mamá proviene también de padres ricos. Seguido escuchábamos boquiabiertos sus historias de fiestas con 250 invitados, cenas y bailes de sociedad. Ahora ya no puede llamárseles ricos, pero espero que nos reharemos al terminar la guerra.

Al contrario de mamá y de Margot, te aseguro que no me conformaría con una pequeña vida restringida. Me gustaría ir un año a París y otro a Londres para estudiar las lenguas y la historia del arte. Tengo todavía llena la imaginación de hermosos vestidos y de personas interesantes, como ya te lo he platicado. Me gustaría ver algo del mundo, adquirir alguna experiencia. Para eso, un poco de dinero no caería nada mal.

Esta mañana, Miep nos habló de una fiesta de compromiso a la que estuvo invitada. Los novios eran de familias adineradas; resultó, pues, particularmente elegante. Miep nos asombró con su descripción del menú: sopa de legumbres con albondiguillas de carne, queso, panecillos, entremeses con huevos, rosbif, torta de molla, vinos y cigarrillos, todo a discreción (obtenido en el mercado negro).

Miep bebió diez vasos de aguardiente. No está mal para una antialcohólica ¿verdad? Si ella hizo eso, me pregunto cuánto la habrá sobrepasado su marido. Naturalmente, todos los invitados estaban un poco achispados. Entre ellos, se encontraban dos policías militares que fotografiaron a los novios. Parece que Miep no puede olvidar un solo instante a sus protegidos clandestinos; sabiendo que ellos eran de los "buenos", anotó el nombre y la dirección de estos hombres, por si se llegaran a necesitar.

Miep logró que se nos hiciera agua la boca. Nosotros que nos conformamos con desayunar dos cucharadas de sopa de avena, y que tenemos el estómago vacío la mayor parte del tiempo por comer sólo espinacas medio cocidas (para conservar las vitaminas) y papas podridas, ensalada cruda o cocida, y nuevamente espinacas. Nos morimos de hambre, en la espera de llegar a ser tan fuertes como Popeye... ¡aunque de esto no tenga ninguna prueba!

Si Miep hubiera podido llevarnos a esa fiesta de compromiso, seguramente no habríamos dejado un solo panecillo a los otros invitados. Puedo decirte que estábamos muy atentos a ella, sacándole las palabras de la boca, como si nunca hubiéramos oído hablar de cosas buenas y de personas distinguidas.

Y eso que somos las nietas de un millonario. ¡Qué extrañas vueltas da la vida!

Tuya.   Ana.

Martes 9 de mayo de 1944

Querida Kitty:

He terminado mi cuento "Ellen, el hada buena". Lo he vuelto a copiar en un hermoso papel de cartas, con algunos adornos en tinta roja, y lo he cosido todo. No quedó mal, pero ¿no es poco para el cumpleaños de papá? No lo sé. Margot y mamá han hecho, cada una, una felicitación en verso.

Esta tarde, el señor Kraler vino con la noticia de que la señora M., que antes trabajaba en el negocio haciendo demostraciones, ha expresado el deseo de venirse a hacer su café a la oficina, todos los días, a las dos. ¿Comprendes? Ninguno de nuestros protectores podrá ya subir a nuestra casa, las papas ya no podrán sernos entregadas, el almuerzo de Elli quedará suprimido, el w. c., nos será prohibido, no podremos movernos, etc.

Nos hemos quebrado la cabeza para encontrar pretextos que la disuadieran de su proyecto. El señor Van Daan ha sugerido que se le pusiera en su café un fuerte laxante.

—¡Ah, no! —respondió el señor Koophuis—. Todo menos eso, pues no saldría nunca de la incubadora.

Risas.

—¿De la incubadora? —preguntó la señora—, ¿Qué es eso?

—¿Puede emplearse siempre esa palabra? —replicó con toda ingenuidad.

—¡Qué esperanza! —repuso Elli, riendo—. Si entra usted en una gran tienda y pregunta dónde queda la incubadora, nadie la comprenderá.

Hay buen tiempo, Kitty. Un tiempo espléndido. ¡Ah, si pudiera salir!

Tuya.   Ana.

Miércoles 10 de mayo de 1944

Querida Kitty:

Anteayer, en el granero, estábamos con nuestra lección de francés cuando escuché que caía agua. Iba a preguntarle a Peter sobre esto, cuando él ya había corrido al desván donde estaba la causa del desastre. Bochi, al encontrar su "Incubadora" demasiado mojada, hacía sus necesidades al lado, en tanto que Peter, con mano firme, quería poner al gato en el lugar indicado. Se produjo un fuerte ruido, y el culpable, huyó por la escalera.

Sin embargo, Bochi había tratado de utilizar su recipiente con aserrín. Sus orines resbalaron por una rendija del desván al techo del granero y, desgraciadamente, encima de las papas. Y como el techo del granero tiene pequeños agujeros, gotas amarillas cayeron sobre un montón de medias y algunos libros que se hallaban sobre la mesa. Yo me moría de risa. Bochi metido debajo de una silla, Peter con el agua de cloro y un trapo, y Van Daan calmando a todo el mundo. El desastre fue remediado, pero nadie ignora que los orines de gato dejaron un hedor espantoso. No sólo las papas de ayer nos dieron la prueba flagrante, sino que el aserrín que papá ha quemado, lo demostraba también.

Tuya.   Ana.

P. D. Ayer, y esta noche, hubo una transmisión de nuestra bienamada reina, que se toma vacaciones a fin de regresar a Holanda con nuevos bríos. Habló de su regreso en un porvenir cercano, de liberación, de valor heroico y de pesadas cargas.

Después, un discurso del ministro Gerbrandy. Finalmente, un sacerdote ha implorado a Dios para que vele por los judíos y por todos los que se encuentran en los campos de concentración, en las cárceles y en Alemania.

Jueves 11 de mayo de 1944

Querida Kitty:

Te parecerá extraño, pero estoy tan ocupada que me falta tiempo para terminar todo el trabajo que se me ha juntado. ¿Quieres saber todo lo que tengo qué hacer? Pues bien, mañana terminaré la vida de Galileo, pues hay que devolver el libro a la biblioteca.

Para la siguiente semana, tengo que leer *Palestina op de Tweesprong* ("La encrucijada de Palestina"), y el segundo tomo de *Galileo*. Ayer terminé la primera parte de la *Vida de Carlos V*, y tengo gran necesidad de ordenar todas las notas y los árboles genealógicos. Además, tengo las notas de otros libros; en total, tres páginas de palabras extranjeras por copiar, y que tendré que memorizar. Está también mi colección de artistas de cine que se ha convertido en un caos, volviéndose necesario clasificarla de nuevo; este caos me llevará algunos días, y me temo que tendrá aún que quedarse abandonada a su suerte por el momento, pues la profesora Ana, como ya te dije, se siente desbordada.

Teseo, Edipo, Orfeo y Hércules me esperan; aguardan que mi cabeza se ponga en orden, porque sus acciones se han metido en ella como un tejido de hilos embrollados y multicolores. Myron y Fidias también tienen necesidad urgente de ser tratados, ya que corren el riesgo de desaparecer del cuadro. Pasa lo mismo con la guerra de Siete Años y la de Nueve Años; es para mí una tremenda confusión. ¡Cómo lograr que una memoria tan desdichada como la mía lo entienda todo! Prefiero no pensar lo que será cuando tenga ochenta años.

Y me olvido de la Biblia... Me pregunto cuánto tiempo tardaré en llegar a Susana en el baño. Y, ¿qué quieren decir con los crímenes de Sodoma y Gomorra? Hay tantas preguntas que contestar y tanto que aprender. He abandonado completamente a *Liselotte von der Pfalz*. Lo ves, Kitty, que me siento desbordada.

Otra cosa más. Ya sabes cuál es mi mayor anhelo: llegar a ser periodista, y más tarde escritora famosa. ¿Seré capaz de lograrlo? O acaso ¿es mi manía de grandeza? Habría que verlo, pero hasta aquí, los temas no me faltan. En todo caso, después de la guerra, me gustaría publicar una novela sobre el Anexo. No se si lo consiga, pero mi Diario me servirá de documento. Además del Anexo, han surgido otros temas. Ya te hablaré de ellos largamente, cuando hayan cobrado forma.

Tuya.   Ana.

Sábado 13 de mayo de 1944

Mi muy querida Kitty:

Por fin ayer fue el cumpleaños de Pim, coincidiendo con sus 19 años de matrimonio. La sirvienta no estaba en la oficina y el sol brillaba como no lo había hecho. Nuestro castaño está en plena floración, de arriba a abajo, sus ramas pesadamente cargadas de hojas, y mucho más hermoso que el año pasado.

Koophuis ha regalado a papá una biografía de Linné. Kraler, un libro sobre la naturaleza. Dussel, *Amsterdam te Water*, Van Daan se ha presentado con una gran caja adornada con una envoltura muy artística, conteniendo tres huevos, una botella de cerveza, una botella de yoghurt y una corbata verde. Al lado de esto, nuestro tarro de dulce pareció insignificante. Mis rosas huelen muy bien, y los claveles de Miep y de Elli, aunque sin olor, son muy bonitos. Pim ha sido muy agasajado. Llegaron cincuenta tortitas, ¡exquisitas, maravillosas! Papá ha obsequiado bizcochos, cerveza a los caballeros y yoghurt a las damas. Todos nos divertimos mucho.

Tuya.   Ana.

Martes 16 de mayo de 1944

Mi muy querida Kitty:

Para cambiar un poco, te informo una pequeña discusión entre los señores Van Daan que tuvo lugar anoche.

Señora: —Los alemanes deben haber reforzado el Muro del Atlántico de manera insospechada. Harán todo lo posible por impedir a los ingleses que desembarquen. A pesar de todo, ¡es formidable esa fuerza de los alemanes!

Señor: —¡Sí, sí! Colosal.

Señora: —Sí...

Señor: —A la larga, ganarían la guerra. ¡Son tan fuertes esos alemanes!

Señora: —Es muy posible. Aún no estoy convencida de lo contrario.

Señor: —Prefiero no hablar del tema.

Señora: —Pero no puedes evitarlo. Es superior a ti mismo.

Señor: —¿Qué quieres? Contesto para no decir nada.

Señora: —De todos modos contestas, aun cuando sólo sea por querer tener razón. Sin embargo, tus pronósticos están siempre lejos de ser buenos.

Señor: —Hasta ahora, nunca me he equivocado.

Señora: —¡Es falso! Creías que el desembarco sería para el año pasado, que Finlandia ya habría firmado la paz, que Italia quedaría liquidada durante el invierno, que los rusos tomarían a Lemberg. ¡Oh, no! Decididamente, tus pronósticos no han sido buenos.

Señor (levantándose): —Bueno, ¿quieres callarte? ¡El día en que yo tenga razón, te lo demostraré! Estoy hasta la coronilla de tus tonterías y espero el momento de restregártelo todo por la nariz.

FIN DEL PRIMER ACTO

Yo hubiera querido soltar la risa, al igual que mamá. Peter se mordía los labios. ¡Oh, esa insuficiencia de los mayores! Antes de proferir sus puntos de vista delante de los hijos, sería mejor que empezaran a aprender algo.

Tuya.   Ana.

Viernes 19 de mayo de 1944

Querida Kitty:

No me siento muy bien desde ayer, he vomitado. (¡y eso para mí...!). He tenido dolor de estómago y todas las calamidades imaginables. Hoy me siento un poco mejor. Tengo mucha hambre, pero prefiero abstenerme de los porotos colorados esta noche.

Todo sigue bien entre Peter y yo. El pobre muchacho necesita ternura. Se ruboriza cada noche cuando le doy el beso de despedida, y nunca deja de mendigar otro. ¿Seré lo bastante buena para consolarle de la perdida de Bochi? No importa, pues él es muy dichoso desde que sabe que alguien le quiere.

Después de mi difícil conquista, domino un poco la situación. Pero no hay que pensar que mi amor haya menguado, Peter es un encanto, pero en lo que a mí concierne, en lo que se vincula con el fondo de mí misma, lo he cerrado nuevamente. Si él quiere romper la armadura otra vez, necesitará una lanza mucho más firme.

Tuya.   Ana.

Sábado 20 de mayo de 1944

Querida Kitty:

Anoche, al volver del cuarto de Peter y entrar en casa, vi el florero de los claveles por el suelo, a mamá de rodillas con un trapo y a Margot tratando de pescar mis papeles.

—¿Qué pasó? —pregunté preocupada, quedándome inmóvil en el lugar.

Mi carpeta de árboles genealógicos, mis cuadernos, mis libros, ¡todo flotaba! Estuve a punto de llorar, sólo recuerdo que Margot me ha repetido exageraciones tales como "irrevocablemente perdido, espantoso, horrible, irreparable", y Dios sabe qué más. Papá se echo a reír, al igual que Margot y mamá; pero yo, tenía lágrimas en los ojos viendo perdido todo mi trabajo y mis minuciosas notas.

El "daño irreparable" visto de cerca no era tan grave. En el granero despegué cuidadosamente todos los papeles y los puse a secar. Al verlos, también solté la risa. María de Médicis colgaba al lado de Carlos V, y Guillermo de Orange al lado de María Antonieta, lo que hizo decir a Van Daan: *"Rassenschande"* (profanación de raza). Dejé a Peter cuidando mis papelotes y escapé.

—¿Cuáles son los libros estropeados? —pregunté a Margot, que examinaba mi tesoro.

—El álgebra —dijo Margot.

Fui en seguida para ver, pero lamento decir que ni mi libro de álgebra estaba en mal estado; nunca había detestado tanto a un libro como a este. En la portada figuran los nombres de por lo menos veinte propietarios precedentes; está viejo, amarillento, cubierto de garabatos y de correcciones. ¡Un día me volveré vándala, y haré trizas ese volumen innoble!

Tuya.   Ana.

Lunes 22 de mayo de 1944

Querida Kitty:

Papá perdió una apuesta con la señora Van Daan el 12 de mayo, a quien ha entregado cinco tarros de yoghurt. El desembarco no se ha efectuado todavía; puedo decir con absoluta certeza que toda Amsterdam, toda Holanda, y toda la costa occidental de Europa hasta España, no hace más que hablar y discutir el desembarco, apostar y... esperar.

La atmósfera de espera no puede ser más tensa. Una buena parte de los que creíamos "buenos" holandeses han dejado de creer en los ingleses; todo el mundo no se conforma con el famoso *bluff* inglés. Pero hay quienes necesitan por fin pruebas, acciones grandes y heroicas. Nadie ve más allá de la punta de su nariz; nadie piensa en los ingleses como personas que se defienden y pelean por su país; todo mundo cree que están obligados a salvar a Holanda lo más rápidamente y lo mejor posible.

¿Qué obligaciones tienen los ingleses con nosotros? ¿De qué manera los holandeses han merecido esa ayuda generosa que esperan con tanta seguridad? Por triste que sea, los holandeses pueden prepararse para las decepciones; a despecho de todo su *bluff*, Inglaterra no tiene la culpa de que los otros países, grandes y chicos, estén actualmente ocupados.

Sin duda, los ingleses no vendrán a darnos sus excusas, porque si nosotros podemos reprocharles que se hayan dormido durante los años en que Alemania se armaba, no podríamos negar que todos los demás países, colindantes con Alemania, se durmieron lo mismo. La política del avestruz de nada nos serviría, e Inglaterra, como el mundo entero lo sabe muy bien. Por eso los aliados, y sobre todo Inglaterra, se verán obligados a hacer penosos sacrificios.

Ningún país querrá sacrificar a sus hombres en el interés de otro país, e Inglaterra no será la excepción. El desembarco, la liberación y la libertad llegarán un día, pero la hora sólo la saben Inglaterra y Norteamérica, y no un conjunto de territorios ocupados.

Con nuestro gran pesar, hemos sabido que muchas personas se han vuelto contra los judíos. Hemos oído decir que el antisemitismo se ha apoderado de ciertos círculos donde jamás se hubiera pensado en eso.

Los ocho nos sentimos profundamente emocionados. La causa de este odio contra los judíos es plausible, pero es inadmisible. Los cristianos reprochan a los judíos que, ante los alemanes, tengan la lengua demasiado larga, traicionando a sus protectores y haciendo sufrir a los cristianos, por culpa de ellos, la suerte horrible y la tortura de tantos de nosotros.

Todo eso es verdad, pero hay que ver el otro lado de la moneda. Los cristianos en nuestro lugar, ¿actuarían diferente? ¿Un hombre, judío o cristiano, puede callarse ante los medios de que se sirven los alemanes? Todo el mundo sabe que eso es imposible. Entonces, ¿por qué exigir lo imposible de los judíos?

En los grupos de la Resistencia corre un rumor vinculado a los judíos-alemanes que fueron emigrados en Holanda, y actualmente en los campos de concentración de Polonia; éstos no podrían, después de la derrota de Hitler, regresar a Holanda, donde tenían el derecho de asilo; se les obligaría a volver a Alemania.

Escuchando eso, ¿no es lógico que nos preguntemos por qué se sostiene esta larga y penosa guerra? ¡Se nos ha repetido siempre que nosotros combatimos juntos por la libertad, la verdad y el derecho! Si ya se declara la división en pleno combate, ¿el judío saldría de él inferior a algún otro, una vez más?

Es triste tener que admitir el viejo aforismo: "De la mala acción de un cristiano, es éste mismo responsable; la mala acción de un judío recae sobre todos los judíos".

Francamente no comprendo eso de los holandeses, este pueblo bueno, honrado y leal que, al juzgarnos así, juzga al pueblo más oprimido, al más desgraciado y, quizá, al más digno de compasión en el mundo entero.

Sólo me resta confiar que esta ola de odio contra los judíos sea pasajera, que los holandeses se mostrarán pronto tales como son, guardando intactos su sentido de la justicia y su integridad. Pues el antisemitismo es injusto.

Y si este horror tuviera verdaderamente que suceder, el pobre puñado de judíos que queda en Holanda terminaría por dejarla. También nosotros recogeríamos nuestras cosas y emprenderíamos la marcha, abandonando a este hermoso país que tan cordialmente nos recibió y que, sin embargo, nos vuelve la espalda.

Quiero a Holanda. Hasta había confiado en que me serviría de patria, a mí, apátrida y sigo esperándolo.

Tuya. Ana.

Jueves 25 de mayo de 1944

Querida Kitty:

Todos los días pasa algo. Esta mañana, nuestro proveedor de legumbres fue arrestado; tenía a dos judíos en su casa. Es un golpe terrible para nosotros, no sólo porque dos pobres judíos más se encuentran al borde del abismo, sino porque el proveedor se encuentra también en el mismo trance.

El mundo está trastornado; personas decentes son enviadas a los campos de concentración, a las prisiones, o todavía tiemblan en las celdas solitarias, mientras que la hez gobierna a jóvenes y viejos, a ricos y pobres. Uno cae en el mercado negro, otro al haber albergado a judíos o a rebeldes; quien no está en contacto con la N.S.B. jamás sabe lo que le pasará mañana.

¡Cómo nos hará falta nuestro proveedor de legumbres! Miep y Elli no podrán encargarse de semejantes bolsas de papas sin llamar la atención; lo único que nos queda hacer es comer menos. Te cuento, pues, cómo vamos a arreglarnos; no será divertido. Mamá propuso suprimir el desayuno, comer la avena en el almuerzo y papas saltadas por la noche, y una o dos veces por semana, como máximo, una legumbre o ensalada. Eso significa el hambre, pero todas estas privaciones no son nada comparadas con el horror de ser descubiertos.

Tuya. Ana.

Viernes 26 de mayo de 1944

Querida Kitty:

Por fin llega un poco de tregua para escribirte tranquilamente sentada en mi mesita, ante una ventana apenas entreabierta.

Estoy de muy mal humor; ni siquiera después del robo me sentí así, completamente descentrada. Por una parte, el proveedor de legumbres, el problema de los judíos —del que todo el mundo habla sin parar—, el desembarco que se hace esperar, la mala alimentación, la tensión nerviosa, la atmósfera deprimente, mi decepción con Peter; y por otra parte, historias como para soñar: el noviazgo de Elli, la recepción del día de Pentecostés, flores, etc.; luego, el cumpleaños de Kraler, con dulces, salidas a los cabarets, cine y conciertos. ¡Qué enorme contraste!... Un día nos reímos de nuestra vivienda forzosa; otro —la mayoría de los días— temblamos de miedo; la ansiedad, la espera y la desesperación se ven en cada rostro.

Más que nadie, Miep y Kraler sienten sobre ellos el peso de nuestra vida en el Anexo; Miep, interrumpida en su trabajo, y Kraler anonadado a la larga por la gran responsabilidad que ha contraído. Koophuis y Elli aún se ocupan, y muy bien, de nosotros; sin embargo tienen más respiro, algunas horas de ausencia —un día, a veces dos días—, que les permiten olvidarse del Anexo. Tienen sus propias preocupaciones, Koophuis con su salud, y Elli acaba de comprometerse en días muy difíciles; y, aparte de eso, tienen sus excursiones, sus visitas, toda una vida de personas libres. Ellos tienen el recurso de alejarse de la atmósfera sombría, aunque sea por poco tiempo; para nosotros, la tensión siempre va en aumento. Ya hace años que esto dura y no sé cuánto tiempo vamos a poder resistir esta presión insoportable y más fuerte cada día.

Cuando las tuberías están tapadas, debemos hacer correr el agua con cuentagotas; vamos al w. c. con un cepillo, y conservamos el agua sucia en un enorme recipiente. Hoy, eso puede pasar, pero ¿qué vamos a hacer si el plomero no puede arreglárselas solo? El Servicio de higiene no viene hasta el martes.

Miep nos ha enviado un pan de centeno que dice: "Feliz Pentecostés". Esto suena casi a burla. ¿Cómo ser "feliz" en el estado en que nos encontramos? Después del arresto del proveedor de legumbres el miedo reina a más no poder. ¡Silencio! ¡Silencio!, por todos lados. Todo se hace a la chita callando. ¡Si la policía ha forzado la puerta del proveedor de legumbres, nosotros estamos tan expuestos como él! Si nosotros... no. No tengo el derecho de escribirlo, pero hoy esta cuestión no quiere abandonarme; al contrario, toda la angustia por la cual ya he pasado, se impone nuevamente a mí en toda su amplitud.

Esta noche, al ir al w. c. a las ocho, he tenido que dejar el piso de los Van Daan, donde todos estaban reunidos alrededor de la radio; quería ser valiente, pero era difícil. Con los otros, me siento todavía "segura", pero sola...; sé que la casa es grande y que está abandonada;

los ruidos de arriba, ensordecidos, son misteriosos; además, están los bocinazos de afuera. Tiemblo cuando eso no marcha bastante de prisa, viendo una vez más nuestra situación presentarse a mi espíritu.

Mucho me pregunto si no hubiera sido mejor ser atrapados y morir antes de pasar por todas estas calamidades, sobre todo por nuestros protectores, que al menos, no estarían en peligro. Ni siquiera este pensamiento nos hace retroceder: amamos tanto la vida que no hemos olvidado la voz de la naturaleza y seguimos esperando, a pesar de todo, que todo salga bien; que lleguen las bombas si es necesario, porque ellas no podrían aplastarnos más que esta inquietud. Que llegue el fin, aunque sea duro; al menos así sabremos si, por fin, debemos vencer o perecer.

Tuya.   Ana.

Miércoles 31 de mayo de 1944

Querida Kitty:

Un nuevo incidente en el Anexo: los Frank han peleado con Dussel por una tontería, la repartición de la manteca.

Capitulación de Dussel. Gran amistad entre él y la señora Van Daan; flirt, besitos y sonrisas de miel. Dussel tiene necesidad de estar con una mujer.

Roma fue tomada por el 5º Ejército sin devastación ni bombardeos.

Pocas legumbres, pocas papas. Mal tiempo. El paso de Calais y la costa francesa están constantemente bajo las bombas.

Tuya.   Ana.

Martes 6 de junio de 1944

Querida Kitty:

"Hoy, D-Day", ha dicho la BBC al mediodía, y con razón: "Este es el día"; ¡el desembarco ha comenzado!

Esta mañana, a las ocho, la BBC anunció el bombardeo en gran escala de Calais, Boloña, El Havre y Cherburgo, y también del paso de Calais (como de costumbre). Medidas de precaución para los territorios ocupados: todos los habitantes en la zona que se extiende a 35 km de la costa están expuestos a los bombardeos. De ser posible, los aviones ingleses lanzarán bengalas una hora antes.

Según la transmisión alemana, tropas inglesas habrían aterrizado con paracaídas en la costa francesa. Combate entre los buques de desembarco y la marina alemana, según la BBC.

Conjeturas en el Anexo desde las nueve, durante el desayuno: ¿se trata de un desembarco de prueba como el de Dieppe hace dos años?

Transmisión inglesa en alemán, holandés, francés y otros del "verdadero" desembarco. Transmisión inglesa en alemán a las once: discurso del comandante en jefe, el general Dwight Eisenhower.

A mediodía, en lengua inglesa: "La lucha dura empezará ahora, pero después de ella, la victoria. El año 1944 es el año de la victoria completa. ¡Buena suerte!".

BBC, en inglés, una hora más tarde: "Once mil aviones constantemente dejan caer tropas en paracaídas detrás de las líneas. Cuatro mil navíos, más pequeñas embarcaciones aseguran el servicio constante de transporte de tropas y de material entre Cherburgo y El Havre". Las operaciones de las tropas inglesas y americanas han empezado. Discursos de Gerbrandy, del primer ministro de Bélgica, del rey Haakon de Noruega, del francés De Gaulle, del rey de Inglaterra, sin olvidar el de Churchill.

El Anexo es un volcán en erupción. ¿Estará cerca esa libertad tan largamente esperada? Esa libertad de la que tanto se ha hablado. ¿No es demasiado hermosa, demasiado rica para que se convierta en realidad? ¿Este año va a darnos la victoria? No lo sabemos, pero la esperanza nos hace renacer, nos devuelve el valor, nos restituye la fuerza. Va a ser necesario soportar con valor muchas angustias, privaciones y sufrimientos. Se trata de permanecer tranquilos y de resistir. A partir de hoy, y más que nunca, tendremos que hundirnos las uñas en la carne antes que gritar. Es el momento para Francia, Rusia, Italia y también Alemania de hacer oír su miseria; nosotros, aún no tenemos ese derecho.

¡Oh, Kitty! Lo mejor del desembarco es la idea de que podré estar con mis amigos. Después de haber tenido el cuchillo en la garganta, de haber estado oprimidos por esos horribles alemanes; no podemos evitar sentirnos impregnados de confianza al pensar en la salvación y en los amigos.

Ya no se trata de judíos. Ahora se trata de Holanda y de toda Europa ocupada. Margot dice que quizá yo pueda asistir a la escuela en septiembre u octubre.

Tuya.   Ana.

Viernes 9 de junio de 1944

Querida Kitty:

El desembarco va muy bien. Los aliados están en Bayeux, un pequeño puerto de la costa francesa, y se lucha por Caen. El objetivo estratégico es rodear la isla de Cherburgo. Todas las noches las transmisiones de los corresponsales de guerra hablan de las dificultades, del valor y del entusiasmo del ejército, citando ejemplos de los más increíbles. Algunos heridos regresan a Inglaterra. La RAF no interrumpe sus vuelos pese al mal tiempo. Hemos sabido por la BBC que Churchill quería participar con sus hombres del desembarco, pero tuvo que abandonar su proyecto por consejo de Eisenhower y otros generales. ¡Qué coraje para un anciano que tiene setenta años!

Aquí nos hemos repuesto un poco de la emoción, pero confiamos que la guerra termine antes de fin de año. ¡Ya es hora! La señora Van Daan nos aburre con sus tonterías; ahora que no puede volvernos locos con el desembarco, empieza con el mal tiempo todo el santo día. Habría que meterla en una tina llena de agua fría y dejarla en el desván.

Tuya.   Ana.

Martes 13 de junio de 1944

Querida Kitty:

Otro cumpleaños más. He llegado a quince años. He recibido muchas cosas.

Los cinco tomos de *Historia del arte*, de Springer; además, un collar, dos cinturones, un pañuelo, dos tarros de yoghurt, un frasquito con dulces confitados, un gran bizcocho y un libro sobre botánica, de papá y mamá. Un brazalete doble de Margot, un libro *(Patria)* de los Van Daan, arvejillas de Dussel, bombones y cuadernos de Miep y Elli y, lo mejor de todo, un libro: *María Theresia*, así como tres tajadas de verdadero queso, de Kraler; un precioso ramo de peonias de Peter. ¡Pobre muchacho! Se ha esforzado tanto por encontrar algo, pero sin ningún resultado.

El desembarco va muy bien a pesar del mal tiempo, las tormentas, los torrentes de lluvia y el mar desencadenado.

Churchill, Smuts, Eisenhower y Arnold visitaron ayer, en Francia, los pueblos conquistados y liberados por los ingleses. Churchill hizo la travesía en un submarino que torpedeó la costa. Hay que creer que ese hombre, como tantos otros, desconoce el miedo. ¡Es envidiable!

Desde el Anexo no podemos conocer la moral de los holandeses. No hay duda que la gente se alegra de haber visto a la Inglaterra "incapaz" combatir por fin. Todos los holandeses que todavía hablaban mal de los ingleses y que seguían calumniando a Inglaterra y a su gobierno de viejos señores, llamándoles cobardes aun odiando a los alemanes, deberían estar muy arrepentidos.

Tuya.   Ana.

Miércoles 14 de junio de 1944

Querida Kitty:

Anhelos, deseos, pensamientos, acusaciones y reproches asaltan mi cerebro como un ejército de fantasmas. Yo no me hago muchas ilusiones. Conozco perfectamente mis defectos más que cualquiera; he ahí la diferencia: yo sé que tengo la firme voluntad de enmendarme, y de llegar a ello, pues ya manifiesto un progreso sensible.

¿Cómo es posible que todo el mundo siga encontrándome muy presuntuosa y tan poco modesta? ¿Soy realmente tan presuntuosa? ¿Soy yo, o acaso lo son los otros? Esto no lleva a nada, lo comprendo, pero no voy a preocuparme por ello. La señora Van Daan, mi principal acusadora, es conocida por su falta de inteligencia y, puedo decirlo tranquilamente, por su estupidez. La mayoría de las veces los tontos no pueden soportar a alguien más inteligente o despierto que ellos.

La señora me cree tonta porque soy más veloz que ella al comprender las cosas; juzga que no tengo modestia, pero ella adolece mucho más; encuentra mis vestidos demasiado cortos porque los suyos lo son más. También me juzga presuntuosa, pero ella lo es dos veces más al hablar de cosas de las que no tiene ningún conocimiento. Cabe aquí uno de mis proverbios predilectos: "Hay algo de verdad en cada reproche". Y estoy dispuesta a admitir que soy presuntuosa.

Sé que no tengo muy buen carácter, y te aseguro que nadie me regaña y me critica tanto como yo misma. Entonces, si mamá me sigue dando sus buenos consejos, las críticas se acumulan y se tornan a tal punto insoportables, que, desesperada de no poder nunca salir de eso, me vuelvo insolente y a contradecirla. Y finalmente recurro al mismo estribillo "nadie me entiende".

Esta idea está clavada en mí y, por discutible que pueda parecer, hay en todo ello una brizna de verdad. Todas las acusaciones contra mí misma cobran a menudo tales proporciones, que siento la necesidad de una voz reconfortante que sane esas heridas y que se interese un poco por lo que pasa en mí. Por mucho que busque, todavía no he encontrado esa voz.

Ya sé que esto te hace pensar en Peter, ¿verdad, Kitty? De acuerdo. Peter me quiere. No como enamorado, pero sí como amigo. Su devoción aumenta día a día. Sin embargo, lo que nos detiene, ese misterio que nos separa, yo no lo comprendo. A veces pienso que aquel deseo irresistible que me inspiraba hacia él era exagerado; pero eso no puede ser verdad, pues si no voy con él por dos días seguidos, mi deseo es más fuerte que nunca... Peter es bueno y amable, pero no puedo negar que me decepcionan muchas cosas en él. Le reprocho, sobre todo, que reniegue de su religión; además, sus conversaciones sobre la alimentación y otras cosas que me desagradan han revelado varias diferencias entre nosotros. Pero sigo convencida de que mantendremos nuestro propósito de no pelear nunca. A Peter le gusta la paz, es tolerante y muy indulgente. No dejaría que su madre le dijera todas las cosas que acepta de mí, y hace grandes esfuerzos por mantener sus cosas en orden. No obstante, se mantiene único dueño de su alma; ¿por qué no puedo nunca llegar a ella? Su naturaleza es mucho más cerrada que la mía; pero hasta las naturalezas más reacias sienten la necesidad irresistible de libertarse, tanto o más que las otras; yo estoy aquí para saberlo.

Peter y yo hemos pasado en el Anexo los años en que uno se forma; hablamos y hablamos siempre del futuro, del pasado y del presente; pero me falta lo esencial, aun sabiendo que existe.

Tuya.   Ana.

Jueves 15 de junio de 1944

Querida Kitty:

Quizá sea la nostalgia del aire libre después de estar lejos de él por tanto tiempo, pero añoro más que nunca a la naturaleza. Recuerdo todavía que nunca me sentí tan necesitada por un cielo azul deslumbrante, por los pájaros cantores, por el claro de luna, por las plantas y las flores. Aquí, he cambiado.

El día de Pentecostés, por ejemplo, hacía tanto calor que me quedé despierta hasta las once y media, viendo la luna a través de la ventana abierta. Este sacrificio no sirvió de nada, pues la luna brillaba con luz demasiado fuerte para que yo me arriesgara a abrir la ventana. Otro día —hace varios meses—, subí casualmente al cuarto de los Van Daan una noche en que su ventana estaba abierta. No me fui hasta que la cerraron. Noche sombría y lluviosa, tormenta, y nubes fugitivas. Por primera vez desde hace un año, frente a frente con la noche, me hallaba bajo el imperio de su hechizo. Después de eso, mi deseo de revivir un momento semejante sobrepasaba a mi miedo a los ladrones, a las ratas y a la oscuridad. Una vez, bajé sola para ver por la ventana de la oficina privada y por la de la cocina. Muchas personas encuentran a la naturaleza bella, muchos pasan la noche en el campo, pero los de las cárceles y los hospitales aguardan el día en que podrán gozar del aire libre. No obstante, hay pocos que estén enclaustrados y aislados con su nostalgia de lo que es accesible tanto a los pobres como a los ricos, como nosotros.

Ver el cielo, las nubes, la luna y las estrellas me tranquiliza y restituye la esperanza; no se trata de mi imaginación. Es mucho mejor que la valeriana y el bromuro. La naturaleza me hace humilde, y me preparo a soportar todos los golpes con valor.

Estaba escrito, que al mirar —raramente se entiende— la naturaleza, tenga que verla a través de los vidrios sucios. Mi gozo se desvanece, pues la naturaleza es la única cosa que no tolera ser deformada.

Tuya.   Ana.

Viernes 16 de junio de 1944

Querida Kitty:

La señora Van Daan está desesperada, hablando de cárcel, de ahorcarse, de suicidio y de meterse una bala en la cabeza. Está celosa porque Peter confía en mí y no en ella. Se siente humillada porque Dussel no responde a sus insinuaciones. Teme que su marido se fume todo el dinero de su abrigo de pieles. Se pasa el tiempo en pleitos, insultos, llanto, quejas y risas, para volver a las peleas.

¿Qué hacer cuando una loca lloriquea sin cesar? Nadie la toma en serio. No tiene carácter, se queja de todo el mundo, provoca la insolencia de Peter, la irritación del señor Van Daan y el cinismo de mamá. Es una situación lamentable. Sólo hay una cosa por hacer: tomar todo eso a chacota y no pensar en los demás. Esto parecerá egoísta, pero es el único medio de defensa cuando uno no puede contar más que consigo mismo.

Kraler ha sido convocado para un trabajo obligatorio de cuatro semanas. Va a tratar de librarse mediante un certificado médico y una carta de negocios. Koophuis piensa hacerse la operación de su úlcera. Ayer, a las once, todas las líneas telefónicas particulares fueron cortadas.

Tuya.   Ana.

Viernes 23 de junio de 1944

Querida Kitty:

Nada especial. Los ingleses han comenzado la gran ofensiva sobre Cherburgo. ¡Pim y Van Daan están seguros de nuestra liberación antes del 10 de octubre! Los rusos toman parte en las operaciones; ayer comenzaron la ofensiva sobre Witebsk, es decir, tres años después de la invasión alemana.

Ya casi no nos quedan papas; en el futuro cada cual contará su parte.

Tuya.   Ana.

Martes 27 de junio de 1944

Mi muy querida Kitty:

La moral se ha elevado. Todo marcha muy bien. Cherburgo, Witebsk y Slobin han caído hoy. Muchos prisioneros, gran botín. Los ingleses pueden hacer desembarcar lo que quieran, material y todo, pues tienen un puerto. Tienen todo el Cotentin tres semanas después del desembarco. ¡Esos ingleses! ¡Qué gran triunfo! Durante las tres semanas desde el "D-Day", no ha dejado de llover, tanto aquí como en Francia; sin embargo, esta mala suerte no ha impedido a los ingleses y a los americanos mostrar su fuerza, ¡y de qué manera! Aunque la V2, la famosa arma secreta, haya entrado en acción, no significa más que algunos destrozos en Inglaterra y material de propaganda para la prensa nazi. Por lo demás, los nazis temblarán aún más al reparar en que el "peligro bolchevique" no está lejos.

Todas las mujeres alemanas de la costa que no trabajan para la Wehrmacht, son evacuadas a Groninga, Friesland y la Gueldre. Mussert ha declarado que, en caso de desembarco en nuestra tierra, se pondrá el uniforme de soldado. ¿Peleará ese gordiflón? Hubiera podido empezar un poco antes, en Rusia. Finlandia, que había rechazado los ofrecimientos de paz, ha roto de nuevo las conversaciones; tendrán de qué arrepentirse esos idiotas.

¿Podrías decirme dónde estaremos el 27 de julio?

Tuya.   Ana.

Viernes 30 de junio de 1944

Querida Kitty:

Mal tiempo ha anunciado la radio.

¡Qué lista!, ¿eh? Desde luego puedo jactarme de mis progresos en inglés; prueba de ello es que estoy leyendo *An Ideal Husband* con diccionario.

Noticias excelentes: Bobroisk, Mogilef y Orsja han caído. Numerosos prisioneros.

En casa las cosas están "all right", y la moral sensiblemente mejor. Nuestros optimistas a todo evento triunfan. Elli ha cambiado de peinado. Miep tiene una semana de vacaciones.

Tuya.   Ana.

Jueves 6 de julio de 1944

Querida Kitty:

Se me oprime el corazón cuando Peter empieza a decir que podría hacerse malhechor o lanzarse en la especulación. Aunque sepa que es broma, no por eso tengo menos la impresión de que le asusta su propia debilidad de carácter. Margot y Peter me repiten siempre: "¡Ah, si se pudiera ser tan fuerte y tan valeroso como tú, tan perseverante! ¡Si se tuviera tu energía tenaz!...".

Me pregunto si no dejarse influenciar es verdaderamente una cualidad. Con leve diferencia, yo sigo exactamente el camino de mi propia conciencia; quién sabe si tengo razón o no.

En realidad me cuesta comprender al que dice: "Yo soy débil", y sigue siendo débil. Si se tiene conciencia de ello, ¿por qué no nadar contra la corriente y enmendar el propio carácter? A esto Peter replica: "Porque es mucho más fácil" lo que me desalienta un poco. ¿Fácil? ¿Quiere decir que una vida perezosa y deshonesta equivale entonces a una vida fácil? No es posible dejarse seducir tan pronto por la debilidad y... el dinero.

He meditado mucho sobre la forma de responderle y de incitarlo a tener confianza en sí mismo, sobre todo a enmendarse; pero ignoro si mi razonamiento es justo.

Pensé que era muy bueno tener la confianza de alguien, y ahora que lo he conseguido, empiezo a ver todo lo difícil que es identificarse con el pensamiento de otro, hallar la palabra cabal para responderle. Los conceptos "fácil" y "dinero" son para mí nuevos y totalmente extraños. Peter comienza a depender de mí y yo no lo admitiré, sean cuales fueran las circunstancias. Una persona como Peter ya tiene bastante con sostenerse sobre sus propias piernas, pero le será más difícil sobre sus propias piernas como hombre consciente en la vida. Como tal, es doblemente duro obstruirse un camino a través del mar de los problemas, sin dejar de ser recto y perseverante. Eso me vuelve cavilosa; durante días, busco un medio radical para quitarle esa palabra terrible: "fácil".

Lo que le parece tan fácil y tan hermoso le llevará a una nada, donde no hay amigos, apoyo, ni nada vinculado a la belleza; un abismo del que es casi imposible salir. ¿Cómo hacerlo comprender?

Todos vivimos sin saber a dónde ir, y siempre buscamos la felicidad; vivimos todos juntos y cada quien de manera diferente. Los tres fuimos educados en buen ambiente, estamos capacitados para el estudio, tenemos la posibilidad de realizar algo, y muchas razones para esperar la felicidad, pero... depende de nosotros el merecerla. Hacer una cosa fácil no demanda ningún esfuerzo. Hay que practicar el bien y trabajar para merecer la dicha, y no se llega a ella por la especulación y la pereza. La pereza *seduce*, el trabajo *satisface*.

No entiendo a las personas que maldicen el trabajo, aunque no es así el caso de Peter; lo que le falta es un objetivo determinado; se considera tonto y mediocre para llegar a triunfar. ¡Pobre muchacho! Nunca ha sabido lo que es hacer a los demás felices y, eso, yo no se lo puedo enseñar. La religión no es nada para él; habla en broma de Jesucristo y blasfema; tampoco yo soy ortodoxa, pero me deprimo cada vez que noto su desdén, su soledad y su pobreza de alma.

Pueden regocijarse quienes tienen una religión, pues no le es dado a todo el mundo creer en lo celestial. Ni siquiera es necesario temer el castigo después de la muerte; el purgatorio, el infierno y el cielo no lo admiten todos, pero una religión, cualquiera, mantiene a los hombres en el camino recto. El temor a Dios otorga la estimación del propio honor, de la propia conciencia. ¡Qué bella sería toda la humanidad, y qué buena, si por la noche antes de dormirse, todos evocaran lo ocurrido durante el día, llevando cuenta del bien y del mal en su conducta! Inconscientemente, todos se esforzarían por enmendarse, y probablemente después de algún tiempo, se hallarían frente a un buen resultado. Todo el mundo puede probar este simple recurso que no cuesta nada y que indudablemente sirve para algo. "En una conciencia tranquila, es donde radica nuestra fuerza". El que no lo sepa, puede aprenderlo y practicarlo.

Tuya.   Ana.

Sábado 8 de julio de 1944

Querida Kitty:

El apoderado, M. B., regresó del campo con una gran cantidad de frutillas, polvorientas, llenas de arena, pero frutillas. Veinticuatro cajitas para la oficina y para nosotros. Inmediatamente nos pusimos a la tarea, y la misma noche tuvimos la satisfacción de contar con seis orzas de conservas y ocho tarros de confitura. En la mañana siguiente, Miep propuso preparar la confitura para los de la oficina.

A las doce y media, como el campo estaba libre en toda la casa y la puerta de entrada cerrada, subimos el resto de las cajitas. En la escalera, desfile de papá, Peter y Van Daan. A la pequeña Ana le tocó ocuparse del calentador del baño y del agua caliente. A Margot, buscar las vasijas. ¡Todos estaban trabajando! Yo me sentía desplazada en esa cocina de la oficina, llena hasta reventar, en pleno día, con Miep, Elli, Koophuis, Henk y papá.

Evidentemente, las cortinas de las ventanas nos aíslan, pero nuestras voces y las puertas que golpean me dan miedo. Pensé que ya no estábamos escondidos, una sensación de que tuviéramos derecho a salir. Llena la cacerola, a subirla en seguida... En nuestra cocina, el resto de la familia estaba alrededor de la mesa limpiando frutillas, llevando más a la boca que a las vasijas. No se tardó en reclamar otra vasija, y Peter fue a buscar una a la cocina de abajo..., desde donde oyó llamar dos veces dejando el recipiente, se precipitó detrás de la puerta-armario, cerrándola cuidadosamente. Todos estábamos impacientes ante los grifos cerrados y las frutillas por lavar, pero había que respetar la consigna: "En caso de que hubiera alguien en la casa, cerrar todos los grifos para evitar el ruido del paso del agua por las cañerías".

Henk llegó a la una y nos dijo que era el cartero. Peter volvió a bajar..., para oír el timbre una vez más y para girar de nuevo sobre sus talones. Yo me puse a escuchar, primero junto a la puerta-armario; luego, despacio, fui hasta la escalera. Peter se unió, y nos inclinamos sobre el barandal como dos ladrones, para oír las voces familiares de los nuestros; Peter bajó unos peldaños, y llamó:

—¿Elli? —Ninguna respuesta... Otra vez:

—¿Elli?

El ruido de la cocina dominaba la voz de Peter. De un salto, corrió hacia abajo. Con los nervios de punta, me quedé en el lugar, y oí:

—Vete, Peter. Ha venido el contador. No puedes quedarte aquí.

Era la voz de Koophuis. Peter vuelve suspirando, y cerramos la puerta-armario. A la una y media Kraler aparece por casa exclamando:

—¡Caramba! Por donde paso no veo más que frutillas; en el desayuno, Henk come frutillas, huelo a frutillas en cualquier sitio. Vengo aquí para librarme de esos granos rojos, ¡y ustedes los están lavando!

El resto de las frutillas se puso en conserva. Esa misma noche, las tapas de dos vasijas habían saltado; papá hizo en seguida de su contenido mermelada. A la mañana siguiente, otras dos vasijas abiertas, y por la tarde cuatro, pues Van Daan no las había esterilizado suficientemente. Y papá hace mermelada todas las noches.

Comemos la avena con frutillas, el yoghurt con frutillas, el pan con frutillas, frutillas de postre, frutillas con azúcar y frutillas con arena. Durante dos días, es el único menú. En seguida, se acabó la reserva, salvo la de los tarros puestos bajo llave.

—Ven a ver, Ana —me llamó Margot—. El vendedor de legumbres de la esquina nos ha enviado añejas frescas. Diecinueve libras.

—¡Qué amable ha sido! —contesté.

—Sí, pero la tarea de pelarlas... ¡Puah!

—Todo el mundo trabaja, mañana temprano pelaremos las añejas —sentenció mamá.

Así fue, a la mañana siguiente la gran cacerola de hierro enlozado apareció sobre la mesa después del desayuno para no tardar en llenarse de añejas hasta el borde. Desvainarlas no es muy agradable, es más bien un arte limpiar la piel interior de la vaina; pocas personas conocen las delicias de la vaina de la arveja una vez desprovista de su piel. El sabor no lo es todo; hay, además, la enorme ventaja de tener tres veces tanto para comer.

Quitar la piel interior es un trabajo muy preciso y minucioso, indicado quizá para los dentistas pedantes y los burócratas de precisión; para alguien como yo, es un suplicio. Comenzamos a las nueve y media; a las diez y media me levanto; a las once y media vuelvo a sentarme. Ruido en los oídos: quebrar las puntas, sacar los hilos, quitar la piel y separarla de la vaina, etc. La cabeza me da vueltas. Verdor, verdor, gusanito, hilito, vaina podrida, vaina verde, verde, verde.

Se convierte en una obsesión. Hay que hacer algo. Yo me pongo a hablar aturdidamente de todas las tonterías imaginables, hago reír a todo el mundo y estoy casi a punto de desplomarme de embrutecimiento. Cada hilo que quito me hace entender mejor que nunca que seré mujer de hogar.

A mediodía por fin almorzamos, pero después sigue la tarea, y tenemos nuestra tarea hasta la una y cuarto.

Al terminar, me siento mareada; los demás también. Dormí hasta las cuatro, y me siento aún embrutecida por esas arvejas.

Tuya.   Ana.

Sábado 15 de julio de 1944

Querida Kitty:

Hemos leído un libro de la biblioteca con el título provocativo de *"¿Qué piensa usted de la muchacha moderna?"*. Me gustaría hablarte del tema.

La autora critica a fondo a "la juventud de hoy", aunque sin desaprobarla por completo, dejando de decir, por ejemplo, que no sirve para nada. Al contrario, piensa que, si la juventud quisiera, podría ayudar a construir un mundo mejor y más bello, puesto que dispone de los medios; sin embargo, prefiere ocuparse de cosas superficiales sin dignarse a mirar lo que es esencialmente hermoso.

Ciertos párrafos me dan la fuerte impresión de que soy atacada por la autora, y por eso quiero defenderme, abriéndome a ti.

El rasgo característico de mi carácter —así lo admitirán quienes mejor me conocen—, es el conocimiento de mí misma. Todos mis actos los veo como los de una extraña. Me encuentro frente a esta Ana de todos los días, sin preconcepto y sin querer disculparla de ninguna manera, a fin de observar si lo que ella hace está bien o mal. Esta "conciencia de mí misma" no me deja nunca; no puedo pronunciar nada sin que acuda a mi espíritu: "Hubiera dicho esto", o: "eso es, está bien". Me acuso de cosas innumerables y estoy convencida de la verdad de esta frase de papá: "Cada niño se hace su propia educación". Los padres sólo pueden aconsejarnos e indicarnos el camino a seguir, pero la formación esencial de nuestro carácter está en nuestras propias manos.

Añade a eso que tengo un extraordinario valor de vivir, me siento siempre muy fuerte, muy dispuesta a hacer lo que sea, ¡y me siento muy libre y muy joven! Cuando me percaté de esto por primera vez, me sentí gozosa, pues me parece que no me doblegaré fácilmente por los golpes a quien nadie escapa.

Pero de eso ya te he hablado. Preferiría detenerme en el capítulo: "Papá y mamá no me comprenden". Mis padres me han mimado siempre, me han exteriorizado mucha amabilidad, siempre han tomado mi defensa y han hecho cuanto estaba en su posibilidad de padres. Sin embargo, me he sentido terriblemente sola durante mucho tiempo; sola, excluida, abandonada e incomprendida. Papá ha hecho todo lo posible por controlar mi rebeldía, pero no ha servido de nada; me he curado yo misma, reconociendo mis errores y sacando de ellos una enseñanza.

¿Cómo es posible que en mi lucha papá nunca haya logrado ser para mí un apoyo y que, aún tendiéndome una mano de auxilio, no haya acertado? Papá no ha recapacitado bien; siempre me ha tratado como a una niña que pasa por la edad difícil. Esto parece extraño, pues papá es el único que siempre me ha acordado ampliamente su confianza y el que me ha hecho sentir que soy inteligente. Lo que no impide que haya descuidado una cosa: mis luchas por remontar la corriente. Era más importante para mí que todo lo demás, y en eso no pensó. Yo no quería oír hablar de "edad ingrata", de "otras muchachas", y de que "eso pasará"; yo no quería ser tratada como una muchacha —igual a las otras, sino única y exclusivamente como Ana— tal cual es. Pim no comprende eso. Por otra parte, yo sería incapaz de confiarme a alguien que no me lo dijese todo de sí mismo, y como sé demasiado poco de Pim, me es imposible aventurarme completamente sola en el camino de la intimidad.

Pim está siempre en el punto de vista del padre, persona de más edad, conocedor de esta clase de inclinaciones porque ya pasó por ellas y juzgándolas, en consecuencia, triviales; así que es incapaz de compartir mi amistad, aun cuando la busque con todas sus fuerzas.

Todo eso me ha llevado a la conclusión de no hacer partícipe a nadie, si no es a mi Diario, y una rara vez a Margot, de mi concepto sobre la vida y de mis teorías tan meditadas. Todo lo que me conmovía se lo he ocultado a papá, nunca compartí con él mis ideales y me alejé voluntariamente de él.

No he podido hacer las cosas de otra manera; me he dejado influenciar enteramente por mis sentimientos, y lo he hecho de acuerdo con mi conciencia para encontrar el reposo. Porque mi tranquilidad y mi equilibrio los he levantado sobre una base inestable y los perdería completamente si tuviera que soportar críticas sobre esta obra que aún no termino. Por duro que eso parezca, ni a Pim le permitiría entrometerse, pues no solamente lo he dejado tomar parte en alguna decisión de mi vida, sino que muy seguido lo enojo con mi irritabilidad, alejándolo de mí todavía más.

Eso me hace pensar mucho, ¿cómo es que Pim me molesta a ese extremo? No aprendo casi nada estudiando con él, y sus caricias me parecen afectadas; querría estar tranquila y querría sobre todo que me dejase un poco en paz..., hasta el día en que vea ante él a una Ana mayor, más segura de sí misma. ¿Es esa la razón? Porque el recuerdo de su reproche sobre mi horrible carta me sigue doliendo. Es que resulta muy difícil ser verdaderamente fuerte y valeroso desde todos los puntos de vista.

Pero no sólo esto es la causa de mi mayor decepción. No. Peter me preocupa mucho más que papá. Sé perfectamente bien que soy yo quien le ha conquistado, y no viceversa: lo idealicé, viéndole diferente a los demás, sensible y amable, como un muchacho que necesitaba cariño y amistad. Había llegado al punto en que me era necesario encontrar alguien que me hiciera sentir diferente, un amigo que me señalase el camino que debía seguir, y atrayéndole lenta pero seguramente hacia mí, le conquisté, aunque debo admitir que fue difícil. Por fin, después de haber despertado en él su amistad por mí, llegamos por error, a relaciones íntimas que, bien pensado, ahora me parecen inaceptables.

Hemos hablado de las cosas más secretas, pero, hasta aquí, nos hemos callado en cuanto a lo que colmaba y sigue colmando mi corazón. Sigo sin tener una idea exacta de Peter. ¿Es superficial? ¿O lo detiene su timidez, inclusive conmigo? Pero, en conclusión, he cometido el grave error de alejar todas las otras posibilidades de asegurar nuestra amistad al tratar de acercarme a él por medio de esas relaciones íntimas. Él no desea más que amar, y yo le gusto cada día más; de eso estoy convencida. En cuanto a él, nuestros encuentros le bastan; mientras que a mí me producen el efecto de un nuevo esfuerzo que obliga a volver a empezar cada vez, sin poder decidirme a tratar los temas que tanto me gustaría poner en claro. He atraído a Peter a la fuerza, sin que él lo sospeche. Ahora, él se aferra a mí y yo no puedo encontrar la forma de hacerlo pisar con sus propios pies. Después de haberme dado cuenta —bastante rápido, desde luego— que no podía ser el amigo ideal para compartir mis pensamientos, no me he detenido para levantarlo sobre un horizonte limitado y a magnificarlo con su juventud.

"Porque en el fondo, la juventud es más solitaria que la vejez." Esta frase, leída en ya no recuerdo qué libro, se me ha quedado en la cabeza, porque la encuentro justa.

¿Es posible que nuestra estancia aquí resulte más difícil a los mayores que a los jóvenes? No. Indudablemente eso no es verdad. Las personas de edad ya tienen formada opinión sobre todo, y no tienen dudas ante los actos de su vida. Nosotros los jóvenes tenemos que hacer doble esfuerzo para mantener nuestras opiniones, en esta época en el que todo ideal ha sido aplastado y destruido, en que los hombres revelan sus peores defectos, en que la verdad, el derecho y Dios son puestos en duda.

Quien pretende que los mayores del Anexo lleven una vida mucho más difícil, no comprende hasta qué punto nosotros somos víctimas de los problemas..., problemas para los cuales acaso seamos demasiado jóvenes, pero que no dejan de imponérsenos; hasta que, tras largo tiempo, creíamos haber hallado la solución, generalmente una solución que no parece soportar a los hechos, pues éstos terminan por destruirla. He ahí la dureza de esta época: tan pronto como los ideales, los sueños, las bellas esperanzas han tenido tiempo de nacer en nosotros, son atacados de manera imprevista y totalmente acabados por el espanto de la realidad.

Es asombroso que no haya abandonado aún todas mis esperanzas, puesto que parecen absurdas e irrealizables. Sin embargo, me aferro a ellas, a pesar de todo, porque sigo creyendo en la bondad que nace del hombre. Me es absolutamente imposible construirlo todo sobre una base de muerte, de miseria y confusión. Veo al mundo transformarse día a día en un desierto; oigo, cada vez más fuerte, el ruido del trueno que se acerca y que anuncia probablemente nuestra muerte; me compadezco del dolor de millones de personas; y sin embargo, cuando miro el cielo, tengo fe en que todo eso cambiará y que todo volverá a ser bueno, que hasta estos días desesperados tendrán fin, y que el mundo conocerá de nuevo el orden, el reposo y la paz.

En espera de que esto suceda, trataré de poner mis pensamientos en orden y de velar por ellos, para que en un futuro no muy lejano, quizá pueda todavía realizarlos.

Tuya.   Ana.

Viernes 21 de julio de 1944

Querida Kitty:

Existen cada vez más razones para tener confianza. Esto camina. ¡Verdaderamente, camina muy bien! ¡Noticias increíbles! Intento de asesinato contra Hitler, no por judíos, comunistas o por capitalistas ingleses, sino por un general de la nobleza germánica, un conde, y joven, por supuesto. La Providencia divina ha salvado la vida del Führer, que sólo sufrió algunos rasguños y quemaduras. Varios oficiales y generales de su comitiva han muerto o quedado heridos. El criminal principal ha sido fusilado.

Una buena prueba ¿no?, de que muchos oficiales y generales están cansados de la guerra y verían con alegría y placer a Hitler descender a los abismos más profundos. Después de la muerte de Hitler, los alemanes aspirarían a establecer una dictadura militar, un medio, según ellos, de conseguir la paz con los aliados, y que les permitiría rearmarse y recomenzar la guerra veinte años después. Quizá la Providencia haya ex profeso retardado un poco el que nos libremos de él, pues será mucho más fácil para los aliados, y más ventajoso también si los germanos puros y sin tacha se encargan ellos mismos de matarse entre sí; menos trabajo para los rusos y los ingleses, que podrán empezar con mayor rapidez la reconstrucción de sus propias ciudades.

Pero todavía no hemos llegado a eso. ¡Cuidado con adelantarse! Sin embargo, lo que arriesgo ¿no es una posibilidad real, una realidad bien plantada sobre sus dos pies? No estoy en la postura de divagar sobre idealismos imposibles. Hitler tuvo de nuevo la amabilidad de hablar a su pueblo fiel y abnegado, diciéndole que a partir de hoy todos los militares deberán obedecer a la Gestapo; además, cada soldado que sepa que uno de sus superiores está implicado en este atentado degradante y cobarde tiene el derecho de meterle una bala en el cuerpo sin otro remedio.

Va a resultar muy lindo. A Fritz le duelen los pies tras una marcha demasiado larga, y su oficial lo reprende. Fritz toma su fusil y grita: "¡Eres tú quien ha querido asesinar al Führer! ¡Desgraciado! ¡Toma tu recompensa!" ¡Pum! Y el orgulloso jefe que tuvo la audacia de desaparecer al pequeño Fritz ha desaparecido para siempre en la vida eterna (o en la muerte eterna). ¿De qué otra manera quieres que eso termine? Del susto, los señores oficiales van a ensuciarse en sus calzoncillos cada vez que encuentren a un soldado o tomen un comando, y que sus presuntos inferiores tengan la audacia de gritar más fuerte que ellos. Me entiendes, ¿o es que yo he perdido la memoria? No puedo remediarlo. Me siento demasiado alegre para ser lógica, demasiado contenta sintiendo nacer la esperanza de poder sentarme de nuevo, en octubre, en los bancos de la escuela. ¡Oh, perdón! ¿No he dicho hace un momento que no hay que adelantarse nunca? ¡Perdón, perdón! No por nada me llaman "una masa de contradicciones".

Tuya.   Ana.

Martes 1 de agosto de 1944

Querida Kitty:

"Una masa de contradicciones" son las últimas palabras de mi anterior carta, y las primeras de ésta. "Masa de contradicciones". ¿Puedes explicarme lo que es exactamente? ¿Qué significa contradicción? Como tantas otras palabras tiene dos sentidos: contradicción exterior y contradicción interior.

El primer sentido se explica claramente: no apegarse a las opiniones ajenas, saber mejor que el otro, decir la última palabra, en fin, todas las características desagradables por las cuales se me conoce muy bien. Pero en lo referente a lo segundo, no soy conocida, y ese es mi secreto.

Ya te he dicho que mi alma está, por así decirlo, dividida en dos. La primera parte alberga a mi risa, a mis burlas por cualquier motivo, a mi alegría de vivir y, sobre todo, a mi manera de tomarlo todo a la ligera. Oigo por aquí: no me fastidies con tus coqueteos, con un beso, con un abrazo o con un chiste inconveniente. Esta primera parte está siempre en acecho, rechazando a la otra, que es más hermosa, más pura y más profunda. La parte hermosa de la pequeña Ana nadie la conoce, ¿verdad? Por eso son tan pocos los que me quieren en verdad.

Desde luego, yo puedo ser un payaso divertido para una tarde, con lo cual todo el mundo me ha visto lo suficiente para un mes por lo menos. En el fondo, una película de amor representa exactamente lo mismo para las personas profundas, una simple distracción divertida que se olvida bien pronto. No está mal. Cuando se trata de mí, sobra el "no está mal". Es aún algo peor. Me fastidia decírtelo. Pero, ¿por qué no he de hacerlo si sé que es la verdad? Esta parte que toma la vida a la ligera, la parte superficial, sobrepasará siempre a la parte profunda, y por consiguiente, será siempre vencedora. Puedes imaginar cuántas veces he tratado de rechazarla, de darle golpes, de ocultarla. Y eso que, en realidad, no es más que la mitad de todo lo que se llama Ana. Pero no ha servido de nada y yo sé por qué.

Tiemblo de miedo de que todos cuantos me conocen tal y como me muestro siempre descubran que tengo otra parte, la más bella y la mejor. Temo que se burlen de mí, que me encuentren ridícula y sentimental, que no me tomen en serio. Estoy acostumbrada a que no me tomen en serio, pero es "Ana la superficial" la que está acostumbrada y la que puede soportarlo; la otra, la que es "grave y tierna", no lo resistiría. Cuando en verdad he llegado a mantener a la fuerza ante los comentarios a "La Buena Ana" durante un cuarto de hora, ella se pone furiosa y se calma como una santita inmediatamente que haya que elevar la voz y, dejando la palabra a Ana Nº 1, a un lado, antes de que yo aparezca realmente.

"Ana la Tierna" nunca ha hecho acto de presencia con compañía, ni una sola vez; pero, en la soledad, su voz domina casi siempre. Sé exactamente cómo me gustaría ser, puesto que lo soy... interiormente; pero, ¡soy la única que lo sabe! Y tal vez, no es seguramente la razón por la cual yo llamo dichosa a mi naturaleza interior, mientras que los demás juzgan exactamente dichosa mi naturaleza exterior. Dentro de mí, "Ana la Pura" me señala el camino; exteriormente, sólo soy una cabrita desprendida de su cuerda, alocada e insolente.

Como ya te lo he dicho, veo y siento las cosas de manera totalmente distinta a como las expreso hablando; por eso me dicen coqueta, pedante y romántica. "Ana la Alegre" se ríe de eso, responde con insolencia, se encoge indiferente de hombros, pretende que no le importa; pero, "Ana la Dulce" reacciona de manera contraria. Para ser totalmente sincera, te confesaré que eso no me deja satisfecha, que hago infinitos esfuerzos por cambiar, pero que lucho siempre contra fuerzas que son más fuertes que yo.

Dentro de mí escucho un sollozo: "Ya ves lo que has conseguido: malas opiniones, caras burlonas y molestas, gente que te considera antipática, y todo eso porque no escuchas los buenos consejos de tu propia parte buena." ¡Cuánto me gustaría escucharla! Pero eso no sirve de nada. Cuando me muestro serena y tranquila, doy la impresión a todo el mundo de que interpreto otra comedia y en seguida recurro a una pequeña broma para zafarme; no hablo siquiera de mi propia familia, que enseguida piensa que estoy enferma, me hace tragar píldoras contra el dolor de cabeza y los nervios, me mira la garganta, me tocan la frente para ver si tengo fiebre, me pregunta si no estoy constipada y termina por criticar mi mal humor. Ya no puedo soportarlo: cuando se ocupan demasiado de mí, primero me vuelvo áspera, luego triste, volviendo mi corazón una vez más con el fin de mostrar la parte mala y ocultar la parte buena, y sigo buscando la manera de llegar a ser como me gustaría ser y como podría ser... si no hubiera otras personas en el mundo.

Tuya.   Ana.

Epílogo

Aquí termina el *Diario de Ana Frank*. El 4 de agosto de 1944, la Feld-Polizei hizo irrupción en el Anexo. Todos sus habitantes, así como Kraler y Koophuis, fueron arrestados y enviados a campos de concentración.

La Gestapo arrasó el Anexo, dejando por el suelo revueltos viejos libros, revistas, periódicos, etc., entre los cuales Miep y Elli hallaron el Diario de Ana. Salvo algunos párrafos que no ofrecen interés al público, el texto original es publicado íntegramente.

De todos los habitantes del Anexo, sólo el padre de Ana volvió. Kraler y Koophuis, que resistieron a las privaciones de los campos holandeses, han regresado a sus hogares.

En marzo de 1945, Ana murió en el campo de concentración de Bergen-Belsen, dos meses antes de la liberación de Holanda.

Impreso en los talleres de
MUJICA IMPRESOR, S.A. de C.V.
Calle camelia No. 4, Col. El Manto,
Deleg. Iztapalapa, México, D.F.
Tel: 5686-3101.